大乘絕對論

月溪法師文集 第一冊

月溪法師——著
法禪法師——總校定

「黯黯黑闇深坑，實可怖畏！」
禪宗祖師是這樣形容「無始無明」的。
當我們極力滿足感性與理性的諸多要求時，
卻不知早已深陷於「一念無明」所形成的「相對世界」中。

目錄

月溪禪師法像

一、緒論

我們中國之哲學以南華經為第一，如司馬遷、王羲之、韓愈、蘇軾，苟無傳力由南華經之補助以成，乾隆及康熙一般文士多研究南華經，惟近日歐風東漸，一般人則多研究西洋哲學，而對莊子之哲學竟無人過問，殊堪可惜。西洋哲學以其著者，如巴門尼底、蘇格拉底、柏拉圖、亞里士多得、尼采、叔本華、黑格爾、笛卡兒、巴士卡、休姆、康德、斯賓諾莎、霍布士、德克、邊沁等是也。詳細研究皆不及中國古代之莊老、南華經之完美。

月溪禪師手稿

新編月溪法師文集緣起

自在居士

在我國，禪宗的黃金時代是在唐、宋時期，六祖以後高僧輩出，悟道祖師不計其數，然而在唐、宋以後禪門就逐漸式微了。禪的行者一旦墮入思惟、名相及文字語言的窠臼，那麼便與直指的本懷相差十萬八千里了。祇一味地在法上論説，終究離不開「口頭禪」；一味地枯坐，那就是典型的「枯木禪」；祇會念話頭或者將古人公案拿來剖析並且説出一番大道理的，那就是「話頭禪」或「公案禪」；有用止觀雙運來參禪的，那就是「止觀禪」。不説上述的方法對不對，若想以此明心見性，恐怕是相當的困難。爲甚麼會如此呢？因爲上面這些都離不開在妄念上做功夫呀！而近代的禪門行者不在妄念上做功夫的簡直鳳毛麟角。

在近代，能夠看出禪門種種弊端的，首推月溪法師。他是箇真正徹見本源的過來人，凡所説法都是從自性中流露，絕不墮入前人的思想陷阱中。在註解經典時都是從體性（佛性）上發揮，而不在文字語言的表面上作文章。在後人整理的文集當中，最能夠表現月溪法師思想精髓者，首推《大乘絕對論》。這是一本相當殊勝的文集。「絕對」者是佛性的代名詞，簡言之，《大乘絕對論》是從佛性上發揮以說明古今中外思想界的種種不究竟處。這一點，吾人以爲相當重要，假如沒有月溪法師的明說，一般人很難瞭解古今中外思想界的毛病究竟出在何處。佛性本體雖然不可說、不可思議，但《大乘絕對論》已然道出整箇佛性的架構，這對很少深入經藏的現代人而言，可以在極短的時間中明瞭整箇佛陀說法的旨要，在繁忙的工商社會中，顯得相當重要。因爲要現代人窮年累月埋首於浩瀚的經典中，實在不太可能，而大乘典籍的艱深，苟非徹見本地風光的過來人，很難瞭解箇中三昧。當然，對一位未徹見本地風光的人而言，對《大乘絕對論》的瞭解也一定僅止於表相，也就是說祇認得一點皮毛罷了！但不管怎麼說，這是一本相當白話且說理也很能深入淺出的文集。

至於月溪法師所著的其他文集，包括對經典方面所做的註疏，也都是從佛性上發揮。而對於「無明」，月溪法師有一套獨特的看法，他將無明分爲「無始無明」及「一念無明」兩種。表面看來，這也許好像沒有甚麼，然而吾人以爲這在修行上卻是相當的重要，很多修行人窮其一生都無法證果，問題就是出在他分不清甚麼是無始無明，甚麼是一念無明，而祇會在一念無明上下功夫，這是捨本逐末的做法。

翻開歷代祖師的著述，吾人很少發現有祖師將「無明」這麼清楚地宣說出來的，這也難怪很多修行人的目標都祇是在做斷妄念（一念無明）的功夫。問題出在這一念無明根本斷不了，斷了前念，後念馬上跟著生起，斷了又生，生了又斷，簡直無有了時，所謂「止觀雙運」、「一心三觀」、「眼觀鼻，鼻觀心」等的修法都離不開斷妄念。其實，本性是被無始無明所遮障，而一念無明祇是無始無明的產物，吾人若想親見本性，那麼所要打破的就是無始無明，而一念無明剛好是用來作爲打破無始無明的工具。在修行的階位上，吾人實在不應該斷一念無明，反而應該好好利用它纔對！其實，在見性的當下，無始無明就被打破了，而在沒有無始無明作爲前提之下，那麼一念無明也就轉爲本性的妙用了！無始無明是可破的，而一念無明不可破，祇在見性的當下轉爲本性的妙用。在修行之初，如果沒有上面的這種認知，那麼想明心見性，無異緣木求魚。

無疑的，月溪法師是「末代禪」的中流砥柱，有他出來爲文，掃除種種似是而非且不究竟的末代禪法，讓吾輩於修行之初，就可以很明白地看清方向而避免誤入歧途。很顯然的，月溪法師的文集，是禪海中的燈塔。欣聞臺北圓明出版社計畫蒐羅、整理，出版《月溪法師文集》，誠令人頓感禪悅瀰溢，對於那些找不到門路或迷失在歧途的衆多修行者而言，這套文集的面世，諒必是一大「福音」！而這套文集的整理、校勘及次序的編排，幾乎都由臺灣大學的郭哲志及林淑娟兩位大德一手包辦，其發心之誠及熱心的參予，吾人也應給讚賞。

唯文字語言終究離不開「方便道」，這套文集當然也不例外。吾人應該透過文字語言的底蘊去瞭解說法的本義，以便紮紮實實的實修實證。

香港沙田萬佛寺開山祖師第一代主持
月溪上人肉身法體鋪金圓滿陞座碑

佛法自漢明帝時傳入中國，摩騰、竺法蘭自西域以白馬馱經而來，因於洛陽建白馬寺，佛法即盛傳中土。迨六朝梁武帝時，達摩初祖一葦東來，以衣鉢相傳。至唐朝，惠能六祖，弘法南來，肉身成佛於廣東南華寺，衣鉢之傳廢，而禪宗大乘佛法在中國，繼續發揚，儒家學者，每多精研深究，以故高僧輩出，宗門鼎盛，代有傳人，尤對中國學術界影響甚大，宋明理學，即其顯著者也。歷代祖師，見性成佛者甚多，惟具有金剛不壞之身，成爲肉身菩薩，金相莊嚴者，殊不多見。今月溪上人，俗姓吳，昆明人也。原籍浙江錢塘，後遷滇，考諱文鏡，積學隱德；妣陸氏聖德，茹素念佛，有子五人，上人其幼也。上人幼聰慧，好讀書，受儒業於汪維寅先生。年十二讀〈蘭亭集序〉，至「死生亦大矣，豈不痛哉」一句，慨然有解悟，問先生如何方能不生不死？先生告曰：「儒言：『未知生，焉知死？』」自是兼攻佛學，尤專心老、莊，濂、洛、關、閩之學，博綜六經。隨肄業於滬，徧參江浙名山梵刹，叩問諸大德。年十九在震旦大學卒業，決志出家，弘揚大法。父母幼爲訂婚，堅不娶，即於是歲禮本境靜安老和尚剃染受具。甫出家，精進勇猛，於佛前燃無名、小二指，並剪胸肉掌大，炷四十八燈供佛。並發三大願：一、不貪美衣食，樂修苦行，永無退悔。二、徧閱三藏一切經典，苦心參究。三、以所得悉講演示導，廣利衆生。後隨悟參法師，學天台、賢首、慈恩諸宗教義。年二十二，遂徧蒞衆會說法講經，聽者如市。膺金陵之請，講楞伽法會，得參牛首山獻花巖鐵巖大德。上人往參問巖曰：「我今將妄念斷盡，不住有無，是明心見性否？」巖曰：「否！是無始無明境界。」上人問曰：「臨濟祖師說是無明湛湛，黑闇深坑，實可怖畏。是否？」巖曰：「是！汝不可斷妄念，用眼根向不住有無黑闇深坑，那裏返看，行住坐臥，不要間斷，因緣時至，無明湛湛，黑闇深坑，囫的一破，就可以明心見性。」上人聽此言，如飲甘露，由此用功，日夜苦參，形容憔悴，瘦骨如柴。至八月某中夜，聞窗外風吹梧桐葉聲，豁然證悟，時通身大汗，曰：「哦！原來原來，不青不白，亦不參禪，亦不念佛，亦無死生事大，亦無無常迅速。」信口說偈曰：「本來無佛無衆生，世界未曾見一人；究竟瞭解是這箇，自性還是自己生。」向窗外望，正是萬里晴無雲，四更月在天，時上人年二十四歲。數日後再往見巖，將所悟稟呈，巖曰：「汝證悟也，今代汝印證，汝可再將《傳燈錄》印證，汝大事畢矣，有緣講經說法度衆生。」上人今後講經，依照《華嚴經》：佛性恆守本性，無有改變，始終不改；佛性無染、無亂、無礙、無厭，不受薰染；佛性不起妄念，妄念從無始無明起；除卻止、作、任、滅四病，不斷妄念，用一念破無始無明爲主要。上人講經說法，皆從自性中流露出來，不看他人註解。後應川、湘、鄂、贛、皖、閩、粵、陝、甘、青、滬、平、津、魯、豫、熱、晉、京、浙、香港、澳門各處邀請講經，數十年無虛度日，講經數百會。性好遊，歷終南、太白、香山、華山、峨嵋、九華、普陀、五台、泰山、嵩山、黃山、武當、匡廬、茅山、莫干、嶼山、恆山、羅浮山等說法。每遊雲霞深處，數月忘歸。所到名山，必有詩對。善七絃琴，遊必攜琴隨身。遊華山時曾自書有《華山待月室記》。生平著作甚多，計有《大乘絕對論》、《大乘佛法用功概論》、《大乘八宗修法》、《大乘佛法簡易解》、《四乘法門》、《禪宗修法》、《禪宗史略》、《佛法大綱》、《月溪法師開示錄》、《用周易老莊解釋佛法之錯誤》、《佛教的人生觀》、《佛法問答錄》、《月溪法師講無始無明》、《月溪法師講念佛法門》、《月溪法師詞附詩》、《證道歌顯宗記註解》、《楞伽經疏》、《圓覺經疏》、《金剛經疏》、《心經疏》、《維摩詰經疏》等九十八種，凡千萬言，其功德之偉大，誠足稱矣。上人節操高邈，度量出羣，不應酬世法，性度弘偉，風鑑朗拔，雖宿儒英達，莫不服其深致。與海內宿儒江寧魏梅蓀家驊、醴泉宋芝田伯魯、閩海黃石蓀曾源、仁和葉任皋爾愷、番禺張漢三學華、吳玉臣道鎔、汪憬吾兆鏞、南海桂南屏坫、雙城翟羲人文選、如臯冒鶴亭廣生、長安宋菊塢聯奎、餘姚章太炎炳麟、臨川李梅菴瑞清、吳興王一亭震、山陰朱子橋慶瀾、臨海屈文六映光、番禺金滋軒湛霖時有唱酬。上人所著書，皆能滙各家之旨趣，振百代宗風，本明心見性之真傳，要在破無始無明，以弘揚大法，使天下古今中外之理哲，皆能分別異同，有所指歸。若江漢之朝宗於海，發前人之所未發，言前人之所未言，使後之學者，有所依歸，闡明義理，炳耀千秋。上人前在廣州重修大佛寺，備極莊嚴壯麗，和平後來香港，在沙田萬佛山建蓋萬佛殿、彌陀殿、天王殿、觀音殿、準提殿、韋馱殿、萬佛塔、羅漢欄等。自辛卯年興工，至丁酉年圓成，歷時七載，均親身參與擔鐵運石，造塑佛像，事必躬親。曾豎一指說法曰：「來本不來，菩提非樹，明鏡非臺；去本不去，上無片瓦，下無寸地。古今諸佛，皆在老僧指頭上放光現瑞，轉大法輪。」上人有剃染徒二：長妙相法師，丁亥年病逝昆明；次任內地某大學歷史系教授。徒孫六人，均在內地。悟道弟子八人：五台寂真尊宿、明淨尊宿、北平李廣權居士、上海周運法居士，餘四人均先逝，皈依弟子伍拾餘萬衆。上人自去年乙巳歲三月二十三日晚圓寂，趺坐入龕，嘗語其左右及弟子衆，其法體封龕入土，八箇月內便可將肉身請出，加漆鋪金，供奉寺內。同年十一月十七日，弟子衆撥土移墓開龕視察，即見五官俱全，鬚髮仍留，整體無缺，呈黃金色，燦然可觀，其生平苦修行持，戒律精嚴，於此可見。在此科學昌明時代，生活物質化之社會，與亞熱帶天氣之香港，而能有此奇蹟出現，真是六祖而後千餘年罕有之事，香港開埠以來，今始獲睹，誠佛教界之光榮，亦吾港人之幸福也。今將於丙午年農曆四月初八日在萬佛寺彌陀殿陞座供奉，敬希海內及港九諸山大德，暨各界善信四衆弟子等，居時蒞臨，以觀厥成此一佛教界劃時代之盛舉，而創永恆之聖蹟也。

萬佛寺第二代主持胞侄　吳星達　謹撰

監察院專門委員總編纂　林德重　敬書

中華民國六十二年歲次癸丑十一月

大乘絕對論

本來無佛無衆生
世界未曾見一人
究竟瞭解是這個
自性還是自己生

大乘絕對論

有人說：「以物質文明而言，東洋比西洋落後兩百年；以精神文明而言，西洋比東洋落後兩千年。」此語驟聞似嫌淺薄，細加玩味，則又似非全無根據者。物質不待言，精神方面，其最高目的，乃在發現真理，而真理則以能達到最究極之存在為觀止，則哲學中之形而上部份是也。今西洋哲學中，對於此一至高無上之階段，究已解決否耶？曰：「否！」自希臘先期哲人以迄今日西洋之哲學家，對此宇宙根源之問題，仍在推論假想之中，而未能予以徹底之解決也。然則宇宙本體究為何物？最後之存在究為何狀？仍屬不可知之謎。故一般西洋哲學家，有認為形而上部份非腦筋思想所能及，主張棄之哲學園地之外者；也有認為哲學國土中，缺此則不為完整，虛位以待者；更有主張就其認識所能及者，取以為研究之目標，而求得部份之能解決者。總而言之，此一困難之題目，使西洋人之智慧碰壁者，已非一日矣。禪宗祖師「狗舐熱油鐺」一語，以之持贈西洋之哲學家，誰曰不宜？但回顧東方，兩千五百年前有大聖人釋迦牟尼者，已將此問題徹底解決矣。兩相比對，豈非西方人之精神文明，比東方落後兩千年乎？

釋迦以其無比之智慧，解決此一難題，完全屬於東方之格式，絕非西洋人之聰明所能領會，故迄今兩千餘年，釋迦所循之路徑，西洋人仍未發現，遂使此一廣大無邊之清淨極樂國土，未有西洋人之足迹。昔哥倫布以其西方人追求物質之精神，發現新大陸，以安處有限數之衆生，西洋人至今以爲誇耀，倘與釋迦發現此無邊樂土，普度無限衆生之偉業相比，則有如芥子之與須彌耳。

西洋人之天賦爲聰明，而東洋人之天賦爲智慧（即般若）。照佛家傳統說法，聰明與智慧乃是兩事。聰明者，指俗慧而言，即能發明飛機、無線電等是也；智慧者，指能證悟無上真理而言，即慧根是也。故而西洋人聰明比東方人强，而慧根則比東方人薄，《證道歌》云：「外道聰明無智慧。」即指此也。佛法一入中國，即被接受，而加以發展，其天賦相等有以致之。達摩來中國傳禪法時，曾宣言其動機乃因見「中土有大乘氣象」。果不出所料，後來禪宗在中國大爲發展，有席捲整個佛教之勢，而其他各宗，分途揚鑣，相繼建立，使大乘佛法，放無限輝煌之光彩，結無限美麗之奇葩，較之印土，有過之而無不及。可見中國人之大乘根性，屬於天賦，設佛法不入中土，中國人憑藉其天賦之慧根，必有一日發現此無上之境界。良以佛性爲衆生所同乘，而成佛爲人類自然之要求。當大乘法尚未完全輸入中國時，中國已有人無師自通，悟出此絕對一元之妙理者，如寶誌和尚、傅大士、布袋和尚等，或與達摩同時或在達摩之前，考其著作事蹟，則與達摩之旨無別。又有道生法師者，即世俗所稱「生公說法，頑石點頭」之生公是也。生當晉宋之間，死於元嘉十一年（西曆四三四年），倡「頓悟成佛」之說，及「佛性當有」論，謂「一闡提人皆得成佛」（一闡提，梵文 icchantika，是不信佛法之人）。於時，《大般涅槃經》未至中國，孤明先發，爲衆所忤，於是舊學僧黨以爲背經邪說，擯而逐之。後《大般涅槃經》至京都，果稱闡提皆有佛性，與道生之說吻合。又禪宗六祖惠能，本一不識字柴夫，聞人誦《金剛經》，至「應無所住而生其心」，便證悟絕對妙理，所謂「無師智」是也。

西洋人雖然根基較薄，而非無佛性，皆可成佛。自東西交通日闢，文化交流以來，素以其物質文明自炫之西洋人，亦漸知東方哲學思想之恢偉宏觀，始則投以驚詫之眼光，繼則欲對之而屈膝。如法哲哥祥氏之言曰：

吾人現時注意東方，尤其如印度之詩歌與哲學運動，以其正傳播於歐洲也。吾人於此發見許多真理，許多深邃之真理，視歐洲之天才家所得之限於淺嚐者，其相去不可以道理計。吾人對此東方思想，對此人類搖籃內之崇高哲學之產地，惟有屈膝而已。

又英國墨萊教授之言曰：

古代印度之所以卓越不羣者，由其由平地開始，以達於最高巔。

彌勒氏之言曰：

吾歐人心思之所營養者，曰希臘羅馬與猶太人之思想而已。倘有人來詢，吾人應自何國之書籍中，尋求其補救之法，俾吾人內心生活更為完善，更為綜括，更充塞宇宙，不獨為此一生，但顧及其永久的生？則惟有求諸印度。

（錄自張君勱《印度哲學家羅達氏學案》）

觀斯數氏之自白，其求智之懇誠，及乎虛懷若谷之態度，實令吾人肅然起敬。而其自慚形穢之衷，溢乎言表，反令吾人跼促不安，蓋吾人直至今日尚未將東方精神之最高文明，播揚於西方也。彼數氏心目中之東方哲學，乃指印度六派哲學而言。印度六派哲學之精湛博大，以及在印度歷史文化上所佔之重要地位，乃吾人所承認者，然就佛家立場而言，凡斯種種外道哲學，皆建立於四句百非（印度古代相對論）之上，乃未達於絕對之境，兩千餘年以前釋迦已一一予以推翻，佛經中大部份爲遮斥此種種理論而說。故若以佛家之尺度繩之，六派哲學殊微不足道，卻已令西洋人如是折服，倘若有一日能領會釋迦大乘絕對之妙理，余不知其將如之何以表示其崇景？必非止屈膝，而將報以五體投地也。譬若鄉下人初次進城，已目瞪口呆，應接不暇，倘一旦置身王者之宮，必將魂飛天外矣。故嚴格而言，東方哲學應以絕對一元之大乘佛法爲代表，斯乃人類思想之極峯，無能越者。因其超越於時間空間，故歷萬古而如新；因其不離於時間空間，故行於日用生活之中而無違滯，雖欲於西洋哲學辭典中覓一名稱以字之而不可得。西洋之所謂「一元論」，乃相對之「一元論」也；西洋之所謂「絕對論」，乃相對之「絕對論」也，權之大乘絕對境界，實有未合。惟有絕對一元之大乘佛法，方是真正之絕對論。是故目以「本體論」既不可，名以「形而上學」亦不可，良以真如絕對境界，本體與現象既爲同一，形而上與形而下亦屬貫通。總而言之，舉凡唯心也、唯物也、本體也、現象也、認識也、人生也，皆席捲而無遺，吾無以名之，姑名之曰：「絕對一元之大乘佛法。」

佛法非哲學，我佛徒既數數言之，良以哲學之目的在求知見，而佛家則在離知見；哲學之能事在言詮，而佛法則在離於言詮；哲學以理智爲達到真理之門，而佛法則認理智爲障蔽真理之門，名之爲「所知障」，斥之爲妄想。西洋人追求理智，依賴理智，而佛家則要破除理智，否定理智，可謂相背而馳矣。哲學本身乃屬於相對者，尚未達於絕對之境，常爲時空所限制，故其內容常隨時代而改變，洵至無有敢認哲學爲絕對之智識者。佛法則不然，彼乃絕對之真實，超越時空，故歷萬古而不變。大乘佛法所以必須破除「所知障」者，乃因其屬於相對的，無法達到絕對境界。故此佛法並非懂與不懂的問題，你不懂，是煩惱障（即我執）；你懂得，則是所知障（即法執）；就算你有本事，已將二障破除，則落於「空障」（即空執），尚未達絕對真實境界。「空障」者，空洞冥漠，無可思無可想，即「無始無明」境界是也。無始無明乃自無始以來便昏昧不明，以其屬於根本的，故又名「根本無明」

（對枝末無明而言，一念未動是根本無明，一念動則是枝末無明）；以其能發業，故又名「發業無明」（對潤生無明而言，念雖未動，而業之種子存，念動則能滋潤貪受等使，《楞伽經》所謂無始習氣種子）。無始無明乃一至緊要之關頭，能打破此關，則達於絕對真如境界矣。

佛家根據印度傳統思想所立之三界二十八天，乃爲說明人類思想所能到達之各種境界而設，其中分欲界六天，色界十八天，無色界四天。欲界諸天乃凡夫所達之境，色界五禪天則爲修禪那行者所達之境，無色界諸天則爲得羅漢果者所達之境。此二十八天乃整個相對界之範圍，而二十八天之盡頭，即無始無明境界是也。一般修行者到達此境之後，多廢然而返，或裹足不前，以其無可再思、無可再想、無可認識之故。或誤認爲真如之域，小乘人是也；或誤認爲宇宙之體，道家儒家是也。儒家名之曰：「中庸。」曰：「上天之載，無聲無臭，至矣。」老子則曰：「惚兮恍兮，其中有象；恍兮惚兮，其中有物；窈兮冥兮，其中有精。」皆誤認爲最究極之境，無可再進。惟釋迦到達此境之後，知其尚未達於究極，於是進而將此境打破，遂證入於真如絕對境界，超越三界二十八天之外，故名「涅槃」，亦名「成佛」。由是觀之，成佛豈易事哉！李太白〈蜀道難〉詩曰：「蜀道之難，難於上青天！」而佛家之修行者，則須超過二十八天，其難處雖習於幻想如李白者，亦無以形容之。禪宗祖師形容無始無明境界之言曰：「黯黯黑闇深淵，實可怖畏。」又形容打破此最後關頭之言曰：「百尺竿頭，更進一步」、「打破漆桶」。余則曰：「參大乘禪者，譬如手操大乘之鑰匙，向無涯之途路前進，徧歷艱險，以達於天地盡頭，入於最黑暗之境地，則無明神祕之門在焉，倘廢然而返，則前功盡廢。若能運用大乘之鑰匙，打開此堅固無比之門戶，則豁然開朗，柳暗花明，別有天地矣。當此之時，其生活乃一種新的生活，較以前豐富萬倍——或不止萬倍，其快樂實非夢想所及，受用無窮，無有終始。」

或有嫌此譬喻過於詩意者，余則另以簡括之語告之曰：「絕對之境，非思想所能及，非言語所能詮，惟有遵照釋迦所發明之直接證入方法，衝破無明障碍，方能到達。到達之後，清楚明曉，言亡慮絕，謂之頓悟成佛。」

禪法（原名禪那，舊譯思惟修）在印度成立極早，在釋迦以前婆羅門仙人所修者有十二淨法禪、非想非非想禪等，種類不一，然皆屬於相對者，未能達於絕對之境。釋迦初於雪山修道時，曾試用非想非非想禪法，知其未能徹底，故自創禪法，以底於成。釋迦禪法亦有小乘、大乘之別，小乘斷六根，其結果爲獲得三昧寂滅之樂，然未能超過無色界，無始無明未斷，仍屬相對之境；大乘禪法不斷六根，反利用六根以打破無明窠臼，遂達絕對境界。此即釋迦最偉大之發明，使人類思想起一軒然大波，使一切含靈獲得最後之歸宿，而釋迦則曰：「我未曾發明，未曾度生，我毫無功德，此乃人類自然之要求，此乃佛性自然之顯發。譬如士夫行曠野中，見向古城平坦正道，即隨入城，受如意樂。此路佛佛所由，我亦由之而已。」此釋迦所以偉大也。

西洋哲學家所以迄今未能解決形而上問題者，即因缺少此種證入絕對本體之方法也。西洋哲人雖曾企圖認識此本體，但始終無法證入本體，僅能站於本體之外以作觀察，雖曾作種種之假定、種種之推理，但終無法獲得完滿之答案。今天有人建一理論以說明本體，明天即有人用另一理論以推翻之，良以其所建立者，皆相對之假定，而非絕對之真理，故得而推翻也。至若絕對之境，則有不能推翻，亦非思想經驗之所能達，故《圓覺經》云：「以思惟心測度如來境界，如取螢火以燒須彌山，終不能著。」又禪宗六祖惠能云：「諸三乘不能測佛智者，患在度量也，饒伊盡書共推，轉加懸遠。」故西洋人之求認識本體，乃所謂：「鑽之彌堅，仰之彌高。」在希臘古代，雖超越之形而上學，亦未見於思想界，無論禪法也。希臘學者不過就經驗的物質之中，擇其最根本者，尊之爲萬物之源而已。當其隔於絕境，則捧出

「神」或「上帝」以爲解圍，實則「神」與「上帝」，皆人類腦筋所創造以自慰者，其價值在此耳，其存在亦在此耳。每見中國舊劇，一到山窮水盡之境，即有神仙出現，使劇中人死而復生，情節遂以延續，其聰明抑何相類。

西洋人對於本體之研討，譬如大家站立於一緊閉之箱子之前，而猜測其中所貯究爲何物，甲曰：「某物歟！」乙曰：「某物歟！」丙則曰：「恐某某物也。」各有其一己之猜法與理由，直至自將腦筋完全弄糊塗而後已。釋迦則不然，彼知猜想之無益，一舉手而將箱子打開，則其中究爲何物，尚待言耶？《楞伽經》云：「我從某夜得最正覺，某夜入般涅槃，於其中間不說一字。」故釋迦所教人者，乃打開箱子之方法，至其中情形，則讓各人自己看清。倘釋迦徒告人以箱子之情形，則人將自以爲已「懂得」，而不肯動手打開箱子，是則永遠不能達到真正之「懂得」。蓋其所謂「懂得」者，乃根據他人告我之一影象，而非親眼看清之「懂得」也。則所懂乃相對之懂，而非絕對之懂，如向書本上求智識、向經典上覓真如是也。譬如有人曾到杭州西湖，歸而誇述三竺六橋之勝於其友，其友聞之，雖得一美麗之影象，然此影象雖美，不能謂即真西湖，亦不能謂已到西湖。直至其友親至西湖一遊，始真正明白西湖之境界。故絕對之境，惟有自己親證，不能靠他人說與。昔香巖和尚在百丈禪師處，聰明伶俐，問一答十，被潙山問：「父母未生時，試道一句看？」便爾茫然莫對，歸寮將平日看過文字，從頭要尋一句酬答，竟不能得。乃歎曰：「畫餅不可充饑！」屢乞潙山説破，潙山曰：「我説給汝，汝以後一定罵我，我説的是我的，終不干汝事。」香巖遂將平日所看言教燒卻，直過南陽，止於慧忠國師故居，參究多時。一日芟除草木，偶拋瓦礫，擊竹作聲，忽然省悟，遽歸沐浴焚香，遙禮潙山曰：「和尚大慈，恩逾父母，當時若爲我説破，沒有今日之事。」（出《傳燈錄》）

或難之曰：「真正絕對之境，既非他人所能説與，則三藏十二部經典，果因何而説乎？」答曰：「少安毋躁，余正將繼此而闡明釋迦説法之系統也。」

釋迦成佛，乃用其無上智慧所產生之禪法，成佛之後，大事已了，本無絕對相對之可言，然爲引導衆生脫離相對之迷津，超登絕對之彼岸，故而有所説法。其説法也，不外否定相對（破我執、法執、空執）、證明絕對（發揮真如）之兩途。當衆生謬執「我」與「萬有」皆爲實在者時，釋迦謂之曰：「我者，四大假合；萬有者，四緣假合，非實也，應否定之。」迨衆生加以否定之後，已明無我，一切唯識時，佛又謂之曰：「因緣本無，八識非有，應否定之。」迨否定之後，衆生明緣起無性，轉識成智，認此爲實，佛又大聲謂之曰：「有智有得，皆法執也，應否定之。」如是一一皆被否定，達於清淨之境，衆生以爲得涅槃矣，而釋迦則更大聲而謂之曰：「注意！注意！此非絕對之涅槃，乃相對之涅槃也，尚有極微細之無始虛妄習氣未斷，亟應否定之。」當此最後一關（即無始無明）已被否定，乃無可再否定，而否定之能事已畢，遂入絕對之境。一入絕對，則前所否定之我也、萬有也、諸法也，皆變爲絕對而全被承認矣，無往而非眞實之境矣。故《大涅槃經．師子吼品》云：「見一切空，不見不空，不名中道；乃至見一切無我，不見我者，不名中道。中道者，名爲佛性。」被否定故「空」，被承認故「不空」；被否定故「無我」，被承認故「有我」。能否定而不能承認，小乘也；能否定且能承認，大乘也；無所謂否定，亦無所謂承認，佛也。當否定時，一妄一切妄；當承認時，一真一切真。未離相對，一切皆相對；已入絕對，則一切皆絕對。非相對之外另有絕對，非絕對之外另有相對。故穢土即是淨土，地獄即是天宮，煩惱即是菩提，衆生即是諸佛。總而言之，相對即是絕對，一切平等不二，謂之「不二法門」，亦名「一乘法」。《法華經》云：「十方國土中，惟有一乘法，無二亦無三，除佛方便說。但以假名字，引導於衆生，唯此一事實，餘二則非真。」其此之謂乎。

在釋迦說法的萬流中，分大、小乘兩部份，小乘經典是解釋相對（指萬法）及否定相對，絕少發揮絕對。大乘經典則大略可分爲三種：一、先否定相對使入絕對，即三論宗是也。二、先解釋相對，否定相對，而轉相對爲絕對者，唯識宗是也。三、直入絕對者，則不立文字，直指人心，見性成佛之禪宗是也。禪宗之方法，乃一種直截核心之方法，不作無謂之衆多否定，惟否定最後之一否定（即打破無始無明），遂直入絕對之境，故名「頓悟」。其餘中國大乘各宗，皆由否定相對入於絕對者，其否定之方法雖有別，而其達到絕對時所承認者則無殊。小乘所以少談絕對者，良以根基淺薄之衆生，一時無法領會絕對妙理，故先作相對之解釋，然後否定相對，以爲超越相對之跳板耳。

吾人敍述至此，應記住「真如絕對境界，非語言文字所能表達」一言，故釋迦說法之後，隨即否定其曾說法，曰：「我四十九年說法，未曾說著一字。」又曰：「我從某夜得正覺，乃至某夜入般涅槃，於其中間，不說一字，亦否說，當說。」又曰：「我於阿耨多羅三藐三菩提，乃至無有少法可得。」誌公和尚云：「無有一法可得，翛然自入無餘。」六祖惠能大師云：「我若說有法與人，即爲誑汝。」佛及諸祖師所以如是鄭重聲明者，欲衆生勿陷於「認指爲月」之謬誤也。思想、語言、文字，異名而同體。思想是無聲的語言，語言是有聲之思想；文字是有形之語言，語言是無形之文字。凡斯三者，可以一「名」字統之。無著菩薩《攝大乘論》謂「名有二種：一言說名，二思惟名。」即現在西洋之心理學家，亦皆能明此種關係，至謂將來可於腦筋內之顫動，而測知思想之動向。哲學家羅素亦謂思想爲內在之語言。然思想也，語言也，文字也，皆是「假名」，起於一念無明（即腦筋作用，亦曰妄想）。故臨濟禪師云：「名句不自名句，還是汝目前昭昭靈靈鑑覺聞知照燭底，安一切名句。」名句文字既是起自妄想，故有生滅變化，故是相對者，相對不能表示絕對，故《楞伽經》云：「第一義者（即絕對）聖智自覺所得，非言說妄想覺境界，是故言說妄想，不顯示第一義。言說者，生滅動搖輾轉因緣起，若輾轉因緣起者，彼不顯示第一義。」《解深密經》云：「我說勝義，是諸聖內所自證；尋思所行，是諸異生輾轉所證」又云：「勝義（即絕對）無相所行，尋思但行有相境界；勝義不可言說，尋思但行言說境界；勝義絕諸表示，尋思但行表示境界；勝義絕諸諍論，尋思但行諍論境界。《圓覺經》云：「修多羅教，如標指月，如復見月，可知所標，畢竟非月。一切如來種種言說，開示菩薩，亦復如是。」語言文字譬如「指」（相對的），而真如佛性譬如「月」（絕對的）；「指」之爲用，但能示月之所在，而非月也。因指而見月，則指之功畢，見月忘指可也，若但見指而不見月，或誤認「指」即是「月」，則「指」不特無功，反將爲礙。莊子所謂「得魚忘筌，得兔忘蹄」是也。今人埋頭經籍，拘執文義，其爲害豈淺鮮哉！此不立文字、教外別傳所以能建立也。若能藉相對語言文字之指示，證入真如絕對之境，則經籍文字者，直可以之覆瓿裹瘡而已，此理雖道家儒家也能言之。《莊子．天道篇》曰：「桓公讀書於堂上，輪扁斲輪於堂下，釋椎鑿而上，問桓公曰：『敢問，公之所讀者何言也？』公曰：『聖人之言也。』曰：『聖人在乎？』公曰：『已死矣。』輪扁曰：『然則君之所讀者，古人之糟粕耳！』桓公曰：『寡人讀書，輪人安得議乎！有說則可，無說則死。』輪扁曰：『臣也以臣之事觀之。斲輪，徐則甘而不固，疾則苦而不入。不徐不疾，得之於手而應於心，口不能言，有數存焉於其間。臣不能以喻臣之子，臣之子亦不能受之於臣，是以行年七十而老斲輪。』」夫斲輪小技也，其妙處尚不可以言傳，況絕對之理乎！故佛曰：「不可說，不可說。」老子亦曰：「是以聖人處無爲之事，行不言之教。」孔子則曰：「予欲無言。」列子曰：「以悟本性也，故不可告也。」陳白沙詩曰：「古人棄糟粕，糟粕非真傳，吾能握其機，何用窺陳篇。」文殊菩薩讚維摩詰之言曰：「乃至無有言說，是真入不二法門者。」足見文字之不能表示絕對，乃諸家所共承認，文字語言之所能發揮者，實屬有限。釋迦爲救其窮，特於教旨之外另立更爲直接之方法，曰：「我有正法眼藏，涅槃妙心，實相無相，微妙法門，不立文字，教外別傳，直指人心，見性成佛。」（出《大梵天王問佛決疑經》）此爲禪宗成立之開始。然此種直接而樸素之方法，蓋亦本於自然之法則，故《楞伽經》云：「大慧！一切剎土有言說，言說者，是作耳（唐譯作，「言說者假安立耳」）。或有佛剎瞻視顯法、或有作相、或有揚眉、或有動睛、或唉、或欠、或謦、或欬、或念剎土、或動搖。大慧！如瞻視令諸菩薩得無生法忍，及諸勝三昧，是故非言說有性有一切性。大慧！見此世界蚊蚋蟲蟻是等衆生，無有言說，而各辦事。」自釋迦拈花示衆，以至中土祖師之喝棒怒罵，豎拂拈搥，擎拳舉指，打鼓吹毛，甚至殺貓斬蛇，燒佛罵祖（俱出《傳燈錄》），皆是親切爲人直接表示絕對之旨。雖然，文字方便，不可偏廢，微此則不足以廣度羣生，況證入絕對境界之後，文字亦是解脫相（見《維摩詰經》）。是以佛之語言文字，皆自如來藏中流出，非尋常語言文字可比。《解深密經》所謂：「以離言法性，爲欲令他現等覺故，假立名相。」又曰：「然無自性性，離諸文字自內所證，不可捨於言說文字而能宣說。」是也。經云：「了法不在言，善入無言際，而能示言說，如響偏世間。」《寶鏡》云：「雖非有言，不是無語。」故佛之一語一默，皆是引導衆生離相對入絕對。《華嚴經》云：「一切諸佛出妙音聲，爲衆生作佛事；一切諸佛寂寞無言，爲衆生作佛事。」即素以不立文字爲口號之禪宗祖師，如道信、惠能、馬祖、百丈、大珠、臨濟、趙州、雲門等，皆有法語著作傳世。《六祖壇經》云：「執空之人有謗經，直言不用文字，既云不用文字，人亦不合語言，只此語言，便是文字之相。」又云：「直道不立文字，即此『不立』兩字，亦是文字，見人所說，便即謗他言著文字。汝等須知，自迷猶可，又謗佛經，不要謗經，罪障無數。」故文字雖㡳能，倘能因指而見月，則文字未曾無功；倘得魚而守筌，則文字未曾無累。故三藏十二部者，乃釋迦所假立，亦釋迦所否定；假立者爲度衆生，否定者爲免累衆生。能假立而不能否定，非佛也；能否定而不能假立，亦非佛也；能假立而又能否定，於是佛乃絕對無瑕，無得而指摘批駁之者。佛曾說「唯心」矣，隨即否定之；佛曾說「真如」矣，隨即否定之；佛曾說「阿耨多羅三藐三菩提」矣，又隨即否定之，曰：「名也，非實也，不可得也。」夫如是而後佛之說法乃無滯沾，入於絕對而無餘。故或有欲以經籍法門議佛者，而不知所謂經籍，所謂法門者，佛早已一一自加否定，以至不留一字，則尚何指摘之可加乎？故議佛謗佛者，實同揮拳以擊空，仰面而唾天，其不自污自敝者鮮矣！否定者，乃進入絕對之方法，亦表顯絕對之方法也，故佛之說法，有隨說隨加否定者，非此無以删盡迹象，無以脫盡滯礙。如《金剛經》云：「佛說衆生，即非衆生，是名衆生；佛說世界，即非世界，是名世界；佛說阿耨多羅三藐三菩提，即非阿耨多羅三藐三菩提，是名阿耨多羅三藐三菩提。」若知乎此，然後可以誦經，可以學佛。

以西洋邏輯之同一律繩之（同一律曰：甲者甲也，甲不能同時又為非甲），烏乎可？邏輯乃相對者，而佛語乃絕對者，超越於邏輯之上，故佛語者乃絕對之邏輯，不可加以批判者也。

或問曰：「相對、絕對之理，其詳可得聞乎？」答曰：「相對之理，可以言詮，而絕對之旨，則非言所詮。雖然，相對之終止，即絕對之開始。故若能窮相對之非，破相對之見，則絕對之旨且顯。就絕對之本體而言，體絕對待，何有相對絕對之可言？若執有絕對者，是亦相對也。無已，姑試就其近者論之。」

「相對」者，「俗諦」也，又名「世諦」、「有爲法」、「有漏法」、「現象世界」。相對本無，比較而有，有因有依，出於度量，行於時空，變幻不實，言語所能說明者，故名「相對」。「絕對」者，「真諦」也，又名「第一義諦」、「第一義空」、「無為法」、「無漏法」，體絕對待，不假思量，超越時空，否定一切，而不被否定，非言語所能說明，乃最究極之真實，故名「絕對」。

相對因對比而有，如生與滅、有與無、真與妄、善與惡、美與醜、一與多……。對比而有者乃思想感覺作用，變幻無常，若離於思想感覺作用，則是無始無明境界，能起一念無明，亦是相對。絕對乃超越思想感覺作用，超越無始無明境界，故無生滅、真妄、善惡、一多等相，無有變易，無能否定。

相對行於時間空間之內，故有過去、現在、未來、生、住、滅、大小、長短、高低、上下。絕對超越時間空間，故無過去、現在、未來，無生、住、滅、大小、長短、高低、上下。

非生無以見滅，非有無以知無，非真無以別妄，非善無以論惡，非一無以計多，推而廣之，以至四句百非，輾轉反覆，隨時間而遷流，隨時間以變易，無有標準，不可摑摶。故凡屬相對者，皆非最後之真實，皆得而否定之。

若於相對中求絕對者，其絕對即是相對之絕對，其真理乃相對之真理。相對中所得之絕對，乃以其感覺思想所認為屬於同一不變者，仍出自腦筋，故非絕對之標準。以善惡而言，君主時代以尊君為善，以叛君為惡，而民主時代以尊君為惡，叛君爲善，是隨時代而變易者也；以美醜而言，白種人以面貌潔白爲美，而黑種人則以面貌漆黑爲美，乃隨地方而變易者也。人類以其眼根感覺而定黑白青黃，而色盲者則或以白爲青、以青爲黃，動物亦各有其黑白青黃，況人類根據其感覺而以此黑白青黃之名加諸物體者，亦隨光線方向而變幻無常，則將以何物爲絕對標準乎？推而至於六根八識莫非如此。此理唯識家講之極詳，西洋之哲學家亦有知之者，茲不具述。昔世尊曾示摩尼珠問五方天王曰：「此珠作何色？」時五方天王互說異色，世尊藏珠，復抬手曰：「此珠作何色？」天王曰：「佛手中無珠，何處有色？」世尊曰：「汝何迷倒之甚！吾將世珠示汝，便强說有青黃赤白色；吾將真珠示汝，便總不知。」故凡屬相對者，皆非真正之知識，皆達思想感覺之中，立於時間空間之上。今人處此地球之上，而强定東西南北以爲標準，但另一星球之人，必不以此爲準也；今人以日月出沒而定日夜十二小時，另一星球之上，未必皆分日夜，無論若干小時也。朝菌不知晦朔，蟪蛄不知春秋，大椿則以八千歲爲春秋；鯤鵬一擊九千里，翼若垂天之雲，而蠻觸則以蝸角爲天地。則時間空間者，果將以何爲標準耶？莊周頗識相對之理，故有鯤鵬等喻，欲求物理之齊，然莊周未達絕對之境，故終未獲絕對平等之結論。西洋愛因斯坦之相對論，較莊周爲又詳，然彼僅以闡明相對爲能事，絕對之境，則非其所得窺也。

總而言之，一切心法色法，皆人類據其感覺思惟而名之，與其本體無干也。所謂時間空間者，亦人類據其思想感覺爲標準而名之，亦與其本體無干也。而思想感覺之本身，起於無始無明，變幻無常，無有絕對之標準。當無始無明被否定之時，則思想感覺亦被否定，當思想感覺被否定，則一切皆被否定矣，故凡屬相對者，皆得而否定之。雖然，此之謂否定，乃否定其相其名，而其本體自若也。故一達絕對之境，則無始無明也、思想感覺也，一切一切，全被承認矣。雖被承認，而面目不同。昔之面目，假也；今之面目，真也，本來之面目也，則又寧可一概而論耶？

相對之真理，存於時間空間之中，於某時某地爲真理，事過境遷，則非真理矣。絕對之真理超越時間空間，於過去爲真理，現在亦爲真理，未來亦爲真理；於此地是真理，於彼地亦是真理；乃至在其他星球世界，非世界，亦無非真理。此絕對之真理，即真如佛性是也。

真如者，又名「實相」，又名「實性」。或曰「如來」，禪宗謂之「本來面目」，唯識宗謂之「自心現量」、「圓成實性」，淨土宗謂之「常寂光淨土」，真言宗謂之「毗盧遮那」，天台宗謂之「自性實相」，華嚴宗謂之「一真法界」，三論宗謂之「實相般若」，律宗謂之「本元自性」、「金剛寶戒」。假名雖繁，其體無二。《唯識論》曰：「真謂真實，顯非虛妄，如謂如常，表無變易，謂此真實於一切法，常如其性，故曰真如。」《維摩詰經》云：「夫如此，不二不異。」《金剛經》云：「如來者，無所從來，亦無所去。」總括言之，即萬有之本體，最究極最絕對之真性是也。《華嚴經．十迴向品》曰：

> 勤修一切出世間法，於諸世間無取無依，於深妙道正見牢固，離諸妄見了真實法。譬如真如，偏一切處，無有邊際……；譬如真如，真實爲性……；譬如真如，恆守本性，無有改變……；譬如真如，以一切法無性爲性……；譬如真如，無相爲相……；譬如真如，若有得者，終無退轉……；譬如真如，一切諸佛之所行處……；譬如真如，離境界相而爲境界……；譬如真如，能有安立……；譬如真如，性常隨順……；譬如真如，無能測量……；譬如真如，光滿一切……；譬如真如，常住無盡……；譬如真如，無有比對……；譬如真如，體性堅固……；譬如真如，不可破壞……；譬如真如，照明爲體……；譬如真如，無所不在……；譬如真如，偏一切時……；譬如真如，性常清

淨……，譬如真如，於法無礙……，譬如真如，爲衆法眼……，譬如真如，性無勞倦……，譬如真如，體性甚深……，譬如真如，無有一物……，譬如真如，性非出現……，譬如真如，離衆垢翳……，譬如真如，性無與等……，譬如真如，體性寂靜……，譬如真如，無有根本……，譬如真如，體性無邊……，譬如真如，體性無著……，譬如真如，無有障礙……，譬如真如，非世所行……，譬如真如，體性無住（不住生死）……，譬如真如，性無所作……，譬如真如，體性安住（安住真實）……，譬如真如，與一切法而共相應……，譬如真如，一切法中性常平等……，譬如真如，不離諸法……，譬如真如，一切法中畢竟無盡……，譬如真如，與一切法無有相違……，譬如真如，普攝諸法……，譬如真如，與一切法同其體性……，譬如真如，與一切法不相捨離……，譬如真如，無能映蔽……，譬如真如，不可動搖……，譬如真如，性無垢濁……，譬如真如，無有變易……，譬如真如，不可窮盡……，譬如真如，性常覺悟……，譬如真如，不可失壞……，譬如真如，能大照明……，譬如真如，不可言説（一切語言所不可説）……，譬如真如，持諸世間……，譬如真如，隨世言説（隨一切智慧言説）……，譬如真如，偏一切法……，譬如真如，無有分別……，譬如真如，偏一切身……，譬如真如，體性無生……，譬如真如，無所不在……，譬如真如，徧在於夜……，譬如真如，徧在於晝……，譬如真如，徧在半月及以一月……，譬如真如，徧在年歲……，譬如真如，徧成壞劫……，譬如真如，盡未來際……，譬如真如，徧住三世……，譬如真如，徧一切處……，譬如真如，住有無法……，譬如真如，體性清淨……，譬如真如，體性明潔……，譬如真如，體性無垢……，譬如真如，無我我所……，譬如真如，體性平等……，譬如真如，超諸數量……，譬如真如，平等安住……，譬如真如，徧住一切諸衆生界……，譬如真如，無有分別，普住一切音聲智中……，譬如真如，永離世間（使衆生永出世間）……，譬如真如，體性廣大……，譬如真如，無有間息……，譬如真如，體性寬廣，徧一切法……，譬如真如，徧攝羣品……，譬如真如，無所取著……，譬如真如，體性不動……，譬如真如，是佛境界……，譬如真如，無能制伏……，譬如真如，非是可修，非不可修……，譬如真如，無有退捨……，譬如真如，普攝一切世間言音……，譬如真如，於一切法無所希求……，譬如真如，住一切地……，譬如真如，無有斷絕……，譬如真如，捨離諸漏……，譬如真如，無有少法而能壞亂，令其少分是非覺悟……，譬如真如，過去非始，未來非末，現在非異……，譬如真如，於三世中無所分別……，譬如真如，成就一切諸佛菩薩……，譬如真如，究竟清淨，不與一切諸煩惱俱……。

此節描寫真如絕對之性，徧滿十方，出入三界，超越時間空間，亦不別有時間空間，能否定一切，而不被否定，能轉萬有，而不爲所轉，平等圓成，不二不異，凡所指即此，爲佛使其實證而言，非猜想也。又禪宗六祖惠能描寫真如實性、平等不二之言曰：「明與無明，其性無二，無二之性，即是實性。實性者，處凡愚而不減，在賢聖而不增，住煩惱而不亂，居禪定而不寂，不斷不常，不來不去，不在中間，及其內外，不生不滅，性相如如，常住不遷，名之曰道。」

或嫌以上所描畫者，過於抽象，余將作較爲淺顯之解釋與譬喻，使讀者諸君對此整個佛法之基石，得一更明確之觀念。昔人誤認內臟發血之心爲人身一切活動機關，今之生理學家已加以否定，而證明腦神經爲一切活動機關，然腦神經不過是心理作用，是發動機關，誰能斷定其爲萬靈之「心」耶？且極下等之生物，如變形蟲、向日葵、含羞草等，也有喜怒哀樂之情感，亦有心理作用，而皆無腦神經之組織。唯物學家主張心理作用是細胞元素中所含固有之運動，當原形質起變更時，元素亦隨之而運動，此乃心理活動之基礎，故人之思想情感，乃體內元素運動之表現，由腦髓分泌而出，並無所謂心靈，此說似屬武斷，人多疑之。今之研究心理學者，多分爲智識、情感、意志三部，此三部份是否能包括心境而無遺，無能判定，況研究此三部份者，一達意志之部，即感荊棘叢生，幾至束手無策，設三部份皆已解決圓滿，然此之謂心，不過是一相對無準之心而已耳，與佛家所指真如絕對之心，不可同日而語也。

以研究相對之「心」而言，唯識宗剖析入微，蓋已超過智識、情感、意志三部份以上，其說甚繁，斷難殫述。簡括言之，唯識宗乃以八識所構成之體爲相對之心，一切見聞覺知作用，皆歸之識，故名「唯識」。此識乃內外因緣和合而成立，非單屬人，亦非單屬物，可說是宇宙全體合股組成之一大「托辣斯」。大家皆參加，皆有股份，皆是股東，皆爲權利與義務，不能說是某人所獨有，而主持者乃八識耳。八識以阿賴耶識爲總經理，其餘各識則分負部份之職責。第六意識辨貨色定方針，第七末那識主出納。前五識主買辦，當前五識將貨色辦進來，乃原封不動者，於是意識便拆開查察，分別好壞，末那識馬上登上賬簿，送到總經理之阿賴耶識處，阿賴耶識便儲藏起來，待到意識認爲有利可圖時，隨即搬出應市，此八識大意也。至所辦是何貨色，詳細情形如何，雖佛亦無法奉告；請問諸現代美國大托辣斯家，彼必能詳細簽覆，使君滿意也。然八識心乃相對之心，佛說唯識破衆生之人執、法執，二執已破，佛即否定唯識，而說轉識成智，以達圓成實絕對之境，故唯識者乃否定相對以達絕對之法也。今所欲明者，乃絕對真心也，絕對真心一明，則世間、出世間一切難題完全解決，所謂唯心唯物一切哲學爭論，無法可以延續，惟有自動結束而已。

佛家名相對界爲「妄心」，名絕對界爲「真心」。未達絕對境界，一切皆是相對，毫無標準，故謂之妄；既達絕對之後，一切皆是絕對，皆同標準，故名爲真。真妄雖殊，其體則一，站在絕對之立場上，本無所謂真與妄，今言真妄者，乃爲明相對而言之耳。

妄心者起於無始無明，行於三界六道，囿於時空，以無明爲體，以五陰爲用，以根塵處界爲活動場所，造業造福，生死輪迴，無有了期。直至釋迦牟尼佛爲一大事因緣出世，定下調伏之法，始一一加以否定，最後將無始無明生死種子打破，於是妄心結束，而本元真心顯現，由相對進入絕對。

妄心之所以爲相對者，以其有生滅變幻也，依此妄心認識萬有，則一切萬有皆生滅矣，皆相對而無準矣。故由此妄心出發者，總無正確之智識，故不但唯心論乃依此妄心而推演其所得，即唯物論者亦何曾能離此妄心而有所推演耶？故妄心未結束，一切皆是相對，皆非真理，皆應否定，直至此妄心之根源無始無明已被否定時，於是妄心結束，相對終止，而進入絕對真如境界矣。絕對境界中，無有生滅，無有相對者，故一切皆被承認，皆是真實，皆是真心。此絕對真心，非單屬於心，非單屬於人，亦非單屬於物，亦不可謂心、人、物之外別有真心，而是完滿無缺之整體。非存於時間空間之中，而是時間空間當體即是真心；非存於形色之中，而是形色之當體即是真心；非存於聲音之中，而是聲音當體即是真心；非存於嗅味之中，而是嗅味當體即是真心；非存於觸覺之中，而是觸覺當體即是真心；非存於思念之中，而是思念當體即是真心。推而廣之，以至一切萬彙皆自體便是真心，皆是真實，故無法否定之。昔西洋有科學家承認彼畢生所研者不及海灘上一粒沙，此乃真語。夫人以有限之相對智識，而欲窮無限之物之本體真相，夫何能及？而彼一粒沙者，自己便是本體，自己便是絕對者，其超越相對智識之上，何可以道理計耶！

有色者皆是真心，則唯物論無忤矣；無色者皆是真心，則唯心論無忤矣；無色者皆是真心，則非唯物論矣；有色者皆是真心，則非唯心論矣。有色無色皆爲真心，於是佛乃爲絕對一元論者。

吾人今暫假立兩方面以說明之：一爲相對界，一爲絕對界。相對界爲妄心，絕對界爲真心，其實無兩方面，爲便於說明而出此耳。最後入於最究極之絕對真如境界，則兩面即是一面，圓滿成實，然後絕對一元論得以成立。

相對界憑其變幻無常之思維感覺以觀測宇宙萬有，判爲種種相，定下種種名，於是萬有在相對界之眼中，隨而變幻靡常，《圓覺經》所謂：「譬如動目，能搖湛水，又如定眼，由迴轉火，雲駛月運，舟行岸移。」是也。然與萬有之絕對本體無干也，絕對本體本無此相此名，本無變幻，全不相及也。雖然，相對界者，離此思惟感覺之外實無所知，離此思惟感覺之外，實無所憑藉，故深信而不疑。及至平心反省，或得善智識之開導，於是初則疑之，繼乃自加否定，否定其所謂相，否定其所謂名，否定其思惟感覺，最後無思惟無感覺之無始無明亦被否定，直至無可再否定，相對界結束，遂入絕對之境，乃恍然大悟，凡昔之所知所見，所謂相、所謂名者，實與絕對本體全不相干，萬有各安其位，生即無生，滅也無滅，法爾如如，真實不二。《解深密經．如來成所作事品》云：「法爾道理，謂如來出世，若不出世，法性安住，安住法界，是名法爾道理。」禪宗祖師則謂之「本來面目」。當此時也，整個相對界已變爲絕對界矣，即此相對之體，本是絕對之體，非此外別有體也，故禪宗謂之「還我本來面目」。譬如舞臺上之淨角，當其粉墨登場，忽而曹操，忽而關公，忽而嚴嵩，忽而包拯，其本來面目不可知，善惡何可定？及至進入後臺，洗臉摘鬚，乃知其爲張三、李四也。曾見稗官載某處有淨角扮演曹操，惟妙惟肖，技藝之入神，觀衆中有忿激忘形，挾利刃登臺，欲加剚屻，一時傳爲笑談。然宇宙一舞臺也，相對界之人皆觀衆也，爲無明思惟感覺所蔽惑，認假爲真，生死流轉，萬劫不復，奈何不知自笑，而徒笑彼挾刃登臺者乎？此佛所謂「實可憐愍」者也。

故相對界憑其思惟感覺以判斷其所自造成之宇宙萬有，安在其能超越相對乎？絕對界則自性如實自知，故無非絕對真實也。《解深密經．如來成所作事品》云：「凡夫異生，於麤重身，執著諸法，補特伽羅（眾生輪迴之義）自性差別，隨眼妄見以爲緣故，計我我所，由此妄見，謂我見我聞、我嗅我嚐、我觸我知、我食我作、我染我淨（執其思惟感覺為實），如是等類邪加行轉。若有如是實知如是者（達真如絕對境界），能永斷麤重之身（否定相對身），獲得一切煩惱不住，最極清淨，離諸戲論，無爲依止，無有加行。」

是以相對界欲執其思惟感覺所自定之相對之尺度，以繩乎絕對界，安在其能及乎？蓋絕對界中根本無此尺度，一切皆自安其位，如實自知。相對界曰：「我有動有靜。」而絕對界則曰：「我有真如。」相對界曰：「我有生有滅。」而絕對界則曰：「我有真如。」相對界曰：「我有染有淨。」而絕對界則曰：「我有真如。」相對界曰：「我有過去、現在、未來。」而絕對界則曰：「我有真如。」相對界曰：「我有四方上下。」而絕對界則曰：「我有真如。」……直至相對界力竭聲嘶，頭昏腦脹，當無以盡其所知之相之名之事於萬一，技窮智絕，而絕對界則曰：「我連真如之相之名亦無。」安閒而自得，輕鬆而逍遙。安在其能相及乎？

夫人生活於相對界中，而不自悟，此相對界有如一個大圈，衆人跟隨狂跑，循環反覆，無法跑出圈外，圈中所充滿者皆相對也。有相對然後有矛盾，故亦充滿矛盾，矛盾必被否定，否定又成矛盾，於是否定而又否定，矛盾而又矛盾。西洋相對論與辯證法，即欲分析此圈中之現象與規律，甚至一切哲學家皆在分析此圈子中之現象與規律，然而未曾越此相對圈子之範圍，故其所得之結果，皆是相對的，皆等於零。而相對圈裡的人們，其生活充滿矛盾與否定，有限而貧乏，其自由乃相對之自由，而非絕對之自由；其快樂乃相對之快樂，而非絕對之快樂。釋迦之出世，乃欲使人們脫離此圈子，入於絕對之境，使其得無限豐富之生活，解盡一切束縛，入於絕對自由之境，得絕對之快樂。

相對界中之人，其生命相對也，其思想相對也，其感覺相對也，其認識相對也，其宇宙相對也，其人生相對也，其理智相對也，其概念相對也，其經驗相對也，其精神相對也，其物質相對也，其上帝相對也，其天國相對也，其宗教相對也，其唯心相對也，其唯物相對也，其演繹相對也，其歸納相對也，其辯證相對也，其理性相對也，其道德相對也，其科學相對也，其自由相對也，其差別相對也，其平等亦相對也，其苦惱相對也，其快樂亦相對也，其相對相對也，其絕對亦相對也，其否定相對也，其肯定亦相對也。推而廣之，無往而非相對，無一而非相對，無一而不可否定。倘人認爲此乃定命，無得而逃，願自安自足於此相對之圈中，則吾無以强也；倘不滿乎此，願獲得更豐富之絕對生活及意義，則惟有皈依我佛如來而已。

皈依如來者，即皈依絕對也。絕對界中（即常寂光淨土）一切絕對真實，故只有肯定而無否定，只有圓成，而無矛盾。其生命絕對也，其思想絕對也，其感覺絕對也，其宇宙絕對也，其人生絕對也，其理智絕對也，其概念絕對也，其經驗絕對也，其精神絕對也，其物質絕對也，其上帝絕對也（絕對之上帝乃與人平等者），其天國絕對也（天國與地獄平等），其宗教絕對也，其唯心絕對也，其唯物絕對也，其演繹絕對也，其歸納絕對也，其辯證絕對也，其理性絕對也，其道德絕對也，其科學絕對也，其自由絕對也，其平等絕對也，其差別絕對也，其快樂絕對也，其苦惱亦絕對也，其絕對絕對也，其相對亦絕對也，其肯定絕對也，其否定絕對也。推而廣之，無往而非絕對，無一而非絕對，無一而不可肯定，一切平等不二，謂之不二法門。誌公「十四科」云：「菩提煩惱不二，持犯不二，佛與衆生不二，事理不二，靜亂不二，善惡不二，色空不二，生死不二，斷除不二，真俗不二，解縛不二，境照不二，運用無礙，迷悟不二。」相對故二，絕對故不二。絕對界中，二亦絕對，故一即無量，無量即一，萬劫即一念，一念即萬劫，芥子納須彌，須彌納芥子。《華嚴經．普賢行願品》云：「盡一切劫爲一念，三世所有一切劫，爲一念際我皆入，我於一念見三世，所有一切人師子，亦常入佛境界中，如幻解脫及威力。」（時間不二）又「於一毛端極微中，出現三世莊嚴刹，十方塵刹諸毛端，我皆深入而嚴淨。」（空間不二）《楞嚴經》云：「我以妙明不滅不生合如來藏，而如來藏唯妙覺明圓照法界（絕對界），是故於中，一爲無量，無量爲一，小中現大，大中現小，不動道場，徧十方界，身含十方無盡虛空，於一毛端現寶王刹，坐微塵裡轉大法輪。」絕對界非語言文字所能表象，雖釋迦之智慧，欲就其親證境界，用種種譬如方法加以描繪，尚謂無由表出，而教人自修自證，則余何能及其分毫！然大乘經典中對於絕對界之描繪極多，因衆生相對習氣甚深，故少能領悟，外道凡愚則直視爲神話，學者如能明此相對界與絕對界不同之概念，則於大乘文字方便，必較易接受。然此皆空談而已，最重要者仍在自證。《楞伽經》云：「前聖所知，轉相傳受，妄想無性。菩薩摩訶薩獨一靜處，自覺觀察，不由於他，離見妄想，上上升進，入如來地，是名自覺聖智相。」

相對界者，即此變幻無實之思惟感覺，即此思惟感覺所得之宇宙世間，萬有現象是也。佛家將此界分爲三界二十八天，二十八天範圍之內，盡是相對的，而無絕對的。二十八天盡頭，是無始無明境界，此境微細難知，乃相對中之絕對，故易被誤認爲絕對，乃是相對界與絕對界之邊緣，因其極微細極難知，無感覺，故亦極難予以打破。修行者先將皮麤重否定，次將膚麤重否定，最後達此細微之相對境，謂之骨麤重，骨麤重若已否定，則一切相對者已被殲滅，無漏無餘，便入絕對境界。《解深密經》所謂：「若在於骨麤重斷者，我說永離一切隨眠，位在佛位。」絕對界又名「常寂光淨土」、「一真法界」、「一實法界」。一切皆是絕對真實，相對界緣無明而生，而絕對界無所緣，自己就是自己，不靠他人來完成，名爲「完全」，名爲「真如」。

敍述至此，必須說明修大乘的方法，然後以上之理論不至成爲空談。有此方法，然後相對界始得結束，絕對界始能達到，而不致等於柏拉圖之烏托邦。吾人寫此論文之目的，即在證明絕對界不同於烏托邦，而是真實可達到，可安居息養之樂土，一破西洋哲學家「絕對雖許存在而不可知」及「絕對不論存在與否，其智識終爲無用」之語。佛家最重實行，非實行無以達到絕對真如境界，徒託空言，則無補實際，祖師所謂：「談玄說妙隔天淵。」是也。故此方法乃佛法中最重要之部份，學者宜再三致意焉。

大乘修行法門爲六波羅蜜，其所經歷之階段爲菩薩十地。「波羅蜜」者譯爲「到彼岸」，意謂藉此以度過相對之海，而到達絕對之岸是也。故又名「六度」。六度者：一、布施。二、持戒。三、忍辱。四、精進。五、靜慮（又譯禪那）。六、智慧到彼岸（又譯般若）。此六種乃戒、定、慧所攝。《解深密經》云：「當知初三，但是增上戒學所攝；靜慮（即定）一種，但是增上定學所攝；慧是增上慧學所攝，我說精進徧於一切。」又云：「觀自在菩薩復白佛言：『世尊！何因緣故，宣說六種波羅蜜如是次第？』佛告觀自在菩薩曰：『善男子！能爲後之引發依故，謂諸菩薩若於身財無所顧吝，便能受持清淨禁戒；爲護禁戒，便修忍辱；修忍辱已，能發精進；發精進已，能辦靜慮；具靜慮已，便能獲得出世間慧。是故我說波羅蜜多如是次第。』」又曰：「各有三種，施三種者：一者法施，二者財施，三者無畏施。戒三種者：一者轉捨不善戒，二者轉生善戒，三者轉生饒益有情戒。忍三種者：一者耐怨害忍，二者安受苦忍，三者諦察法忍。精進三種者：一者被甲精進，二者轉生善法加行精進，三者饒益有情加行精進。靜慮三者：一者無分別寂靜，極寂靜無罪故，對治煩惱衆苦樂住靜慮，二者引發功德靜慮，三者引發饒益有情靜慮。慧三種者：一者緣世俗諦慧，二者緣勝義諦慧，三者緣饒益有情慧。」此六種綱領乃修大乘菩薩之所遵循，其中以「靜慮」（即禪那）及「智慧到彼岸」爲最重要，此兩種乃否定相對，進入絕對之武器，其餘則助成之耳。然吾人須明白所謂「法門」者，皆爲相對界而設，自身便是相對者，若絕對界中，則無有「法門」，亦無須用此。換言之，即「法門」者，乃爲否定相對者而產生，相對界中爲有矛盾故，故有否定，故須「法門」以爲工具；絕對界中則無有矛盾，故無須否定，亦無須「法門」以爲工具。譬如絕對和平之世界中，則無須武裝及兵器也。故佛説法時，常告誡曰：「法尚應捨，何況非法！」大乘經典中，對於此六種武器之運用，發揮盡致，其説繁冗，茲不具舉，獨擇其較爲簡明者以供參考，其詳細道理，學者自加探索可也。

六種波羅蜜爲對治（否定）一切相對者而設，此一切相對者，統爲三種：一爲煩惱障，二爲所知障，三爲空障。煩惱障爲我執，所知障爲法執，空障爲空執。

我執又名人執，比較上麤重易知，西洋哲學所謂：「我思故我在。」老子曰：「吾所以有大患，爲我有身。」一切煩惱皆由「我在」及「有身」而起，普通人皆執「我身」爲實，而一切煩惱生焉，故名「我執」。其實此身乃相對者，爲四大六根中外合成，因其爲衆多相對者混合而成，故本身即起矛盾，矛盾就是煩惱，相續不斷，直至此身完全被自己的矛盾所否定，於是此身結束而另一相對身又產生，如是輪轉不斷，謂之煩惱障。《圓覺經》云：「善男子！彼新學菩薩及末世衆生，欲求如來淨圓覺心（即絕對真心），應當正念，遠離諸幻。先依如來奢摩他行，堅持禁戒，安處徒衆，宴坐靜室。恒作是念：我今此身，四大和合，所謂髮毛爪齒、皮肉筋骨、髓腦垢色，皆歸於地；唾涕膿血，津液涎沫，痰淚精氣，大小便利，皆歸於水；暖氣歸火；動轉歸風，四大各離，今者妄身當在何處？即知此身畢竟無體，和合爲相，實同幻化。四緣假合，妄有六根，六根四大，中外合成，妄有緣氣，於中積聚，似有緣相，假名爲心。善男子！此虛妄心，若無六塵，則不能有，四大分解，無塵可得，於中緣塵，各歸散滅，畢竟無有緣心可見。」《唯識論》曰：「煩惱障者，謂執徧計所執實我（我見），薩迦耶見（身見）而爲上首，百二十八根本煩惱，及彼等流諸隨煩惱，此皆擾惱有情身心，能障涅槃，名煩惱障。」又云：「煩惱障品類衆多，我執爲根，生諸煩惱，若不執我，無煩惱故。」又云：「我執習氣，謂虛妄執我我所種。我執有二：一、俱生我執（與生命俱生），即修所斷我我所執；二、分別我執（由邪師教誨而起），即見所斷我我所執。隨二我執所熏成種，令有情等自他差別。」《大智度論．三十一》云：「我是一切煩惱根本，先著五衆（五蘊之身）爲我，然後著外物爲我所。」《楞伽經》云：「善觀二種無我相。云何二種無我相？謂人無我，法無我。」無者，否定之意也，「人無我」即破我執，「法無我」即破法執。

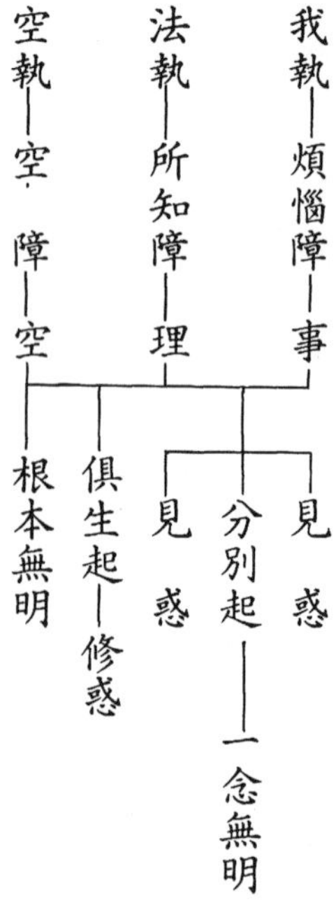

我執—煩惱障—事—見惑
法執—所知障—理—見惑
空執—空障—空

分別起——一念無明
俱生起—修惑
根本無明

法執者，固執心外有無無爲之實法之妄念也。二乘之人雖斷我執，而不能絕此法執，大乘菩薩則漸斷之。《唯識論》曰：「由我法執，二障俱生。」《菩提心論》曰：「二乘之人，雖破人執，猶有法執。」上面已說過，法的本身是相對的，相對故有矛盾，矛盾便成障礙，故名所知障，障礙故被否定。法執有「俱生法執」與「分別法執」二種。「分別法執」，菩薩於見道頓斷之；「俱生法執」，於修道漸斷之。（見《法苑義林．章二．執章》）法執之成立，乃因我執本身所生之矛盾現象，發展爲障礙，故產生各種方法以對治之（否定），待到我執已被否定，於是執此法爲實在者，是爲法執。法執本身又起矛盾，自爲障礙，於是法執又被否定。當我執及法執已否定，便是思惟感覺之結束，此時一切已空，然不可以思惟感覺而知之，識根種子仍潛伏於空之背後，仍爲達絕對之障礙，是爲空障，是爲三界二十八天之最上層四無色天，因其無形色，又名空處。四無色天之最上層一天爲非想非非想處，即無始無明境界，因其微細深遠，故極難破除。小乘破我執而落於法執，中乘破法執而落於空執，大乘破此空執，然後能達真如絕對之境。煩惱、所知二障是思惟感覺（即見聞覺知）範圍，亦即一念無明範圍，而空障則是無始無明範圍。《圓覺經》云：「云何二障？一者理障（即所知障），礙正知見；二者事障（即煩惱障），續諸生死。若此二障未得斷滅，名未成佛。若諸衆生永捨貪欲，先除事障，未斷理障，但能悟入聲聞緣覺，未能顯住菩薩境界。」又云：「善男子！一切衆生從無始來，由妄想我（我執）及愛我者，曾不自知念念生滅，故起憎愛，耽著五欲（煩惱障）。若遇善友，教令開悟淨圓覺性，發明起滅，即知此生性自勞慮。若復有人勞慮永斷（破煩惱障）得法界淨，即彼淨解爲自障礙（落所知障法執），故於圓覺而不自在。」又云：「一切菩薩見解爲礙（所知障），雖斷解礙，猶住見覺（破所知障落空障），覺礙爲礙，而不自在。」

「空障」乃由相對進入絕對之最後障礙，修大乘法者，最後須將此障破除，方成佛道，因其隱伏於空之深處，不可感覺，不可思惟，故破之極難。中外思想界或有未曾發覺此微細之障礙者，或則誤認爲無有障礙已達真如絕對之體，其實此障尚未除也。《勝鬘經》云：「無明住地（即無始無明）其力最大，佛菩提智之所能斷。」故二乘未能除，而須大乘藉佛之菩提智慧力量方能除之。故此障極爲重要，須作較詳盡之說明。

「無明」（Avidya）在印度之思想界之成立甚早，最古之《奧義書》（*Upanichad*）中已見之，外道各派中亦多談無明，主張各有不同，即佛經中之論無明者，其說甚多，而大略可分爲無始無明與一念無明兩方面。整個相對界之建立，乃以無始無明爲體，而以一念無明爲用，而生一切現象及認識。故無始無明爲能緣，而一念無明爲所緣；無始無明爲靜的根本，而一念無明爲動的枝末。「當人思想停止，無知無覺，空洞冥漠，便是無始無明境界。及至一念發生，然後有知有覺，有時間有空間，有認識活動，發展爲整個相對的宇宙。」無始無明自無始以來便是昏暗冥漠，無知無覺，但它隱伏著知覺之種子，能受刺激，受刺激後，遂生出一念，此一念之發動（名一念妄動性）即是思惟感覺（見聞覺知）之開始，然後時間空間建立，有時間空間，然後有相、名以及一切活動，繼續發展，完成整個相對之宇宙。換言之，即是有無始無明然後生一念無明，有一念無明然後有思惟感覺，有思惟感覺然後有時間空間，一切現象（相、名）才有地盤活動，但皆在時間空間之內，受時間空間限制，隨時間空間變遷，皆相對而成立，虛幻無實，皆得而否定之。但如果只有此一相對之宇宙，而此宇宙又被否定，則豈非落空？大乘佛法並非如此，相對宇宙被完全否定，即進入絕對之宇宙，於是真實之生活乃開始，絕對宇宙不能否定，不受任何限制，乃絕對之完全，無生無滅，故是永生。

由是觀之，欲此相對之宇宙結束，惟有將此一切相對之根源無始無明打破，然後相對界始能結束，大乘經典中皆認爲打破無始無明然後能見真如佛性。《大般涅槃經》云：「婆伽名破，婆名無明。」《華嚴經》云：「以智慧照破無明。」《楞伽經》云：「永斷無始虛妄習氣種子。」《圓覺經》云：「一切菩薩及末世衆生，先斷無始輪迴根本。」《解深密經》云：「永斷最極微細煩惱及所知障。」又云：「由般若故，永伏隨眠。」《心經》云：「行深般若波羅蜜多時，照見五蘊皆空，度一切苦厄。」《六祖壇經》云：「當用大智慧，打破五蘊煩惱塵勞。」又云：「使般若智，打破愚癡迷妄。」

當無始無明尚未打破，修行者至此境界，空洞冥漠，誤認爲一切已空，不能再進，故名「空障」。空障未除，無法進入絕對境界。而此無始無明境界極微細極難破除，故爲礙最大。《楞伽經》云：「寧取人見如須彌山，不起無所有增上慢空見。」禪宗祖師云：「黜黜黑暗深坑，實可怖畏。」所以小乘二乘皆不能破，皆不能達絕對，惟大乘菩薩始能破之，始達絕對境界。

釋迦名其方法爲本住法，本住法者，本來現成是也。《楞伽經》云：「譬如士夫行曠野中，見向古城平坦正道，即隨入城，受如意樂。」故大乘否定相對，入絕對法門，乃出諸自然本性。因爲相對宇宙間，一切無非相對者，由相對而生矛盾，由矛盾而有否定，否定終極，相對宇宙結束，絕對宇宙開始。絕對宇宙中無相對者故無矛盾，無矛盾故無否定，一切皆是絕對，本住現成，永不變遷，如此宇宙才有最後之著落，人生才有最後之歸宿。

大乘佛法將此相對宇宙中之一切相對歸納爲三系，而加以否定，即以上所講煩惱障、所知障、空障是也。而此三系者，實唯心所造，故佛之講唯心，目的在否定唯心，否定之方法爲六波羅蜜，而以禪那、般若兩項爲主要。禪那破煩惱障，而般若破所知障及空障，《解深密經》謂：「由靜慮故，永伏煩惱；由般若故，永伏隨眠。」是也。關於運用禪那及般若之方法，在佛法中成爲專門之研究，其說極繁，初學不易探索，現將較爲簡要之點說明之，即否定最後相對根源無始無明是也。此法爲大乘各宗所通用，乃藉菩提智慧之力，統率六根之一根，或六根同時並用皆可（無始無明窠臼進攻，考察古人用功，尤以眼耳意三根為多）。此時也，凡眼所見，耳所聞，意所念，一切皆是相對者，皆否定之，否定到山窮水盡時，達到黑黑暗暗一無所有的境界，便是無始無明境界，此時要下更大的決心，非將無明種子找到不可，因爲無明種子隱伏於最深微之處，不易找到，一旦找到，即時予以打破，於是豁然貫通，一切相對烟消霧散，徹天徹地，皆是絕對，謂之頓悟成佛。《六祖壇經》云：「若起真正般若觀照，一剎那間，妄念俱滅，若識自性，一悟即至佛地。善智識！智慧觀照，內外明澈，識自本心，即本解脫，若得解脫，即是般若三昧。」

《圓覺經》對於利用相對破除相對之方法，及禪那之運用，開示詳盡，《解深密經．瑜伽師地品》亦論列甚明，其餘論六波羅蜜之經品亦不少，學者可自加研討。《圓覺經》一開始即曰：「一切如來本起因地，皆依圓照清淨覺相，永斷無明，方成佛道。云何無明？善男子！一切衆生從無始來，種種顛倒，猶如迷人，四方易處，妄認四大爲自身相，六塵緣影爲自心相。譬彼病目，見空中華，及第二月。善男子！其實無華，病者妄執，由妄執故，非唯惑此虛空自性，亦復迷彼實華生處，由此妄有輪轉生死，故名無明。」其次則示以幻（相對）破幻（相對）之法，名「如幻三昧」，即以相對破相對是也。曰：「衆生幻心，還依幻滅。」「譬如鑽火，兩木相因，火出木盡，灰飛烟滅。以幻修幻，亦復如是。」相對已除，絕對顯現，故曰：「諸幻盡滅，覺心不動。」「垢盡對除，即無對垢，及說名者。」「垢相永滅，十方清淨。」如相對否定未盡，而即欲憑相對之心以求絕對真理，則其所得之結果，也屬相對者，故曰：「依幻說覺，亦名爲幻。」又曰：「善男子！一切世界，始終生滅，前後有無，聚散起止，念念相續，循環往復，種種取捨，皆是輪迴。未出輪迴而辯圓覺，彼圓覺性，即同流轉，若免輪迴，無有是處。譬如動目，能搖湛水，又如定眼，由迴轉火，雲駛月運，舟行岸移，亦復如是。善男子！諸旋未息，彼物先住，尚不可得，何況輪轉死生垢心，曾未清淨，觀佛圓覺而不旋復，是故汝等便生三惑。」未證真如絕對之境，而欲辯圓覺者，則說有說無皆是相對，故曰：「若說有覺，猶未離幻；說無覺者，亦復如是。」關於否定相對者，否定而又否定，到無可再否定，即入絕對一節，《圓覺經》又曰：「心如幻者，亦復遠離；遠離為幻，亦復遠離；離遠離幻，亦復遠離；得無所離，即除諸幻。」否定已盡，無能再加否定者，故曰：「譬如有人，自斷其首，首已斷故，無能斷者，則以礙心，自滅諸礙，礙已斷滅，無滅礙者。」一切相對否定已盡，不會落空，因為此時絕對世界即顯露出來，一切皆是真實。故曰：「諸幻雖盡，不入斷滅。」又曰：「幻滅滅故，非幻不滅。」這便是否定相對進入絕對之「如幻三昧」方法。

《心經》亦是說明此方法者，亦是以般若照破五蘊，否定一切心法色法，以入絕對者，故一開始即曰：「觀自在菩薩，行深般若波羅蜜多時，照見五蘊皆空，度一切苦厄。」至「是故空中無色，無受想行識……究竟涅槃。」中間下了十七個「無」字，個個是否定，直把心法色法否定淨盡，才說：「究竟涅槃。」蓋否定終止，則絕對開始矣。《金剛經》則曰：「乃至無有少法可得。」是把一切相對者完全加以否定，不留一字一法，然後得入真如絕對境界。

老子之方法是「爲道日損」，孔子之方法是「允執厥中」，西洋之方法是「爲學日益」，皆非徹底的方法。爲道日損者，知相對之非而加以否定是也，但否定到無始無明境界便爾停止，未進絕對境界，故老子未能徹底。允執厥中者，不管相對或絕對，採中庸方法，結果是一位好好先生。爲學日益者，是承認相對者爲真實而追求之，結果是矛盾日甚。佛家之方法則是「一切皆空」，非否定到山窮水盡一切皆空不肯罷手，但最後更將這個「空」打破，所以「皆空」並非落「空」，「皆空」是相對之終止，同時亦就是絕對之開始，故「一切皆空」下面連接「一切皆實」，必須達到「一切皆空」之地步，然後能進入「一切皆實」之絕對境界。能否定一切，便能承認一切，相對的生活變爲絕對的生活，故佛之方法，乃最徹底、最實用之方法。

老子本來與釋迦同走一條路線，但釋迦走通，而老子則沒有走通。老子之「爲道日損」，亦是採用否定相對之方法，但達到無始無明境界時，所見者只是恍惚冥漠，以爲是最後本體，不能再加否定，便爾回頭。請看老子描寫此境之情況，再和佛家描寫二十八天中最高一天非想非非想處（即無始無明境界）情況對照，便知余作此判斷，並非有意誣衊自己民族的老前輩。《道德經．二十一章》云：「孔德之容（王弼注：「孔，空也，惟以空為德，然後乃能動作從道」），惟道是從。道之爲物，惟恍惟惚，惚兮恍兮，其中有象；恍兮惚兮，其中有物；窈兮冥兮，其中有精。」《楞嚴經》云：「識性不動（空也），以滅窮研。於無盡中，發實盡性，如存不存（即其中有象），若盡非盡（即其中有物），如是一類，名非想非非想處。」觀以上兩節，可見老子之最後境界乃無始無明境界，但已經是無色界中最高之一天，乃佛家小乘之最後境界，因此吾人對於老子之評價，向來是主張應該多給一點的。

老子找到無始無明，而沒有將之打破，真是失之交臂，否則進入絕對境界，則可與釋迦東西相輝映矣。老子沒有進入絕對，故其學說徹頭徹尾是相對者，以「無始無明」爲體，以「一念無明」爲用，故曰：「無，名天地之始（無始無明）。有，名萬物之母（一念無明然後有名相）。故常無，欲以觀其妙（無明眠伏）；常有，欲以觀其徼（無明發作）。」然老子之方法，則爲否定相對之方法，其第二章否定美惡；第三章否定賢愚、貴賤；第十八、十九章否定仁義、智慧、忠孝；第二十章否定善惡。但一到恍惚窈冥的境界，便無法再否定，於是沒有下落，結果是得一「無」字。故老子成爲虛無主義者，既不肯自安於相對界，又不能達到絕對界，兩頭不到底，只是掛在中間。

孔子向來不談相對界以外的東西，自安自足於相對圈子之中，故只講文行忠信，修身齊家治國平天下。他之天下，便是這個相對的天下，他既然愛好這個相對世界，想把它好好的維持下去，但相對界的矛盾實在太多了，因此他只有採取「中庸」之道。中庸之道就是欲使相對與相對間所發生的矛盾減輕，勝於協調。此種方法對於相對界之價值，乃吾人所承認，但孔子對於絕對方面，實毫無所知，並採「相應不理」態度。故道家說他是游於方之內，而當自己是游於方之外。此之謂「方」，大概是指此相對之圈子，但嚴格的說，道家自己實在亦沒有越過雷池一步，同在一個圈子之中，不同地點高低而已。如果照佛家所假定之二十八天來做相對界各階層的標準，則老子比孔子，要高十幾個天。後來宋朝理學家覺得自己實在站在底下一層，不能和人家較量，於是偷偷的繪了一張太極圖，又偷偷的把道家「無極」的大帽，戴上自家「太極」的頭上，以爲這樣一來，極之又極，便是最究極了。又學了幾句禪家的口頭禪，於是目空一切，以爲是站在人類思想的最高峯。其實理學家對於絕對境界，毫無所知，就是色界和無色界那十幾層天究竟情形如何，亦全未明瞭，只能說一句「上天之載，無聲無臭，至矣。」這樣就是在無極之上再加上百個千個無極，又有什麼用處呢？

孔子安份量力，最近人情，所以大家都讚他是老實人。老子因為兩頭不到底，大家誤認他是「虛偽」。宋儒實在是孔子的不肖子，是一個大光棍，孔子只說「求其放心」毫不著力，而宋儒則定要「去人欲之私，存天理之正。」這樣一來，簡直把自己的心當做「擂臺」，善和惡、是和非便是拳術家，一天到晚在那裡比武藝較力量，打得天日無光，沙飛石走，看那樣子，非把擂臺鬧翻，是不肯罷休的。

細尋道家儒家之學說，絕無可認為已達絕對境界之迹象，有之則惟以上所舉之誤認無始無明境界為最後本體耳。佛家則不然，釋迦既親達絕對境界，然後慈悲度生，故其學說之最重要部份，乃在發揮絕對境界之妙理，如《金剛經》、《大般涅槃經》、《華嚴經》、《楞伽經》、《圓覺經》、《維摩詰經》，以及其餘屬於大乘之經典，無不論及絕對者。反之，在小乘經典，則甚少涉及絕對，因小乘根基較淺，不易領會故不談也。惟絕對之境實非文字語言所能描繪，佛雖勉强言云，其真意仍非一般人所能領會，故或以神話空談視之者，寧非大謬！由是觀之，儒、道、釋三家源流同異，蓋亦可以明矣。老子既與釋迦走同一條路線，故表面上不無近似之點。漢初黃老盛，六朝崇尚玄風，當此時期，適佛法逐漸傳入中土，宜其爲我思想界所迅速接受，而不相枘鑿，並能消化發揚，此則老莊不爲無功也。

至若西洋之思想界，其能接近絕對者，蓋尤少見，所走路線不同有以致之。在希臘古代哲人羣中，惟巴曼尼得斯（Parmenides）之思想較爲接近，其解釋絕對之本體，驟觀之似與釋迦相似。巴氏認爲由感覺而知之世界，乃虛僞而不實之世界，不過是一種幻象，並非存在，而宇宙之惟一實在本質則爲「存在」。「存在」絕對不攙雜「非存在」，它是絕對不變的、不動的、不生不滅、無始無終的。因爲假如「存在」而有所謂始，則「存在」非起於「存在」即起於「非存在」。但如謂「存在」起於「存在」，便是無所謂始；若謂「存在」起於「非存在」，則說不通，猶之乎本來一點東西沒有，決不能憑空忽然發現東西，「無中不能生有」（ex nihilo nihil fit）一語可代表巴氏思想。巴氏又謂「存在」無所謂過去、現在與未來，它是永劫的，永劫的現在，它是不可分的，因爲凡物只能被與它自己不同者所分，除了存在之外，便只有「非存在」，所以根本沒有東西可以劃分「存在」。它是不動不亂的，因爲運動和擾亂都是變化現象，一切變化均被排於「存在」之外。「存在」絕對只是它自己，它不起於異乎它自己的東西，亦不變爲異乎它自己的東西，它之全體乃在於它自己，它之實在毫不藉助於別的任何東西，它決不改換它的樣子，它是不動不變，永恆如是。「存在」決無一定的特質，它的唯一特質就是它的存在，存在不能說是這個或那個，也不能說有這個性質或那個性質，也不能說在此處或彼處，此時或那時，它只是存在。簡而言之，「存在」就是「有」（Isness）。（節錄自斯塔斯《批評的希臘哲學史》）

照以上觀之，巴氏之言「存在」，頗有中肯之處，較老子猶勝一籌。老子主張由「無」生「有」，而巴氏則謂「存在」不能起於「非存在」，及「存在」是「不生不滅」的見解實在老子之上。然巴氏之言「存在」與釋迦之言「真如」雖有若干近似之點，而實則絕不相同。剖析如後：

一、釋迦之認識絕對是用內照方法，而巴氏則用外照方法。往外照故避不了物質之誘惑，終墮於感覺桎梏中；往內照則照到山窮水盡，便達無始無明境界，再將此境突破便入絕對境界，方法根本不同，故所得結果乃大異。

二、釋迦乃親自證入絕對境界然後發揮絕對妙理者，巴氏則是站於絕對之外而作推理者，不過有些猜得相近點罷了。

三、釋迦否定感覺世界同時亦否定理性世界，因此兩者皆屬相對而不是絕對。

但釋迦不取消感覺，反利用它來否定相對者；而巴氏則將感覺和理性分開，認爲由感覺不能認知「存在」，而理性則能認知「存在」。由於此點判定巴氏無法達到絕對，因爲理性更無法達到絕對也。

四、巴氏之言「存在」，乃因觀察宇宙萬物之流轉無常，遂假定變化中必有恆定不變者，故生出「存在」與「非存在」的對立觀念，再由「非存在」以探求「存在」之理，故巴氏之辦法，乃由相對以計絕對，如印度「常」外道，以見萬物無常，遂計有一常住之本體。釋迦對此種種外道，一律斥爲妄想，蓋因彼輩不懂證入絕對以認識本體，而徒用腦筋作種種猜測，故無論說「常」或「無常」，說「存在」或「非存在」，皆不對也。

五、巴氏之排棄感覺所得之世界是對的，而取消感覺則是不對，蓋感覺不可取消，而其依賴理性則更爲錯誤，因爲理性較感覺尤爲靠不住，感覺尚可利用，而理性則絕不能用。巴氏欲棄感覺而終墮於感覺，所以後來又把「存在」想作一球形，佔空間的東西，變成物質的和有限的了。巴氏之陷於二元論而無法自圓其說，乃必然之結果。一方面巴氏感覺世界爲「不存在」，排斥於「存在」之外而取消之，而「存在」則是一個空無所有的概念，同於落空。釋迦則不然，他雖否定感覺世界，而不取消感覺，否定世界而不否定其本體，因爲本體是一個不被取消，一入絕對之後，一切皆變爲絕對，「非存在」即是「存在」，感覺世界即是絕對世界，所以不落空。另一方面巴氏認爲存在是一個球形且佔有空間的東西，既佔空間即是有限的，物質的，不是最後的存在了，因此巴氏又墮入感覺的桎梏之中，而無由解脫。釋迦則不然，他的絕對，乃是進入絕對之後，人的自身即是絕對，感覺的自身亦是絕對，物的自身是絕對，世界的自身亦是絕對，甚至一切變化者皆是絕對，故釋迦之說絕對由實證所得，由最超越一變而爲最親切，擺脫一切桎梏而得到絕對的自由及受用，不是空談，而是實際。

可惜巴氏没有採用內照的方法，以打通此唯心唯物之難關，否則彼或能達到「存在」之實際境界，證明其所推測之若干實在性，再站在絕對上發揮，則其所得之結果，必與釋迦相同，而不至隔於二元之窘境，而一切西洋哲學上唯心唯物之爭論無由發生矣。今則徒爲西洋唯心唯物兩派共奉爲始祖，而此兩派子孫互相對立攻訐，靡有寧夕！此則乃視用腦筋所種下之禍根也。一直到現在，西洋哲學家，求真理的方法不是唯心，便是唯物，其實唯心和唯物不過是一件東西的兩頭，一樣是相對的，靠它推演出來的道理，當然是相對的了。巴氏何曾不想把「存在」說成一個圓滿一元的原理，可是心雖知道有一個便夠，而推演出來的結果卻是兩個。而且一直到現在，還是兩個。從前西洋有一位思想家，他養了一隻狗和一隻貓，於是在門上鑽兩個洞，一個大的讓他的狗進出，一個小的則讓他的貓進出，大家都以為只有一個洞便行，笑他聰明一世，懵懂一時，誰知道這正是他故意給思想界的一個諷刺呢？

研究佛法者，必先將三乘之界限分別清楚，然後才摸得著那丈六金身的頭腦。三乘者，大乘、中乘、小乘是也。小乘是聲聞人所修，亦名聲聞乘；中乘是緣覺所修，亦名緣覺乘；大乘是菩薩所修，亦名菩薩乘。本來只有一佛乘，但因衆生根基程度不同，佛為迎合衆生程度使易於領受起見，故設此三種階級方便以化導之。故《法華經》云：「十方國土中，惟有一乘法，無二亦無三，除佛方便說，但以假名字，引導於衆生。」又《華嚴經》云：「若有衆生心下劣，為彼演說聲聞行；若心明利樂辟支，則為彼說中乘道；若有慈悲樂饒益，為說菩薩所行事；若有最勝智慧心，則示如來無上法。」

三乘因程度不同，故所修之方法互異。若以境界而論，則小、中二乘終未越過相對界，而大乘則越過相對界進入絕對界。故小、中二乘只是相對界中法，而大乘則是由相對入絕對之法。小乘人修行之目的在捨苦求樂，所修的是「苦集滅道」四諦，因感世間種種苦惱纏縛，欲滅此苦，故思修道，然此苦果從何來耶？豈非爲有「我」乎？而「我」又何以得此苦耶？則六根招惹進來的，因此小乘人認爲把六根斷掉，外面的東西進不來，痛苦便可解除。於是枯坐靜室，兀兀窮年，雖然六根暫時停止作用，得到清淨之樂，但斷六根之一念仍難除去（破我執落法執），此一念即所謂一念無明，能起十二支因緣，難免輪迴，故中乘人乃進一步以求除此一念，故修「十二因緣」。「十二因緣」者，「無明」緣「行」，「行」緣「識」，「識」緣「名色」，「名色」緣「六入」，「六入」緣「觸」，「觸」緣「受」，「受」緣「愛」，「愛」緣「取」，「取」緣「有」，「有」緣「生」，「生」緣「老病死」。若一念無明滅，則十二支無由緣起，一切皆空，豈非很徹底？但法執雖破，而落於空執，翻不過身子來尤其不妥。此之謂「空」乃表面上之「空」，其實仍有極微細之無始無明種子潛伏於識心深處，而未發覺，故仍未脫離生死。以上方法，乃由欲界諸天上生於色界、無色界諸天，但未能越過三界二十八天範圍，仍在相對界之內。大乘則達此「空」之境界後，復將之打破，於是豁然貫通，入於絕對實有之境，出入三界而無障礙，然後能普度衆生，故大乘所修者爲六波羅蜜。大乘和小、中二乘之主要分別，就是在能否越過相對界這一點上，越過便達絕對，便是「成佛」，没有越過便是「衆生」。

吾人欲明破我執、法執與破空執之別，不難於體驗中得之。試靜坐室中，眼不見，耳不聞，六根皆置勿用，此時身心輕安，自以爲無我矣，殊不知仍有支持這樣做之「一念」在也。於是更進一步，把思想完全停止，一念亦不起，如大海無波，自以爲得涅槃矣，但此時之境界果何如耶？豈非空空洞洞，渺渺冥冥乎？倘以此境界爲足貴，則有智識之上等動物，反不若渾渾噩噩之下等動物矣！小乘、中乘所謂「入定」，莊子所謂「坐忘」，便是此種境界。「入定」雖然可以避免煩惱的侵入，但不能根除煩惱，終有一天會「出定」，不是徹底的方法。大乘之「定」乃是達到絕對境界後之定，這時動亦定，靜亦定，故是「大定」。六祖曰：「定無出入，禪非坐臥。」又曰：「雖輪刀上陣亦能得之。」便是這個道理。儒家謂：「喜怒哀樂未發之謂中。」王陽明謂：「無善無惡心之體。」認爲是最高境界，其實皆是佛家所謂「無記性」，是屬於無明的範圍，就是做到一日二十四小時盡在「中」的狀況中，試問那樣還能算一個人嗎？就是含羞草有時還會發羞呢！如果儒家的話是對，那我們就把一塊木頭當「聖人」好了。

小乘俱舍宗否定「我」，結果達到「無我」境界；成實宗否定「人」同時否定「法」，結果達到「人空」、「法空」境界。當「我」「人」「法」（即萬有）皆被一一否定，則結果不是得一「空」字嗎？但這「空」字不是絕對之「空」（第一義空），而是「頑空」、「相對的空」。但二乘之人因為找不著那「真空」，便硬要把這個「頑空」當做絕對的空，所以落「空」。絕對的空是心物一如，空色不二的，是活的；而相對的「空」卻是空洞無物的「空」，是死的。禪家謂之「殺人劍」，把人殺死，卻沒有能力把人救活，只管拚命的否定一切，卻沒能力達到承認一切，所以活不過來，是死定的了。如果二乘人達到相對的「空」之後，再往前衝，把那「頑空」衝破，達到絕對境界，豁然貫通，好像死而復甦，那便是活人劍了，但二乘沒有這把「活人劍」，只好讓他死去，等大乘的人來救活他。

西洋哲學家亦有想向東方思想中來找出路的，第一個受東方影響的要算叔本華，但他卻碰到小乘這把殺人劍，害他變成悲觀厭世。叔本華否定欲望，否定意志，否定概念，否定世界，結果不是得一「無」字嗎？一切既「無」，活下去有什麼意思呢？叔本華接受小乘佛教的多苦觀，認為欲望是世界的基礎和痛苦的根源，所以要否定欲望，使達到安靜、和平和更高尚的快樂，但他又明知欲望是無法斷滅的，所以陷於悲哀的深坑裡。可惜他没有得到那把大乘的活人劍，否則如果得到，他要感到生活更有意義，更爲豐富，他的成就一定更偉大。

佛法之精義在「實相」、「實行」、「實用」。既如上言，而歐西學者名之爲「虛無」（Buddistic Nihilism），實屬大謬！良因歐西學者初未明佛法三乘之界限，而遂欲以小乘道理代表佛家全部之思想，吾人觀乎叔本華之陷於消極，即可知矣。叔本華之結果雖使後來之哲學家對佛法持疑慮之態度，然恢奇宏偉之士，無代無之；抑者，或有獨具偉大眼光之士，繼之而起，探求積極絕對真實之理，爲形而上學闢一坦途，則余所朝夕馨香禱祝者也。

不獨歐西學者以小乘道理目佛法，即我兩千年，受釋迦思想灌溉之古國，其所謂哲學家者，亦多未明乎佛法之精旨，而遽下膚淺之判斷，在昔有朱晦庵，當今則有馮友蘭。朱晦庵之言曰：「佛教始來中國，多偷老子之意，去做經說空如是。」馮友蘭所著《新世訓．緒論》有云：「佛家所謂聖人，是達到一種境界底人，此種底聖人，可以說是靜底，如佛像皆是閉目冥想，靜坐不動者。」馮氏並未說出佛家底境界是何境界，而遽斷其爲靜的，所以斷爲靜之理由，則是看見佛像皆閉目冥想，靜坐不動，此等判斷不但淺薄，而且不通，天下那有既是佛像而可以起立走動乎？

且佛像何曾皆閉目冥想，倘非交通不便，吾必請其至敦煌或雲崗一遊，看偉大之佛像是否閉目冥想者？且大乘禪法最反對「靜坐」及「冥想」。《六祖壇經》云：「又有迷人，空心靜坐，百無所思，自稱爲大，此一輩人，不可與語，爲邪見故。」又云：「此門坐禪，元不看心，亦不看淨，亦不是不動。」荷澤神會禪師云：「大乘定者，不用心、不看靜、不觀空、不住心、不遠看、不近看、無十方、不降伏、無怖畏、無分別、不沈空、不住寂，一切妄相不生，是大乘禪定。」又云：「若有凝心入定，住心看靜，起心外照，攝心內證者，此障菩提，未與菩提相應，何由得解脫？」又云：「不在坐裡，若以坐爲是，舍利弗宴坐林間，不應被維摩詰訶責。」西洋人不懂佛法爲何物，乃吾人所原諒，朱氏、馮氏號爲中國哲學家而有此淺薄之語，實吾人所大惑，然余不欲深責馮氏，而自責吾佛徒不能弘揚大乘佛法，使衆生陷於謬誤一至於此極也！

凡所謂「學」、所謂「法」者，其本身皆是相對的，相對之法皆隨時空而變遷，皆得而否定之，前文固曾言之矣；釋迦否定其自所說法，蓋爲此也。即以整個佛法而言，其本身未曾無發展沿嬗之迹，因爲法之建立，目的在否定相對界，而相對界乃時時變幻不居，法爲適應此不居之對象，其方針當然不能過於呆板，釋迦假立種種方便，方便又起種種變化，此乃極自然極合理之事，至若佛法中關於發揮絕對本體部份，則乃歷萬劫而不可易其分毫，非如是者則不能被稱爲絕對矣。故人或有批評「法」之不妥者，設其言爲是，佛徒必得接受而表示感激；設有指摘及於絕對者，則佛徒不但萬難接受，反將笑其缺乏智慧也。

照以上所述可見小乘、中乘乃從未越過相對界範圍，乃以心法、色法、因果律等解釋現象世界，以達於否定之目的。一方面因爲二乘之人根基較淺，絕對之理非其所能領會；一方面因爲釋迦以前外道之說繁多，對於相對界之解釋，各建立生因學說，在當時頗佔勢力，故釋迦乃立一新的系統以推毀之，使一般人發生興趣及信仰，然後導入大乘之坦途。當人滿胸矛盾，意馬心猿之時，而欲告以絕對之理，可乎？故大乘度己度人之精神，乃佛法精義之所在。倘佛法僅有小乘，必不爲我人所接受，吾人但學乎老子之「清淨無爲」可矣，何必棄家雞而樂野鶩耶？

大乘各宗之中，禪宗、三論宗、唯識宗、淨土宗、真言宗，創自印度；天台、華嚴、律宗，則成自中土。

在昔印土佛法大乘、小乘均分「空」、「有」兩派，其實所謂「空」、「有」者，並不重要，其重要處乃視其屬於絕對或相對而定。能達絕對者則言「空」、言驗學人，有俗士問西堂藏禪師曰：「有天堂地獄否？」曰：「有。」「有佛法僧寶否？」曰：「有。」更有多問，皆答曰：「有。」士曰：「和尚怎麼道莫錯否？」禪師曰：「汝曾見尊宿來耶？」士曰：「某甲曾參徑山和尚。」禪師曰：「徑山云何？」曰：「他道一切總無。」禪師曰：「汝有妻否？」曰：「有。」「徑山有妻否？」曰：「無。」禪師曰：「徑山和尚道『無』即得。」（出《傳燈錄》）又有問趙州和尚：「狗子有佛性也無？」曰：「無。」此語雖有點滑稽，然其意實謂達絕對境界者言佛性有無皆對，而未達絕對者言佛性有無皆不對是也。

大乘佛法入中國後先後成立者略分八宗：即禪宗、三論宗、唯識宗、淨土宗、真言宗、華嚴宗、律宗、天台宗是也。各宗之歷史，現限於篇幅不能備述，僅將其方法要點略為指出，使學者易於明瞭。茲先談「禪宗」，禪宗乃是一種不立文字、直截根源的方法，就是不作衆多否定，唯否定最後之一否定，遂直入絕對是也，前已略言之。本來修禪是佛家主要方法，無論大乘、小乘，空宗、有宗，各有其禪法，甚至外道婆羅門各派亦均有其禪法，此乃印度宗教哲學之一大特色。自小乘「四諦十二因緣禪」，以至法相宗之「五重唯識禪」，天台宗之「三諦三觀禪」，華嚴宗之「十玄六相法界觀禪」，真言宗之「三密瑜伽禪」，以及外道之「十二淨法禪」、「非想非非想禪」，種類繁多，直接的或間接的，積極的或消極的，頗不一致，而其優劣，亦應以能否達到絕對者爲判斷。至於禪宗之不立文字禪，乃梁朝時菩提達摩所傳入中國者，追溯其起源，則謂是釋迦所特別付囑與其大弟子摩訶迦葉者，此事之記載出於《大梵天王問佛決疑經》：「世尊在靈山會上，拈花示衆，衆皆罔措，惟迦葉破顏微笑。世尊云：『吾有正法眼藏，涅槃妙心，實相無相，微妙法門，不立文字，教外別傳，付囑摩訶迦葉。』」是爲禪宗之開始。此經原藏內府，外間不傳，故人或疑此則記載爲捏造者，現已收入《續藏經》中，疑雲遂釋。「拈花示衆」乃是直接表示絕對佛性之方法，悟者即時便悟，不悟者則雖思量揣度亦是無益。禪宗祖師之喝棒怒罵，豎拂拈槌，種種直接方法，皆自此而出。此種刪卻虛文，樸實直接之方法，在唐宋之間極爲盛行，尤其自禪宗六祖惠能大師之後，更是大大的發展，有掩蓋各宗之勢。藉此方法證入絕對境界者，不可勝數，其見於《傳燈錄》者千有餘人。《傳燈錄》所載祖師問答語話，表面雖是毫無意味可講，但那是絕對界的語言，只有絕對界的人才懂得，好比我們不能懂得另一星球上人類的語言一樣。然這些語言，皆是直接表示絕對者，其言雖殊，皆可一以貫之。故有通其一則公案或一句語言者，則千、百則公案皆可貫通。三藏十二部經典，亦皆可貫通，以一句話悟入絕對，謂之「參話禪」，若能完全達於絕對境界，便是「與諸佛把臂偕行」。換言之，即是與從上諸佛同一境界、同一地位，因為達於絕對之後，一切皆平等也。所以禪宗祖師是即生成佛，不須離開此世間而成佛的。他把自己變成絕對，同時把宇宙萬物皆變為絕對，所以他的智識是絕對的智識（真知真見），他的生活是絕對的生活，把整個相對界變為絕對界。一切禪宗悟道祖師，可以說是生活在絕對界裡，吾人如果沒有達到絕對境界，則雖然同他住在一起，一樣生活，而吾人卻是住於相對界裡。昔有人問一禪師：「佛法是什麼？」答曰：「穿衣、吃飯，打瞌睡。」其人曰：「我亦穿衣、吃飯、打瞌睡，為什麼不成佛？」答：「吃時不肯好好的吃，睡時不肯好好的睡。」（出《傳燈錄》）所以同是穿衣、吃飯、打瞌睡，而大家境界各不相同。佛印禪師說：「佛法在行住坐臥處，著衣吃飯處，屙屎撒溺處，沒理沒會處，死活不得處。」（見《東坡禪喜集》）老龐居士說：「神通及妙用，運水與搬柴。」鳥窠道林禪師在他身上拈起一根布毛向嘴邊一吹，示他的徒弟說：「佛法我這兒亦有少許。」試問那一樣不是絕對呢？反過來說如果汝是相對界裡的人，儘管穿衣吃飯，屙屎撒溺，包管是相對的，就是把布毛吹上天，還是相對哩！所以生活在相對界裡的人，千萬不要譏笑絕對界的人，不要誤解他，大家相隔太遠，簡直是不可同日而語。禪宗之所以被稱爲「頓宗」，就是因它的直接方法，「一悟即至佛地」。但如果不悟，則雖歷萬劫，亦屬枉然。荷澤所謂：「迷即累劫，悟即須臾。」而其他各宗，則是緩緩的薰修，一級一級的往上爬，由初地逐漸昇進以達十地，還要超過十地，上十一地，才算走完相對的路途，進入絕對的境界，所以叫做「漸教」。「漸教」譬如扶梯，要按照階級向上爬，每一級你都要經過，都要小心，然後能達絕頂，當然比較吃力。「頓宗」譬如電梯，只要扭動機關，一飛便上樓頂，故曰：「超越階級漸次。」但你如果扭不對，機關不動，老是等在那悶人的小房間裡，亦是相當討厭的，性急的人，也許會埋怨說：「我情願一級一級的爬上去好了！」

昔晦堂禪師謂：「頓悟如夢被枷鎖，覺來更須脫枷鎖乎？」又圭峯禪師謂：「漸悟如水，結成冰失灌溉之用，須火同薰炙，始見流通。」禪宗修行方法亦是打破無始無明達到絕對，上面已說過，這裡不再贅述。

唯識宗在印度本名「瑜伽宗」，創始於無著、世親兩菩薩，至護法菩薩完成。北魏時初入中國名「地論宗」，後又名「攝論宗」。唐玄奘法師大揚唯識，始名

「唯識宗」。所依之經論有六經十一論，其主要者則爲《解深密經》及《成唯識論》。其要點有「五位百法」、「八識」、「三性」、「三無性」、「四分三境」等，若分別細說，非篇幅所許可，只有將其要點指出。唯識的本意乃將整個相對界歸納於「識」而聚殲之，「唯識」好像是一把殺人劍，見一個殺一個，將一切色法、心法、不相應法，甚至無爲法，通通殺掉，把整個相對宇宙殺光，殺到最後，連自己亦殺掉，正是《圓覺經》所謂「自斷其首」的方法（是精神的首，不是肉體的首，請勿誤會）。首已斷，無能再斷者，於是相對終止，絕對開始，此時「識」已改頭換面，變成「智」而復活了，叫做「轉識成智」，又叫做「後得智」。識是相對的，而智則是絕對的；識是一把殺人劍，而智則是一把活人劍。一切東西，一碰到活人劍，即刻活起來，整個宇宙都活轉來了，是一個平等、完美、和平、快樂的絕對宇宙了，這絕對的宇宙便是「法界體性智」。

一般人研究「唯識」，把它當做一種認識論而尊重之，想利用它來認識宇宙，這是很大的錯誤。「識」的本身就是相對的，它所能認識的宇宙亦是相對的宇宙，它不能認識絕對的宇宙。以之來推毀外道所建立之宇宙論則可，若欲靠它來認識絕對本體則不可。它好像大羅網，把整個相對界罩在裡面，但研究的人千萬要小心，不要連自己亦被罩住，脫不了身，它會把你悶殺，或者把你吃掉的。《唯識論》說「若執識爲有者，亦是法執。」這便是一種警告，一般人把唯識當做認識論去研究，結果未有不喪身失命者，這一點要請大家多多注意！

「唯識」好像是整個相對宇宙組成的大「托辣斯」，而主持的則爲八識，以「阿賴耶識」爲總經理，其餘各識則分負部份之職責，「末那識」是經理，「意識」定方針，前五識是各種不同的工廠，「五位百法」是原料，「四緣六因」便是機器，所製造出來的商品便是「五果」。最奇怪的是每一個人都各自組成一個「托辣斯」，彼此所製造出來的商品，各各不同。因此亦可以說，每一個人各自緣起一個相對的世界。各自經營以自己爲中心的人世，所以有「各自唯識」之稱。這樣看來相對的宇宙是各人一個的，你眼中的宇宙與我眼中的宇宙各不相同，所以亦没有真正的認識。唯識的本身便是要說的這一點，說明它没有真正的認識，要你放棄它，這樣你才會被引導進到絕對的宇宙，使你得到真正的絕對的認識。

唯識家先把相對的宇宙歸納到八識上，一切現象都是八識的作用，都是第八識體內含藏的種子的顯發，這樣一來，要否定相對的宇宙便比較容易了，只要把「八識」加以否定，則整個相對宇宙同時亦被否定。只須把那些隱藏的種子打破，則相對界永無顯發之一日，便達絕對了。但八識和種子雖被否定，而八識之本體不被消滅，所謂：「但轉其名，不轉其體。」叫做八解脫。這時八識轉爲四智，是絕對的了。有這麼一著，然後絕對的本體才是活的、有用的、有知覺的、動靜一如的、心物合一的。把相對的生命一變而爲絕對的生命，不但世界有著落，人也有著落，眼、耳等六根亦有著落，整個相對界變爲絕對界。

倘整個相對宇宙只是八識的作用，一切現象只是四緣、六因、五果的聚散和合，那便變成機械論了，「成佛」亦變成是自然的，無目的的了。於是唯識家提出了兩種種子：一是有漏種子，一是無漏種子。有漏種子無論什麼人都有，由此種子之發展，作無限的緣起，遂成爲生死流轉的迷惑的世界。無漏種子有聲聞性、緣覺性和菩薩性三種，各自發展，成爲否定之力量，其力量發展，甚至於壓倒有漏種子，使之歸於無能。聲聞性種子發展之結果，乃否定諸煩惱而獲寂靜之樂；緣覺性種子發展結果，則否定十二緣起而得羅漢果之樂；惟菩薩性種子力量最大，否定我執、法執、空執，最後因此力量過度之膨脹於是毀滅了自身，其情形有如氫汽球往上升，直至最高空層，連空氣都没有，於是自己便會爆炸毀滅，便是自己否定自己，種子一經毀滅，相對永遠不能顯發，便入絕對境界。有漏種子和無漏種子便是相對的根源，而其發展則是有一種潛在的業力使然，這是唯識宗的特色。

淨土宗亦名「蓮宗」，釋迦牟尼說《無量壽經》、《觀無量壽經》、《阿彌陀經》，開示他力本願的法門，是本宗起源。佛入滅後五百年，天親菩薩造《往生淨土論》，贊述三經要義，以弘通此宗。晉朝慧遠法師在廬山結蓮社弘淨土，爲中土開宗之始，因方法比較簡便，道理亦較單純易懂，所以後來日益興盛，與禪宗之勢力不相上下。禪宗方法雖簡樸，但不易懂，且是全靠自力，以求達到絕對；而淨土宗則是大半靠阿彌陀佛的願力，便可往生，因此人們多欣喜它，好像一般人均不願意行路而願意坐船一樣。但土有四種：一、「凡聖同居土」。二、「方便有餘土」。三、「實報莊嚴土」。四、「常寂光淨土」。這四種土只有最後一種是絕對的，其餘三種是相對的。西方極樂世界的淨土是實報莊嚴土，是相對的，達到此土之後，還要再修行、再否定，然後能達絕對的常寂光淨土。常寂光淨土就是法身淨土，原是偏滿十方無所不在的，衆生爲無量劫塵勞所遮隔，因此相去日遠，以至不可想像。因爲相隔太遠，人們亦就裹足不前，視爲畏途，好像我們聽見要到南極或北極去一樣，心裡不免有點害怕，於是阿彌陀佛就想出一個巧妙的辦法，以他的四十八大願力結成一個美麗無比的花園，叫做西方極樂世界，位於常寂光淨土與凡聖同居土的中段，那裡只有快樂沒有煩惱和憂愁，充滿了詩意，珠樹瑤池，花香鳥語，其樂無窮，就是有世界公園之稱的瑞士，亦不能比其萬一。有此等樂土，本來已經令人聞之神往，況且此宗之人又替阿彌陀佛大登廣告，招人前往居住，凡人所喜歡、所想要的東西，那裡無不供給週到，而條件則極爲簡單，只須你下最大的決心，持念他的名號，他接到你一生的最後的無線電報時（臨終一念），他便派汽車來接（因為汽車最舒服，眾生是喜歡舒服的，佛為隨順眾生的心願，一定改用汽車）。於是你便可以到極樂世界並住在那裡了。到那裡之後，不會退轉回來，因爲汽車已經沒有了，同時人們自然樂不思蜀，不想轉回來，阿彌陀佛於是盡心指導，教他們修行，人們於是才知道常寂光淨土原來近在咫尺，那裡更爲快樂，所以很容易的便跨進去了。跨進去之後，才知道原來只是一個土，並無所謂穢土和淨土之別，一切都是絕對的。

淨土宗的方法，是否定穢土（凡聖同居土），進入相對的淨土（方便有餘土，實報莊嚴土），再否定相對淨土，然後進入絕對淨土（常寂光淨土）。否定的方法是將一切精神力量集中於一聲佛號，成爲最大之否定力，相對宇宙中之一切相對者，遇之即被擊碎，此時整個相對宇宙被消歸一聲佛號之中，一聲佛號變成一個大鎔爐，很脆弱的相對者，一進去便被鎔化，一切妄想、自相、共相、善惡、是非等等，通通進不去，便是達到相對的淨土，爲往生正因。中峯禪師形容此一聲佛號之否定力曾說：「一聲佛名，直下便無異見。原夫即佛之念，如太阿劍橫按當軒；即念之佛，如大火輪星騰燄熾，使萬物嬰之則燎，觸之則傷。厲精久之，念外無別佛，佛外無別念，身心一致，能、所兩忘，其到家之説，不容有聲，捷徑之詞，何勞掛齒。」相對的淨土，是在無色界上，佛、念皆空，一無所有，是分證，是無記憶空，不是自性彌陀，還要再加否定；最後連此一句佛號亦被否定，能緣之心忽然脫去，便達絕對的常寂光淨土，是爲滿證，此時念同無念，無念而念，穢土淨土不二，一切皆被肯定。

西方極樂世界是報身淨土，其佛是報身阿彌陀佛，乃欲由相對引導衆生入於絕對，此乃淨土宗之本意。後來禪宗祖師亦多兼弘淨土者，以禪宗解釋絕對之道理解釋淨土，以禪宗之直截根源方法用於念佛方法，謂之「實相念佛」。於是「報身彌陀」變爲「法身自性彌陀」，即此穢土變爲西方極樂世界，他力的變爲自力的，間接的變爲直接的。《六祖壇經》云：「刺史又問曰：『弟子常聞僧俗念阿彌陀佛，願生西方，請和尚說，得生彼否？願爲破疑。』師言：『使君善聽，惠能與說。世尊在舍衞城中，說西方引化經文，分明此去不遠。若論相說里數，有十萬八千，即身中十惡八邪，便是說遠。說遠爲其下根，說近爲其上智。人有兩種，法無兩般，迷悟有殊，見有遲疾。迷人念佛求生於彼，悟人自淨其心。所以佛言：「隨其心淨，即佛土淨。」使君東方人，但心淨即無罪，雖西方人，心不淨亦有愆。東方人造罪，念佛求生西方，西方人造罪，念佛求生何國？凡愚不了自性，不識身中淨土，願東願西，悟人在處一般，所以佛言：「隨所住處恆安樂。」使君心地但無不善，西方此去不遠；若懷不善之心，念佛往生難到。今勸善智識，先除十惡，即行十萬，後除八邪，乃過八千。念念見性，常行平直，到如彈指，便睹彌陀。』」中峯禪師三時繫念云：「審如是，則阿彌陀佛即我心，我心即阿彌陀佛；淨土即此方，此方即淨土，亦迷悟之自差，非聖凡彼此之有間也。」又曰：「昔靈山謂此去西方過十萬億佛土，有世界名曰極樂世界，阿彌陀佛現在說法，其國衆生無有衆苦但受諸樂，故名極樂，此言阿彌陀佛報身淨土，非言法身淨土也。若曰法身，即此心是，若曰淨土亦此方是，是心不在此，不在彼，不執方，不離方，以不執方故，豈在十萬億剎之西？以不離方故，塵毛剎海四維上下了不間，然以至無一微塵非佛淨土者也。」

從前有人編了一個笑話來譏笑念佛的人：「有一個父親一天到晚念佛，他的兒子勸他不要念，可是没有效果。有一天，他的兒子便叫他父親的名，一連叫了好幾句，他父親便生氣，那兒子就説，我叫你的名，才叫幾句你就生氣，你一天到晚念佛名，難道佛不生氣嗎？」這個笑話驟聽好像很有道理，所以一些不信佛的人便拿來做攻擊念佛的武器，有人竟把它編進小學教科書裡，其實他們連「南無阿彌陀佛」這幾個字是什麼解釋都不懂得，因爲那是梵文的音譯。「南無」就是「皈依」的意思，「南無阿彌陀佛」就是「皈依阿彌陀佛」、「擁護阿彌陀佛」。譬如德國的納粹黨徒一天到晚嚷著「希特勒萬歲」，難道希特勒會生氣而把他送到集中營去嗎？某一時期我們國家亦喜歡在集會的時候，高呼「某某人或某某事萬歲」，難道某某人聽見會生氣嗎？恐怕聽了要興奮得連毛孔都笑起來呢！這是笑話，不必多管，至於念佛之精義，以及一聲佛號之力量，上面已經略説大概了。

三論宗以龍樹菩薩所著《中觀論》、《十二門論》和其弟子提婆菩薩所著《百論》三部論爲根據而創立的。在印度以龍樹、提婆爲始祖，羅睺羅尊者、青目論師繼承之，後又有清辨、智光論師加以發揚弘通。東晉時羅什三藏傳譯此宗諸論，爲三論宗入中國之始。其弟子僧肇、道融更採取《大智度論》加入，名四論宗。而道生、僧叡則單弘三論，仍稱三論宗。傳至梁朝嘉祥大師吉藏，大弘此宗，著述豐富，於是中國之三論宗遂大成。後來爲唯識宗所掩，日益式微，同時禪宗大行，般若性空之旨，爲禪宗所併。到唐朝中葉，幾陷於名存實亡之境。嘉祥大師所著《中觀論疏》、《百論疏》、《十二門論疏》，爲研究此宗之重要著作。自唐武宗會昌法難後，此疏久佚，宋明以來學子不見此書者數百年，故三論奧義，亦幾無人能曉。自楊仁山先生創金陵刻經處，將三疏自日本取回翻刻，由是三論之旨復明於今日，意者印度大乘空宗極致，將復興於今日歟。

三論宗之要點：一、八不破邪論。二、真俗二諦論。三、無所得中道論。此宗之所以著重破邪顯正者，因爲當龍樹之世，印度佛教大小乘空有之爭極烈，外道亦漸抬頭，龍樹爲保衞釋迦本旨，於是著《中觀》等論，欲廓清邪說，勘定相對界與絕對界之界限，不論外道或佛教本身，其不合釋迦絕對之旨者，悉摧毀之，故其方法著重於否定相對者。龍樹認爲邪破未盡，而遂欲顯正者，則其所顯者邪也，非正也。倘邪破已盡，則不顯自顯，謂之「破顯同時」，蓋此時已入絕對，則無所謂邪正破顯矣。換言之，即否定未盡者，未能越過相對界，言空、言有皆是相對；否定已盡則相對終止，絕對開始，一切皆還原爲絕對，是原因，故言空、言有，皆是絕對也。故否定者，實爲達到絕對之最好方法也。所謂「有所得」與「無所得」者亦是分別相對與絕對之界限，破邪未盡，而遂欲顯正者，即是「有所得」，「有所得」仍不離「邪」，不出相對範圍。倘破邪已盡，則已入絕對，本來現成，無所謂「顯」，亦無所得，乃最究極之終點也。

三論宗乃站在絕對之立場而發揮者也，故認爲真俗二諦乃約於言教者，既有所謂真俗之分，便是相對。若親證絕對之境，則言亡慮絕，真俗不二，只有一諦，無有二諦也。然佛之所以說二諦者，爲否定外道凡夫之「空有」「斷常」二見耳，故所謂真俗二諦乃建立於相對界中，非絕對界中所有事也。三論宗既將自己站在絕對立場之上，故對於其他各宗所發揮之二諦，俱認爲是相對者，而以自己所發揮者爲絕對，於是有「四重二諦」之別：一、有爲世諦，空爲真諦。二、空有爲世諦，非空非有爲真諦。三、二不二爲世諦，非二非不二爲真諦。四、二不二、非二非不二爲世諦；言亡慮絕，絕四句，斷百非爲真諦。三論宗認爲前三重是相對的，是「有所得」，第四重才是絕對的，才是「無所得」。各宗所發揮者爲前三重，而本宗所發揮者爲第四重。

「八不中道者」，即三論宗否定之方法也，乃將一切相對的理論歸納爲八種而否定之，使入於絕對、不二、無差別、平等之境。八種就是生、滅、斷、常、一、異、去、來，因其是相對者，故謂之「邪」、「執」、「偏」。「邪」、「執」、「偏」此不合真理，應否定破除，故名「八不」，破除已盡則入絕對，而「中道」顯矣，故謂之「破邪顯正」。三論宗之所謂「中道」完全站於絕對立場之上而言，故和諸宗破執之外，另有一個「中道」之理不同，在三論宗人之眼中，他宗所謂「中道」，乃相對之「中道」，而非絕對之「中道」，故立「五句三中」以別之。五句者：一、實生實滅。乃執實有生滅者，謂之「單俗」。二、不生不滅。乃執實無生滅者，謂之「單真」。三、假生假滅。乃執生滅本無，其有乃假，謂之「世諦中道」。四、假不生，假不滅，生滅既假，不生滅也假，謂之「真諦中道」。五、非生滅，非不生滅，生滅亦非，不生滅亦非，顯示言語道斷，心行處滅，是二諦合明之絕對「中道」。以上五句乃用來否定對於生滅之偏執，使入於絕對之「中道」。其餘斷、常、一、異、去、來等計，亦可用五句來否定，得同樣的結論。三中是「對偏中」、「盡偏中」、「絕對中」。「對偏中」是因爲有偏才說有中，完全相對的；「盡偏中」是破偏而八回中，乃相對之中道，是有所得中道；「絕對中」，是没有偏，亦没有中，是第一義無所得的中道。《涅槃經》云：「中道者，名爲佛性。不得第一義空，不行中道。」故三論宗之中道，是邪已破盡，正亦没有，入第一義空，相對結束，絕對開始。然此絕對本來便圓滿無缺，非破相對而得也。三論宗至此境而責任已畢，至於絕對「中道」之情形，究爲何如，證者自知，無須再添蛇足。所可斷言者，「中道」既非空有，最後乃入於絕對肯定境界，則非「空」可知也，而世或以「空宗」名三論宗者，徒見其形式，未得其精義，必非此宗之人所樂聞也。

天台宗者，陳、隋之世由慧文、慧思、智顗師弟之手而成者，以《妙法蓮華經》爲正依，以《般若》、《涅槃》、《維摩》、《金光明》諸經，《大論》、《中論》等諸論爲傍依，而以印度龍樹思想爲根源。蓋自羅什三藏傳譯空宗大乘經典以後，中土大乘佛法日益充實，智者大師以蓋世之奇才適逢其盛，根據慧文、慧思「一心三觀」之原理，再運用其無比之綜合手腕，創立新的佛法系統，在當時自屬空前之創舉。然細察天台宗之道理，其系統雖甚圓稱，而其立足點則嫌未穩，蓋彼乃建立於相對的中道之上，而非建立於絕對中道之上。天台宗人未嘗不想站於絕對之上，但彼因否定未盡，未離相對，而遂欲圓融絕對，故其所得結果，雖然自以爲是絕對，實則不是絕對而是相對也。

慧文禪師讀《大智度論》至「三智一心中得」，及《中論》之〈四諦品〉文：「因緣所生法，我說即是空，亦名爲假名，亦是中道義。」即悟出三諦圓融中道之理，而立「一心三觀」，即所謂「空觀」、「假觀」、「中觀」是也，此爲天台宗最基本之道理。然天台宗此最基本之道理實屬錯誤，慧文禪師實誤解龍樹之本旨，何以言之?龍樹偈語，乃專爲當時印度外道及小乘等空有之諍而發，外道小乘因未入絕對，故執空執有，其實皆是相對，空有無法一如。龍樹偈語之意乃謂當未入絕對尚在相對之時，因緣所生之一切法，我說即是空，亦是假名而已，但一入絕對，則因緣所生法即是絕對，無所謂空，無所謂假，一切皆是絕對，皆是中道佛性。是故如未入絕對者，則中道是中道，空是空，假是假，無法一如，無法圓融，如果硬要當它做圓融來觀，那只是腦筋作用，自己騙自己而已；如果進入絕對，則只有一諦，無空假中三觀矣。《圓覺經》云：「未出輪迴而辨圓覺，彼圓覺性，即同流轉。」故未入絕對之人而作三觀者，亦只有流轉耳!

所以在入與未入之間，便有天淵之別，未入絕對時，一切都要加以否定，不能徇情苟且，要斬釘截鐵一般的否定，否定淨盡，然後才入絕對，才得到肯定。未入絕對而遂把一切當做「中」，讓它存在，那便是徇情苟且，終無法進入絕對了。

爲免誤學者計，相對與絕對實以嚴格分開爲妙，相對界中實無絕對之存在，雖然本體只是一個，但此本體乃是絕對之體，與相對界無干，故不能說「空中有假與中」或「假中有空與中」。反之，絕對界中亦無相對之存在，雖然絕對界乃體用一如，山河、大地、五蘊、六根皆是妙明真心，但此乃絕對者，與相對界中之山河、大地、五蘊、六根完全脫離關係，並非將相對之空假和絕對之中融在一起之謂。能這樣嚴格的分開，然後才能作嚴格的否定。如果你認爲相對的空假之中有絕對的中，那便不免投鼠忌器，不能否定，就是否定亦不會徹底了。故天台宗一心三觀之方法，乃未加否定，而遂欲肯定，未越相對，而遂欲將相對與絕對融爲一體，故其結果反把絕對道理弄成相對，故無法成佛。

天台宗未曾不用大乘經典中解釋絕對的言句，但那些本來是表示絕對的言句，一經天台宗運用，便變成相對的了。慧文的三諦圓融道理既是錯誤，故智者由此道理推論出來的「三諦三千」的道理，更是明顯的錯誤，因爲他是把相對的硬要同絕對的配在一起。「一念三千」者，就是一念具足三千之諸法之謂，但照吾人之觀察，一念即一念無明，是整個相對宇宙之基礎，三千便是由一念發展出來的一切相對現象，以此來解釋相對宇宙，包羅一切相對現象，未嘗不可，但要把絕對的佛和究竟的理納於相對中，則大不可。衆生雖可成佛，但佛不能再變爲衆生，所以把六道和佛列成十界，要他互具相通，這是萬萬不可的！如果佛亦是十界之一，與地獄等界互具相通，那不是佛亦有輪迴嗎?成佛有什麼用處呢?佛雖然亦會入地獄去救衆生，但他是行於畜生道，而不受輪迴的，倘若硬要把超過輪迴的絕對界中的佛，拉來相對界中，要他同餓鬼畜生修羅等去做親家，我想佛未必答應。

因爲天台宗把相對和絕對結成冤家，扭做一團，所以產生了很多含糊苟且的道理，如「破一分無明，證一分法身」和「前念已滅，後念未起，中間是」等等，不可勝數。這裡所謂無明，是一念無明，一念無明不能破，惟無始無明才可破。如果欲破一念無明，那就是把一個惡的念頭，改爲一個善的念頭，但善和惡一樣是念頭，一樣是相對的，與證法身、入絕對無干。如果是破無始無明，則只有一次破，不能一分一分的破。譬如人只有一個頭，砍掉了就沒有，不能再砍，法身亦是整個的，並不如市上屠店裡的豬肉，可以一斤一兩的切來賣。沒有證法身時，一點不相干，已經證了，則當下便得法身，實無所謂：「破一分無明，證一分法身。」前念已滅，後念未起，中間就是無記性，並不是中道佛性，因爲念起是一念無明，念滅則入無始無明，中間是無記憶空，亦是無明範圍，當它做絕對的佛性境界，那是大錯特錯了！

這樣看來，天台宗之「中道」，只是相對的「中道」，而不是絕對的「中道」。絕對「中道」，雖然是現象實在一如，但他是打破無始無明，然後實證得來的，而相對「中道」則不過是腦筋主觀的作用，和儒家的「允執厥中」相近似，如果這樣可以成佛，則很多理學家亦得成佛了，我們只消研究理學便行，又何必學佛呢？

從前有一位已悟絕對的禪師派他的徒弟去參另一位亦是悟入絕對的禪師，並且預先教他的徒弟說：如果對方這樣問，你就這樣答他。那徒弟記住禪師的話就去，果然對方那樣的問，他就照記著的話回答，那位禪師說：「不對！這是你師父的話，不是你的，與汝沒相干。」可見同是一句話，每個字相同，相對的人說出來便變成相對的，天台宗說的那些近似絕對話，我們亦可以說：「不對！那是釋迦的、龍樹的，和你沒有相干。」所以《涅槃經》說：「以不知故，說常樂我淨，雖復說之，而實不知。」話雖如此說，但我們對於智者大師之蓋世才華、淵博學問，仍存無上之欽敬，我人可稱之爲「時中之聖」。

華嚴宗者，隋、唐之間由杜順、智儼師弟之手而成者也。其所依之經爲《華嚴經》，故名華嚴宗。時適值玄奘初從印土歸來，鼓吹新譯經論，華嚴之旨未能大顯。迨則天武后時，有法藏大師崛起，著《五教章》，製《華嚴探玄記》，以「十玄六相」發揮妙界妙理，重重無盡，主伴俱足，本宗遂大成，世稱賢首大師，或香象大師。而法藏門人慧苑，見解不同，作《華嚴刊定記》，師承幾於中斷。迨德宗時，清涼澄觀出，專弘華嚴，遙繼賢首絕脉，圭峯宗密繼之，本宗遂有復興之勢。經會昌之難，又五代兵亂相承，佛教諸宗都有中絕之勢，本宗也僅於五台山維繫一縷氣脈，若存若亡。趙宋一統，紹隆之寶，有長水子璿出，繼承遺緒；晉水淨源踵之；後有道亭、觀復、師會、希迪，稱華嚴四大家，本宗遂復趨復興，學者迄今不絕。

華嚴宗之要點在「六相圓融」、「十玄緣起」。現在先說六相，六相就是總相、別相、同相、異相、成相、壞相，乃綜括整個相對宇宙之現象而入此六大類。六類就是三重相對，總別一對、同異一對、成壞一對，就是宇宙間一切相對現象的三大類。總別約「體」，同異約「相」，成壞約「用」。又總、同、成是圓融門（平等門），而別、異、壞是行布門（差別門）。同體相即爲圓融，異體相入是行布。這又是把三對再歸納爲一對了，最後此一對又是互入無礙而自在的，於是六相圓融爲一相，便是萬有一體之道理。宇宙現象本來是相對的、矛盾的，紛紜宏麗萬別千差，但在萬別千差之現象中，又是互相包容，相反相成，相即相入，可以說是矛盾中有統一，統一中又有矛盾，主伴相依，重重無盡，最後歸於一相圓融。故一即一切，一切即一。六相十玄便是要說明這個道理，欲使相對的宇宙變成一圓融的法界，這便是本宗的宗旨。

「十玄緣起」出於智儼之十玄門，法藏《探玄記》繼承之。智儼之十玄，謂之「古十玄」；法藏之《探玄記》謂之「新十玄」，略有出入，而大體相同，茲列下：

古十玄

一、同時俱足相應門
二、因陀羅網境界門
三、秘密隱顯俱成門
四、微細相容安立門
五、十世隔法異成門
六、諸藏純雜具德門
七、一多相容不同門
八、諸法相即自在門
九、唯心迴轉善成門

新十玄

一、同時俱足相應門
七、因陀羅網境界門
五、隱密顯了俱成門
六、微細相容安立門
九、十世隔法異成門
二、廣狹自在無礙門
三、一多相容不同門
四、諸法相即自在門
十、主伴圓明具德門

十、諸事顯法生解門

八、諸事顯法生解門（圓點示新十玄全變者）

十玄緣起者，欲否定一切相對者，使漸入於絕對之統一也，乃智儼根據《華嚴經》及《十地論》而設者，而賢首大師又敷演而詳釋之，使益臻完備。十門依於六相，六相圓融之理以十門解釋之。此十門中，以第一門爲總，其餘九門爲別，是爲總別一對；九玄本圓成而又異其相，是爲同異一對；另一方面九玄門雖千差萬別而各安住其位，是爲成壞一對。總而言之，不外體、相、用相即相入之理，使相對、差別、矛盾之一切法入於圓融平等一味之本體。反之，則是由本體之圓融平等而推究一切矛盾現象之統一無礙，可謂之「本體現象一如論」。此圓融之體名爲「一真法界」，在一真法界中又分爲四法界以觀之。四法界者，即：一、理法界。二、事法界。三、事理無礙法界。四、事事無礙法界。「理」示統一平等之體（性海圓融）。「事」示差別矛盾之象（緣起紛紜）。「事理無礙」示矛盾之中有統一，統一之中有矛盾，相反相包，相即相入。「事事無礙」示相對之中又有相對，矛盾之中又生矛盾，主伴重重，依正無量。自因觀之，是此四法界；而自果觀之，則爲一真法界。因果本屬同一，使相對入於絕對，此乃華嚴宗法界觀之大意。但有一點須注意者，華嚴宗之六相圓融，與天台宗三諦圓融不同，天台宗之圓融是把相對和絕對混在一起；而華嚴宗之圓融，則是由果相之平等及因相之無礙，把衆多之相對融而爲「一」，然後再將此「一」消歸於絕對。故華嚴宗對於相對界與絕對界仍有一清楚不混之界限，因此分爲二種法門：一、性起法門（即舍那法門是絕對的，根據《華嚴經·性起品》而立）。二、緣起法門（即普賢法門是相對的，根據〈普賢行願品〉而立）。緣起是因，性起是果。故六相十玄緣起法門可以說是相對的，以智慧眼觀察之，否定之，使歸於無礙之一致。最後舉此「一」而否定之，則無可再否定之，遂入絕對。故緣起法門乃是由因以達果之法門；而性起法門則是以絕對之立場直觀本來果相，以無礙之天眼觀十法界中無一倒逆者，一切衆生皆具如來之智慧德相而本來成佛，故性起法門是絕對的。由是觀之，華嚴宗是從本垂末之法，是不離絕對立場可達絕對者；而天台宗則是攝末歸本之法，是站在相對之上以發揮者，總無法進入絕對也。

十玄門：一、同時俱足相應門。此門乃其餘九門之總句，以示一切法超越時間空間而存在者也。「同時」就是否定過去、現在、未來三世，使入於同時。換言之，就是否定時間。「具足」是不破壞本質，本體不增不減。「相應」是一切本質相即相入之妙用，一切法同時俱足而相應，不可分離，故無空間時間。此一句表示十句皆起始於圓融之一法，收歸於圓融之一法，體用同時，此乃自其「總」而觀察也。餘九句則自其「別」而觀察，各以別義而表無盡之緣起，最後則統入於圓融之一法。二、一多相容不同門。此就其別而觀其用也，一中有多，多中有一，相容相入。三、諸法相即自在門。此就其別而觀其體也，一多無礙，彼此同體，故相即而自在。四、因陀羅網境界門。體用相即相入，重重無盡，恰如帝釋天宮殿之因陀羅網，有無量之網目，每目垂珠，珠珠相映，一珠現萬珠之影，輝映無窮，萬有之體相用、相依、相成、相緣起，而相即相入，亦復如此。五、微細相容安立門。萬有之相，紛紜宏麗，互相包容，其理微細，雖屬可驚，而其相整然不亂，各安其位。六、秘密隱顯俱成門。萬有之象，雖有表裡隱顯之殊，而各是緣起而成者。七、諸藏純雜俱德門。一多相入相即而爲表裡隱顯，故一中包多，則表面單純，裡面複雜，藏雜多於純一之中，故謂一爲諸藏，多爲純雜，謂爲單複相即相入。八、十世隔法異成門。謂過去、現在、未來各有三世，總爲九世，九世畢竟不出一念，一念攝九世共爲十世。故自一念而言，則十世實同時，然萬有存於時間空間而相隔異成，若超於時間空間則實一體一念而已。九、唯心迴轉善成門。謂時間空間皆存於一念中，一切變化成壞，皆心之變化也。十、諸事顯法生解門。謂以慧眼觀察，藉事事物物以明緣起無盡、相即相入之理也。

十玄緣起大意略如上述，然皆屬相對範圍，欲示相對宇宙之圓融道理，然非絕對也。絕對宇宙不可解釋，凡所謂緣起者，即是相對者，絕對界無所謂緣起也。十玄緣起實以一念無明爲界限，整個相對宇宙起於一念無明，復歸於一念無明，一念無明發生，則萬象同時發生、同時具足而相應，迨由此一念而發展，然後有一多相即相入以至重重無盡，如帝釋珠網微細安立，隱顯相成，純雜相兼，十世相隔，及至迴心收念，於是萬念復歸於一念，萬相復歸於一相，此乃諸事顯法以生智解者也，換言之，即腦筋作用是也。若由此圓融一念再進而達於無念，便是無始無明境界，再將無始無明打破，則達於絕對，然後才是性起境界。性起境界本來圓滿現成，此時念同無念，故無所緣起，無緣起則無所謂總、別、同、異、成、壞，十玄門根本不能成立，一切衆生本來成佛。

新十玄所以改「諸藏純雜具德門」爲「廣狹自在無礙門」者，蓋恐人誤解「純」爲「真如」，「雜」爲「萬有」也。在相對界中一切皆是相對，相對不與絕對相混，故真如與萬有不能混合，純雜不過是萬有相對之現象而已，其初本無真如之可觀也，若混在一起，則等於天台宗以「空假中」混爲一體，性起與緣起混爲一體，則是不了義之法門矣。又改「唯心迴轉善成門」爲「主伴圓明具德門」者，蓋此之謂唯心迴轉不過是一念迴轉，非真心真如而可迴轉也，恐人誤解，故改爲「主伴圓明」，以示相對而非絕對。天台宗就是把空假中任意迴轉，所以露出馬腳，法藏知道此種弊病，爲免以詞害意起見，故有此修正也。

律宗者，唐初智首、道宣二律師所創立，依〈曇無德部〉的四分律刊定諸部，故名四分律宗。同時又有法勵律師、懷素律師，雖同依四分律立說，而見解互異，成爲三宗，傳及後代，惟道宣之南山律宗得保其命脉而已。戒律本爲一切佛徒所共遵守，無論大、小乘各宗，皆以律爲修道之基石，戒、定、慧三學並重，相輔而行。大乘六度法門，持戒亦列其一，故在印度並未單獨組織成宗。智首、道宣等認爲戒律乃成佛之因，欲提高其地位，故創立律宗。四分律雖然屬於小乘，但依道宣的意見，其義是通於大乘的。依唯識圓明之教旨，唱圓融三學行儀，三聚淨戒互攝通融，一戒具萬行，一行攝諸戒。三聚淨戒就是：一、別解脫戒，是捨一切諸惡。二、攝善法戒，是修一切善。三、攝衆生戒，是負荷羣生，徧施利益。律宗以「金剛光明寶戒」爲體，故經云：「金剛光明寶戒，是一切佛本源，一切菩薩本源。」

故律宗之目的在以持戒加强衆生智慧之否定力，使否定一切相對者，以達於絕對之本源；修相對之戒而入於絕對之戒；由有相戒入於無相戒；由消極入於積極。智慧由禪定之力而起，而禪定則因戒律之力而得保證。戒力薄弱，則定慧不能立；定慧不立，則無由達於彼岸，況濟度衆生乎？

魔和佛同爲宇宙之精英，走正路的最後便成佛，走偏路的最後便成魔。魔和佛的種子一樣存於衆生的心中，魔是貪欲所發展而成，而佛則是般若所發展而成；魔是相對宇宙中之雄長，而佛則是絕對宇宙中之雄長。但是，修行人在魔的轄境相對宇宙中和魔搏鬥，是反抗的、革命的、艱苦的，處於劣勢的地位，所以說：「佛高一尺，魔高一丈。」千萬人中，能獲最後的勝利者只有很少數的幾人，其餘是被魔所克服，變成魔的奴隸，或是壯烈的犧牲。但修行人和魔搏鬥，是毫無妥協餘地的，不是克服魔，便是給魔克服；不是當主人，便是做奴隸。魔對於修行者是毫不放鬆的，常常跟在他的左右，埋伏在他心的暗處，一有機會，便向修行者施以狙擊，一枝冷箭，或是一顆手榴彈，都是給修行者以致命的創傷。修行者的一生可以說是在戰場中度過，所以非有一個堡壘不可，這個堡壘，便是戒律。如果修行者能戰勝羣魔，把它克服，那魔便變成俘虜、奴隸了，所以《維摩詰經》說：「一切衆魔，皆我侍也。」修行人和魔戰鬥，以般若爲武器，以靜慮爲參謀，以精進爲甲冑，以持戒爲堡壘，以忍辱爲給養，以布施爲裝備。此六種波羅蜜便是修行人的軍事機構，勝利或失敗，全視這機構是否健全而定。戒律既是修行人和魔決戰的堡壘，所以在修行過程中佔著極重要的位置，這就是律宗所以建立的主要條件。

如果修行者已戰勝羣魔，把它徹底解決，堡壘和武器等等，便等於無用，只好「賣劍買牛」，做個大同世界的閒人，自由自在。這時倘若還是躲在堡壘裡不出來，不是發瘋嗎？還仍把手槍、榴彈掛滿身上，不是徒自苦惱嗎？所以修行已經成功之後，戒律便自動取消。昔有人問南泉禪師：「什麼是戒定慧？」禪師答：「貧道這裏無此閒家具。」便是這個意思。所以戒律只是相對界中的事物，絕對界中是沒有的。「金剛光明寶戒」不過是諸佛金剛不壞身的別名而已，只是戒體，而無戒相，這才是至高無上的「戒律」。

《證道歌》：「嗟末法，惡時世，衆生福薄難調制。去聖遠兮邪見深，魔强法弱多冤害。聞說如來頓教門，恨不滅除令瓦碎。」荷澤大師做這首歌的時候（《證道歌》是荷澤作品，不是永嘉所作，詳衲著《講證道歌》），正是唐代佛法隆盛之時，尚有魔强法弱之慨，現在正是佛法最式微的時候，吾人應該作何感想？所以如果想復興佛教，第一件事，要特別注重「持戒」。要加强戒律的力量，先把堡壘工事築好，不但要適宜於防禦，同時還要適宜於進攻；大乘戒不是消極的防守，而是積極的進攻。

《涅槃經》云：「護持正法者，不受五戒，不修威儀，應持刀劍弓箭矛矟，守護持戒清淨比丘。」又斥消極的潔身持戒爲無能，而獎勉能摧毀妨礙正法之惡勢力者爲真正之持戒云：「若有比丘隨所至處，供身趣足，讀誦經典，思惟坐禪，有來問法，即爲宣說，所謂布施、持戒、福德，少欲知足，雖能如是種種說法，然故不能作師子吼，不爲師子之所圍繞，不能降伏非法惡人。如是比丘，不能自利利衆生，當知是輩，懈怠懶惰，雖能持戒守護淨行，當知是人無所能爲。若有比丘，供身之具亦常豐足，復能護持所受禁戒，能師子吼，廣說妙法，謂修多羅、祇夜、受記、伽陀、優陀那、伊帝目多伽、闍陀伽、毗佛略、阿浮陀達磨，以如是等九部經典，爲他廣說，利益安樂諸衆生故，唱如是言：《涅槃經》中，制諸比丘，不應畜養奴婢牛羊非法之物，若有比丘，畜如是等不淨之物，應當治之。如來先於異部經中，說有比丘畜如是等非法之物，某甲國王，如法治之，驅令還俗；若有比丘能作如是師子吼時，有破戒者，聞是語已，盛其瞋恚，害是法師，是說法者，設復命終，故名持戒。」又云：「是故護法優婆塞等，應執持刀杖，擁護如是持戒比丘。若有受持五戒之者，不是名爲大乘人也；不受五戒，爲護正法，乃名大乘。」又云：「是故我今聽持戒人，依諸白衣持刀杖者以爲伴侶，若諸國王大臣長者優婆塞等，爲護法故，雖持刀杖我說是等名曰持戒，確持刀杖，不應斷命，若能如是，即得名爲第一持戒。」（《大般涅槃經・金剛身品》）由是觀之，大乘戒者，不但論律潔身寡欲而已，其目的實在摧伏魔軍。對於羣魔，要抱有勝無敗之堅心，不能稍存姑息，所謂：「小不忍則亂大謀。」因爲魔不怕兇惡，而且極爲奸詐，它會利用你的仁慈來破壞你，所以要想達到大慈悲，應該放棄小慈悲，然後才有戰勝魔軍的希望。修行人應當特別注意，要懂得釋迦真正「持戒」的意義。

所謂戒律者，其目的既然在防衛自己，摧毀魔軍，當然不能太呆板，呆板便失掉力量，跟不上時代，應該隨時代、環境而修正改變，以能適應環境，發揮最大力量爲「好戒律」。力量越大，則修行者越得到保障，成佛的希望越多。世俗國家的法律亦是這樣，以能保障人民利益爲目的，時代環境既然不斷在轉變，則法律亦應隨環境而轉變，然後才能發揮效力，否則便等於無用之廢物。所以說「三代不同法」，吾人對於佛教戒律的看法，亦是這樣。幾百年前的社會，不同現在的社會，幾百年前的戒律，當然不能完全適合現在的環境，所以如果要增加戒律的力量，只有修改戒律，保留有用的，而取消無用的，使能完全適合環境，能發生大的效率。把繁瑣變為簡單，污腐變為整潔，頽廢變為健全，卑微變為崇高，低賤變為尊嚴，使魔鬼見之而退避，善人見之而起敬。能這樣則以往戒律所失掉的力量才可以復原，僧伽所失掉的尊嚴才可以挽回，這是復興佛教的第一要件。

真言宗，是真言陀羅尼宗的略稱，又名密教、密宗、密乘、秘密宗、秘密藏、秘密曼荼羅宗、曼荼羅教、瑜伽宗、陀羅尼宗、金剛乘、徧一切乘、三摩地宗等等。「真言」二字，梵語「曼荼羅」，真實語言之意。「陀羅尼」梵語為「總持」之意，是總攝住持的意思，此宗相傳為大日如來所說內證法門。《金剛頂分別聖位經》說：「真言陀羅尼是一切如來秘奧之藏，是自覺聖智修證之法門。」注重身、語、意三密，為本宗之特徵。而獨標「語密」以為宗名者，乃認為身密、意密，顯教各宗多有談及，而未知語密之義，故特揭此為以標幟也。密教者，乃相對顯教而言。此宗認為應身佛（即釋迦牟尼佛）所說種種經典方便法門，皆屬顯教；而法身佛（毗盧遮那）直接所說之秘奧之法，則是密教。

此宗經典在西晉時已傳入甚多，未成宗派，至唐開元八年始由金剛智、不空兩師弟正式傳入中國，同時有善無畏阿闍黎亦來唐土傳密宗，譯《大日經》，但金剛智乃傳法正統爲第五祖，不空爲六祖，傳於青龍寺惠果爲七祖，惠果傳於日僧空海爲八祖。空海回國後，大弘此宗，時中土顯教盛行，密宗未能興起，故集此宗之大成者，乃空海之力也。

此宗分理論、實際兩方面。經典爲理論；儀軌爲實際。儀軌與經典並重，事相與教相合一。苟祈禱供養合乎方法，佛力與行者之信念互相涉入，則可與諸佛冥契，獲佛力之加持，由相對入於絕對，即身成佛，故可謂之事相與教相並重，自力與他力合一，現象與本體貫通者也。

此宗正所依本經爲《大日經》、《金剛頂經》兩部，稱爲兩部大經。更加《蘇悉地經》、《瑜祇經》、《要略念誦經》，稱爲五部秘經，是爲純部密教。至於雜部密教爲數頗繁，至其所依論釋則有《發菩提心論》、《釋摩訶衍論》、《大日經疏》、《金剛頂經義訣》等。

就實際方面而言，此宗最重祈禱，供養諸佛諸神，宗教之色彩特重，其儀式不無受婆羅門教之影響，而其內容則爲佛教的。蓋龍猛、龍智之世，婆羅門神秘之風特盛，佛教爲適應環境，爭取信徒起見，不能不權宜變通以應實用。末世衆生信仰心弱，非有嚴肅之儀軌，無以加强其信念，更藉圖畫、符號、聲音之表現，使深印於腦海中而不可移，於是精神力量集中，而發生不可思議之感應。故密宗認爲神佛冥助加持者，雖謂之「自佛」之冥助加持亦無不可也。

此宗教旨大略可分：一、事教二相。二、三大建立。三、兩部曼荼羅等，玆略爲闡述：

一、事教二相之義——教相是發揮「六大」、「四曼」、「三密」等基本教理，使整個相對宇宙之現象，與絕對宇宙之本體相一致，所謂即事而真，現象即實在是也；事相是將甚深難思之教相，實現之於事相上，使父母所生之肉身即證大覺位。總之，教相和事相便是理論和實際，兩者不可相離，以故古人相誡道：「不知教相的事相家，三傳之後，當墮外道。」就是說離教相的事相易墮魔事；離事相的教相，也不能在密乘之憾。

二、三大建立——密宗將整個相對宇宙歸納於「體」、「相」、「用」三大之中。「體大」者，地、水、火、風、空、識六大是也；「相大」者，「大曼荼羅」、「三昧耶曼荼羅」、「法曼荼羅」、「羯磨曼荼羅」四曼是也；「用大」者，身、口、意三密是也。

此宗認爲「六大」爲宇宙之真體，從此「體大」所現所生所流之「四曼」，即吾人之四肢形骸，謂之「相大」；其言語動作種種活動者，謂之「用大」。此三「大」者，相包相收，相輔相成，體相用相攝互融，整個相對宇宙不能超出此三大之外，而此「三大」乃統攝於絕對的大日法身者也。換言之，即絕對之法身，具有體相用三大之妙用也。

三大者，相對者也；大日法身者，絕對者也。然則欲使相對入於絕對，變爲絕對，乃密宗行人之目的也，其方法果爲何如耶？則「三密加持」是也。三密者，手結印、口唱真言、心住三摩地。身口意三密相應，則佛力與行人之信念互相涉入貫通，而不可思議之感應發生，脫離相對而進入絕對矣。換言之，即是行人將整個相對宇宙歸納於符號、聲音、概念之中，三密圓滿具足，即是曼荼羅。當三密未相應時，符號、聲音、概念皆是相對者；及其用功成熟，三密相應，佛力加持，於是符號、聲音、概念當體變爲絕對者，同時整個相對宇宙變爲絕對之宇宙矣。

三、兩部曼荼羅——兩部者，金剛界曼荼羅、胎藏界曼荼羅是也，代表理、智二法身，而統於大日之一法身。金剛界九會，建立四曼、四智印，五部五智的相法，乃開如來之果德，其種子爲「𑖪𑖽」字，是表修生上轉之義；胎藏界四重圓壇，十三大院，建字、印、形三秘密，佛、金、蓮三部法相，乃示衆生本有之因德，其種子爲「𑖀」字，乃表本有下轉門之義。而把這兩部曼荼羅約於一多法界，金剛界是不二，是爲一法界；胎藏界是二，是爲多法界。二即不二，不二即二，乃一如之實在也。

總之，密教者，乃龍樹菩薩等所親手織成的光怪陸離的外衣，並恭敬地披在釋迦的身上，讓他好去出席印度宗教大會，藉以爭取多數信仰之民衆。

絕對語錄

本來無佛無衆生
世界未曾見一人
究竟瞭解是這個
自性還是自己生

絕對語錄

什麼叫做絕對？就是佛經裡說的「無上正等正覺」，就是說佛性沒有那一樣比對得上。經裡又說：「譬如真如，無有對比。」

你能知道宇宙最後的本體嗎？

你能知道一粒沙的真相嗎？

牛頓說：「我的知識，還不及海灘上的一粒沙！」

人們因此都欽佩這科學家的偉大和謙虛，其實，牛頓已經太過誇張、太自信，把自己的智識估計得太高了，他應該這樣說：

「我連對於一粒沙的真相，也毫無所知哩！」

因爲一切科學家、哲學家所發現的，不過是相對的真理、有限的真理，而不是最後的絕對的真理、無限的真理。因此牛頓所發現的定理，愛因斯坦可以把他推翻；愛因斯坦所發現的定理，將來亦有人可以把它推翻。可以推翻的道理，究竟有什麼真的價值呢？

一直到現在，他們對於絕對的本體，依然毫無所知。於是只好把這全能的光榮，贈給他們的「上帝」了。

就拿一滴清水來說罷，你能知道它的真相嗎？你也許會說：「它是氫和氧的化合物，氫氣最輕，氧氣能燃，皆由電子的擺動，而宇宙間的東西，無不由電子的擺動而顯出差異的性質和形狀。」

你能知道這些，以爲就是知道這一滴水的真相了，其實，你仍一無所知，你所知的，不過是人類思想感覺所定出來的格式或標準罷了。氫、氧二氣不過是你所唐突安下的名詞，電子擺動不過是你自己腦筋感覺的產物，你曾否考慮過，它們會不會承認你所贈與的那些名號？會不會因你之魯莽唐突而生氣呢？你能否確信，你所贈與的名號相狀，全被接受而無忤呢？恐怕，除了相信自己之外，其餘只好靠天了！

總之，任你怎樣大膽的安排，怎樣不嫌費辭，怎樣庸人自擾，怎樣自信而不疑，終與它的絕對的本體無干。絕對本體既不能知道，則宇宙萬有的真相亦無從知道，換句話說，就是：「你所知道的，不過是等於零罷了！」

老實說：「你們的大膽和自信，便是你們生存的唯一條件了，否則，你們將如何活下去呀？」你也許會說：「這是不可知論！」我要誠懇的回答：「你們每個人都是真正的不可知論者，而我則沒有這種光榮，因爲我能知道絕對的真相，同時亦能知道宇宙萬有的真相。」

離開你的腦筋、感覺，你能知道什麼呢？不離開腦筋、感覺，你又能知道什麼呢？腦筋根本就是相對的，它只能告訴你一些相對的東西、相對的道理，沒有腦筋、感覺，你將更陷於空洞冥漠之境。

你也許會說：「數學是準確的，二加二等於四，兩條平行線永不會合攏，這是不易的道理。」但是當你離開腦筋感覺時，一切數字、線條皆消滅了，一切重量、面積皆消滅了，你所知道的不出數學的本身，而不是自然的真相！

你也許會說：「現象雖然變幻無常，概念是不變的、真實的呀！」

但是，當你離開腦筋感覺時，概念究竟在什麼地方呀？只不過是你自己定出來的概念罷了！它仍附屬於你的腦裡。

你也許會說：「當我人睡熟時，思想感覺雖已停止，但房裡的一切東西都依舊存在呀！」

當然，它們的絕對本體是永遠存在的，可是，這與你的思想和感覺有什麼相干呢？與那些形式和名詞有什麼相干呢？你仍然一無所知。

反過來說，天下最愚蠢的事，就是用腦筋感覺去度量你和你以外的東西，你所能知道的，不過是你的腦筋本身罷了。一切名字、一切形式、一切物質，皆不出你腦筋感覺的本身，除此之外，你乃一無所知，而你的腦筋感覺本身，便是一個不可知的相對的怪物。

你自己既變爲絕對，則你的所學也是絕對了，你的「概念」也是絕對了，你的腦筋感覺都是絕對了，你以外的東西無非絕對（其實這時已沒有以外了），一切皆不可分割，超過時間和空間，無漏也無餘。

當你不是它的時候，任你用盡腦筋去思索、揣量，終是無法知道它的真相；但是當你變爲它時，難道你還不知道嗎？還想知道嗎？

這時，你是一位「真實論者」，而不是「不可知論者」了。

當絕對之靈以其巨眼注視著芸芸衆生時，見其各在對它作種種的猜想，或神遊於區宇之外，或俯首於顯微鏡之上，企圖發現一些什麼原理，看見一些什麼原質，孳孳兀兀，竭慮殫精，他將不禁失笑說：

「任你們如何絞盡腦汁，燃盡心血，你對於我，仍然毫無所知，因爲你的思想感官是相對的，相對不能知道絕對；你是你，我是我，你要認識一切，應先認識我，沒有認識我，你將不能認識一切。但一旦你能拋棄一切無謂的尋伺、一切形式和名字，澄心清魂，返觀內照，機緣到來，豁然大悟，你自己會失笑說：『呀！原來我就是它。』」

空間和時間，是一切科學、哲學活動的場所，亦就是一切物質和精神活動的場所；離開了空間和時間，科學和哲學將無從活動，物質和精神將無所依存。

但是，空間和時間，乃人類自己的思想感覺所建造的房屋，沒有思想和感覺，這房屋便無法成立了。

所以當思想、感覺被否定時，空間和時間亦被否定了，當空間、時間被否定時，一切物質、精神皆被否定了，一切科學、哲學亦無不被否定了，因爲它們失去了立足的基地。

思想、感覺是相對的，所以空間、時間亦是相對的。

空間、時間是相對的，所以精神和物質亦是相對的，科學、哲學都是相對的。推而廣之，整個宇宙都是相對的。

相對的東西，無一件不是互相對立、互相否定。一句話，整個宇宙都被它自己無情的加以否定了。

但當你踏進了絕對之域時，你所看見的只是無邊無際，無始無終，無窮無盡，是絕對的存在，簡直無法想像什麼叫做空間和時間，什麼是精神和物質，可是它們各安其位，圓滿而完全，永遠存在於絕對之園囿中。

在絕對之園囿中，精神和物質是平等而無瑕的，是共體而並存的，是不可分割的圓滿的整體，是永不衰謝的美麗的花朵，這裡永沒有唯心論者和唯物論者的足迹，他們永遠不能踏進這裡來，因爲絕對之幽扉不是一個思想或感覺所能打開。

科學和哲學之路徑，不過是通向相對的荒漠；推理和辯證的船隻，漂沒於無明的大海，永不能達到絕對的彼岸。

思想感覺便是一念無明的化身。

無始無明便是一念無明的窟宅。

當一念無明還沒有出世時，時間和空間是無從被感知的，無從被計算的；當一念無明產生時，時間被發現了，空間被計算了，生命被承認了，自我便被貪戀了。

時間空間之開始，便是生命之開始，便是「我」之開始，萬事萬物之開始，一切矛盾之開始。一句話，就是整個相對宇宙之開始。

當一念無明悄然返歸於無始無明的老家時，「我」即隨之隕滅，萬事萬物亦隨之隕滅，整個宇宙時間皆隨之隕滅，空間亦隨之隕滅，一切矛盾亦隨之隕滅了，所剩下來的是黑暗冥漠的無始無明的荒野，這便是相對者的老家了。

無始無明好像是一幅自無始以來便垂掛著的黑幕，遮蓋了一切真實的體相，它是絕對和相對的界限，真和假的分野。當一念無明從黑幕的陰影中走出時，一切悲歡離合，善惡是非的戲劇便開始了；一切狂風暴雨，變幻莫測的命運便開始了；一切矛盾衝突鬥爭流血的歷史便開始了。

自古以來多少哲人聖者殉道於此魔術的黑幕之前，多少小乘的行者誤認這裡便是行人最後的家鄉，多少大乘的行者抵此而感到苦悶和恐怖。臨濟宗開山祖義玄禪師曾發出這樣的嘆聲：「黯黯黑暗深坑，實可怖畏！」

道家的始祖老子亦曾誤認這裡便是無極的家園，而對它禮讚著說：「孔德之容，惟道是從，道之惟物，惟恍惟惚，惚兮恍兮，其中有象，恍兮惚兮，其中有物，窈兮冥兮，其中有精！」

只有釋迦看清了這虛偽的魔術，用般若的巨手，把這無始的黑幕驀的揭開，頃刻之間，一切相對的悲喜劇皆歸隕滅，一切的狂風暴雨皆歸平息，天地豁然開朗，於是絕對便開始，真我便出現了，整個絕對的宇宙擺在你的面前，圓滿而完全，無缺亦無餘，甚至一顆微塵，亦呈著不折不扣的真相。

絕對的生活是無窮的豐富，無比的美麗，無限的快樂，就是把整個世間的財富集攏來，亦不能掉換這裡一顆微塵的價值。

這裡沒有生死，沒有善惡，沒有貧富，沒有階級，沒有愚智，沒有是非，沒有好醜，沒有矛盾，沒有一切相對的名字和形式。

這裡只有無限的完全絕對的平等，真正的自由，無窮的歡悅，究竟得到了涅槃，得到了絕對的永生。

這絕對的世界，便是十方三世諸佛所同讚歎的淨土樂園。

釋迦曾以「常樂我淨」四字來讚歎這樂園的美景。

這裡無生無滅，不是創造而是本然，所以是絕對之「常」。

這裡無苦無樂，無束縛亦無解脫，所以是絕對之「樂」。

這裡無我無人，無上帝亦無衆生，不是超生而是本住，所以是絕對之「我」。

這裡無垢無淨，無罪無福，不消薰修而是本來清淨，所以是絕對之「淨」。

把整個相對界都「揚棄」了，就是「解脫」，這是進入絕對之唯一方法，所以叫做「不可思議法門」。「不可思議」就是說「絕對真如」是不可用思惟感覺得到，不可用語言文字來描述，只好由否定相對而達，無情的把它「揚棄」，才能進到絕對自由平等的國土。他把一切相對者皆還原爲絕對，所以一切皆是「自己原因」，除此「自己原因」之外，沒有其他原因，所以叫做「無餘涅槃」，亦叫做「無漏解脫」。既無其他原因，則是完全自主，完全自由平等，沒有階級和衝突。

現在把《維摩詰經．不可思議品》中，表示由「解脫」而得到一切不二的一段話引來說明：「維摩詰言：『唯舍利弗，諸佛有解脫，名不可思議……若廣說者，窮劫不盡。』」

這裡表示菩薩超越一切相對而得「解脫」時，一切皆還原爲絕對，皆是絕對本體之自己原因，最根本的相對的東西，如地、水、火、風四大以及空間、時間、動、靜、一、多、往、來等，皆還原爲絕對，皆是自己的原因。超越空間，所以大和小不二，須彌納芥子中而無所增減，因爲小大增減已還原爲絕對本體的原因，故「四天王忉利諸天，不覺不知己之所入」。四大海入一毛孔亦是同樣的道理，因爲是「自己原因」，「所以大海本相如故，諸龍神等不覺不知己之所入。」如果不是自己原因，站在相對上，則看見大小增減和出入。就是因爲自己是絕對，所以沒有其他的原因和形相，一切皆統一，歸於「一味一相」了。因爲超越時間，所以七日和一劫不二，一劫和七日皆還原爲絕對本體自己的原因。其次一和多、動和靜、風和火等，亦皆同樣的道理，因爲一切皆是絕對，故佛身、帝釋、梵王、世主等身，皆是絕對，一切聲音亦還原爲絕對，無有障礙。

絕對的本體是如如不動的，倘若它有變動，那便不是絕對了。因爲必定另有一種原因或力量來推動它；它如果是被動，那便是相對的了，不能被尊爲第一原因絕對者了。動和靜是相對宇宙中的形式，因爲有動才說有靜，不過是人類照其感覺所定下的標準，憑其思想而創造出來的名詞。絕對界中沒有此等標準，沒有此等名詞，一切平等而如然。

當一切皆歸於絕對時，動亦是絕對的了。你雖然自作聰明，動要喚它作「動」，它只有不睬你，它依然是它，無所謂動與不動呀！

但，當你離開了思想感覺的時候，一切形式和名詞皆消滅了，難道你還能分別它是在動嗎？還能喚它作動嗎？

絕對的本體是本來清淨的。

我要懇求你，千萬不要玷污它、誣衊它、雕斲它，不管你是出自惡意或善意，當你的腦筋閃動時，你已犯下了不可恕的錯誤了。

道德究竟是什麼東西啊？

當人類憑其思想感覺之標準而定下這名詞時，道德已變成人類的圈牢了。

道德和罪惡同是一念無明化身，是孿生的姐妹。

當一念無明把道德的面具戴上時，人們便確信的發出了頌揚的歌聲，奉獻了景仰的懇忱。但當它換上了罪惡的面具時，人們又確信的發出了憎恨的詈罵，投之以唾棄之眼光。

智識有什麼標準？人可以用之來造福，亦可以用之來犯罪，智識愈大，愈足以濟其惡。聖人和大盜本來同是智識豐富之人，所以老子主張：「聖人不死，大盜不止。」

康德在〈論秀美與壯美之不同對象〉中說：「快樂或者煩惱的種種感覺，並不是係於喚起這些感覺的外物狀況的，倒是關係各個人自如的情感比較多些，由個人的情感，而快樂與不快樂由是產生。因此，一人的歡欣，在別人或許是厭憎，一人愛情上痛苦，在別人看來便成爲一個謎，或是生起反感。」「感情本來不同的，卻要求一種一致的感覺，這是不可能的，從這裡而生的爭辯，是多麼傻！這樣看來，世界上那樣不是相對的呢？有什麼真正的標準呢？相對的東西，是快樂，同時亦是痛苦；是道德，同時亦是罪惡。」

當道德被人尊崇時，它已變成一個圈牢把你關閉著，不許你越過一步，你如果想做一個有道德的人，你就要克制自己，讓它習慣這圈牢的生活。你雖然得到這美名，難道你的工作不艱苦嗎？你要用盡最大的耐性呀，而且你那樣不斷的虐待自己、束縛自己，究竟是「道德」還是「罪惡」？請憑你的良心判斷一下吧！可是你如果在這世界裡想打破那「道德」而逃脫了出來，你還是得不到自由，因爲自由本身亦是一個圈牢，而且無論你走到什麼地方，總有一個圈牢在等著你呀！那無所不在的相對的圈牢，你沒有把它打破，所以無法脫身。

尼采覺得人類是一個圈牢，所以要超越它，要做「超人」。於是「超人」又變成圈牢了。

中世紀的人因爲受不了「神」或「上帝」的束縛，不願做「上帝殿中的柱子」（見《新約．啟示錄．第三章》）。因爲有一個圈牢像魔鬼一樣緊貼在人類身上，他只向外面去打破圈牢，而沒有回頭來找身上的圈牢，所以任你跑到天涯海角，總是脫不了身。所以能掙脫出來，恢復人類的自由，這是康德、黑格爾、哥德的功績。

其實它倆同是相對的東西，誰也不能給以正確的標準。

道德和罪惡不過是時間空間的產物，它們隨著時間空間而遷變。

當一個原始時代的勇士向你說明殺人是道德時，你能夠相信嗎？

當一位中國的老紳士向一位歐洲的紳士說明女子守節是道德時，他能夠相信嗎？

當一位法西斯主義者向一位民主主義者說明法西斯是道德時，他能夠相信嗎？

總之，這個時代的人說是道德，另一時代的人卻說是罪惡，另一個地方的人，卻說是道德，甚至同一時代同一地方的人，甲說是道德，乙說是罪惡，這樣看來，究竟有什麼正確的標準呢？

美和醜又有什麼標準呢？白種人以面貌潔白爲美，而黑種人卻以面貌黑黝爲美，甲說紅的花朵爲美，而乙卻說藍色花朵爲美。

大和小又有什麼標準呢？鯤鵬一舉千萬里，而蠻觸卻以蝸角爲天地。

時間有什麼標準呢？大椿以八千歲爲春，八千歲爲秋，而朝菌則不知甚麼叫做晦朔。生命有什麼標準呢？當爾呱呱墮地時，便是你死亡的原因呀！

絲竹，人所共好也，而墨翟有非樂之論；蘭芷，人所共好也，而海畔有逐臭之夫。

克魯泡特金在他的自傳裏說道，現代偉大藝術家之一的托爾斯泰是有力的批評虛無主義者，他在當時用一句話就完全表示出來了：「一雙靴子也要比所有你們底聖母像（意大利畫家拉斐爾底傑作）和所有你們底關於莎士比亞的精美的討論貴重得多。」

一句話可以概括，就是：「在相對界中，一切皆是相對，而沒有絕對的。」反過來說：「在絕對界中，一切皆是絕對，而沒有相對的。」

當你踏進絕對之門時，你已越過了道德之界限，你已嗅到了道德的臭味，「道德是靈現之健康」一語，在你看來不過是愚蠢者之自慰語罷了，這時，你所看得到的，只是平等的一味一相。因爲絕對的平等，所以道德和罪惡不二；美和醜不二；大和小不二；佛和衆生不二；煩惱和菩提不二；動和靜不二；生和死不二；芥子和須彌不二；一念與萬年不二；一切皆絕對不二，釋迦叫它做不二法門，它便是絕對正確永遠不易的標準。

當你明白一念無明的作用時，你便知道何以一切皆二了；當你明白絕對的佛性作用時，你便知道何以一切皆不二了（但是切勿誤認「無始無明」為不二境界，它表面雖似不二，卻有二的種子，一念無明發生時，又是一切皆二了）。

當一切皆二時，就是擺在你的面前的事物，你亦無法知道它的真相。

當一切皆不二時，就是遠在另一星球上的事物，你亦能確知而無遺，現在你所知道的是這樣，過去的亦必是這樣，未來的亦必是這樣，因爲你自己便是絕對，你已超過了空間和時間。

釋迦曾宣言他能知道十方三世的事情，你如果明白絕對的道理，你便會承認他那句話的正確。

絕對本體既然是清淨而完全，不是道德和罪惡所能污染、所能立足。這絕對國土之中，當然沒有所謂持戒者，亦沒有所謂犯戒者，更無所謂懺悔或贖罪者了。《維摩詰經》記載優波離替兩個犯戒比丘舉行懺悔儀式，維摩詰看見了，勸他說：「彼自無瘡，切勿傷之。」《圓覺經》說：「善男子！覺成就故，當知菩薩不與法縛，不求法脫，不厭生死，不愛涅槃，不敬持戒，不憎毀禁，不重久習，不輕初學。何以故？一切覺故（覺字代表絕對）。」所以南泉殺貓是絕對，歸宗斬蛇亦是絕對，一切回歸了絕對，圓滿而完全，無修亦無證，所以《圓覺經》又說：「善男子！此菩薩及末世衆生，修習此心得成就者，於此無修，亦無成就。圓覺普照，寂滅無二。」

永遠不死的生命，永遠不易的真理，難道還有比這更正確，更有意義的嗎？

從古至今一切治哲學的人們，絲毫未嘗涉及絕對的門檻，卻注目於旁的一些相對的東西，比方說道德仁義、是非善惡、過去未來、生長毀滅、權力生命……結果沒有一件不漂沒於相對的大海。照佛眼看來，那是如何的愚蠢而可憐呀！

思想感覺的效果，不過是一些顛倒的批判，和張開眼睛的夢想，由其昏迷與誤信，使整個人類陷入於悲慘的命運，趨向於滅亡的窮途。

因爲苦和樂是相對的，是不可分開的整體，比方在同一個面孔之上，也可以洋溢著歡悅的光輝，亦可以籠罩著慘黯的雲霧。它是聯結著的，所以誰願獲得最高的歡樂者，誰就必須準備忍受最高的痛苦。反之，越是忍受過極端的痛苦者，越能感覺到極端的歡樂。因爲快樂是痛苦的累積，沒有痛苦，快樂便不能成立了。

比方一個寒暑表，它可以升到沸點以上，亦可以降到冰點之下，不過是同一器具的兩頭罷了。如果沒有所謂沸點，則何必有冰點呢？它們不是互相爲存在的條件和標準嗎？

所以希臘斯多亞學派的哲人，從其生活上希求最少的快樂，以期得到最少的痛苦。佛教小乘行者，更使用進一步的方法，將六根的作用完全停止，以免這位不速之客的闖入，這算是人類比較冷靜、端凝的辦法，但是他們始終沒有找到苦樂的根源，沒有認清這兩位怪客的藏身之所，所以始終未能把它徹底解決，未能永遠拒絕它們的突然訪問。

其實，苦、樂同是一念無明之化身。

一念無明，是匿藏於無明窠臼之深處，就是在阿賴耶識的最鴛遠秘密的倉庫。當一念無明走出了那秘密之門，搖身一變，變成了喜怒哀樂各樣不同的情感，滲入了你的心中，支配著你，這時，你便是一個十足的傀儡了。

不願長作傀儡的行者，利用其般若智慧緊跟著一念無明的足迹，找到了它的藏身之所，而把那相對的窠臼搗毀時，無始的黑幕揭開了，操縱一切相對傀儡的繩子割斷了，本來面目出現了，一切喜怒哀樂皆變爲絕對的佛性。

這時，一切皆由自己絕對的本能來作主，以前被假的本能無明所支配的相對者，一時皆得到了解放，一切皆回返絕對而真實。

當一切已回返絕對時，苦和樂平等了，道德和罪惡平等了，一切形式和名字平等了，絕對的本能站在他的司令台上發揮絕對的命令，使整個宇宙在一句口號之下，變成完全的絕對。

惟有在絕對之國土中才有真正的解放，才有真正的自由，才有真正的平等，不是建造，而是本然。衆生的本源、自性本來就是絕對的自由和平等，而此絕對之自由平等，一經得到之後，永遠不會失掉，因爲它是無始的天賦。

《華嚴經》說：「譬如真如，體性平等。」又說：「譬如真如，若有得者，終無退轉。」

所以大乘行者的修行用功，乃是心的革命，對整個相對宇宙的革命。相對宇宙已經推翻，相對的鎖鍊已經解除，然後獲到了絕對的自由平等、絕對的自主，它領導著衆生走上這絕對的革命之途，誓非完全達到這個目的不止。所以大乘行者，是真正最偉大的革命者，自有革命史以來，沒有比這更徹底的了。

魔和佛同是宇宙的精英，魔是相對宇宙之雄長，而佛則是絕對宇宙之主人。大乘佛教的修行者，不是終身待罪之人，而是絕對自由平等的爭取者。他不等待救主之來臨，而是要把自己訓練成爲救主，他們深信絕對自由平等，乃衆生本有之自性，人人皆可得到，所以不顧身命奮起而鬥爭。

修行者，在相對宇宙之中和魔王搏鬥，好像是一羣覺醒的羣衆，揭竿而起，要推翻那萬惡的統治者。他們依照佛陀的訓示，抱著大無畏的精神，作最勇敢的鬥爭。

但是在魔王的轄境之內，這種工作是極端危險而艱苦的，一方面魔便是修行者力量之泉源，它能激發衆生向上之心，增强成佛之宏願，倘相對宇宙中沒有魔，則衆生必將陷於萎靡不振之境。

「佛高一尺，魔高一丈。」這是小乘修行者，在艱難險阻的磨練中所發出的歎聲；大乘修行者，沒有這種歎息，他應該抱著這樣的自信：「魔高一尺，佛高一丈。」

修行者的處境，雖然是那樣的危殆，但由於無量劫的磨練，和無始來種下的深固的信心，加上釋迦所啓示的最高的信條和宏願，不斷的灌注「十力」、「四無畏」的源泉，增加了勇往直前的壯氣和否定的力量。

所以魔被當做是菩薩教化衆生的化身。《維摩詰經》說：「十方無量阿僧祇世界中作魔王者，多是住不可思議解脫菩薩，以方便力故，教化衆生，現作魔王。」

在歐洲十七世紀狂飆運動時期，也把具有魔性的人看做天才和真正的人類理想。因爲他向上帝的統治反抗，而獲得形上的自由，就是哥德在《普羅米修斯》、

《浮士德》、《少年維特的煩惱》等著作中所表現者。

他們望著那絕對的目的，憧憬著那美滿完全的淨土生活的影像，勇猛的追求，不斷的精進，多少人已經達到了目的，而多少人卻作了壯烈的犧牲。

肉體軀殼雖已犧牲，而不滅否定的願力，卻仍然在精進，過去、現在，今生、來生，這是一切鬥爭中最偉大、最猛烈、最徹底、最光榮的鬥爭，因爲他所爭取的不是有限之生命，而是無限之永生。

行者和魔王是不共戴天的死敵，毫無妥協的餘地。不是克服了魔王，便是給魔王克服；不是精進，便是退轉；不是當主人，便是做奴隸。經說：「若能轉物，即同如來。」就是說你若能克服了魔王，便可做絕對的主人。

魔王的神通也夠廣大，它對修行者絲毫不肯放鬆。它常尾隨於你的背後，埋伏在你心的深處；它能化作千千萬萬的事物，包圍著你的心身；它會選擇你所最喜歡的東西，來引誘你投入它的陷阱；它會變成和你一模一樣的人物，使你辨不清究竟那一個是自己，使你毀滅在自己的手裡。

修行者的一生，是一段悠遠的戰鬥的過程，要經過無數次的鬥爭，要經過最猛烈的惡戰。

當修行者得到最後的絕對勝利時，魔王和它的眷屬皆變成你的俘虜，心悅誠服的做你的奴隸，這時宇宙絕對的太平，所以維摩詰說：「一切衆魔皆我侍也。」因爲你這時已是萬有的主人。

修行者和魔王戰鬥，以「布施」爲資糧，以「持戒」爲堡壘，以「忍辱」爲武器，以「精進」爲甲冑，以「靜慮」爲策略，以「般若」爲勝券，此六種波羅蜜便是修行者的隊伍，勝利或失敗，全視這機構能否健全有力而定。

如果勝利已經達到，世界已經和平，這個機構便毫無用處，因爲絕對的國土裡，永遠不會再爆發戰爭，如果尚能爆發戰爭，那就不能算最後的勝利，絕對的和平。所以只有一切衆生皆成佛道，才能算得得到絕對的和平。

武器是爲鬥爭用的，在一個永沒有鬥爭的國土，它是不能存在的；醫藥是爲病人而設的，倘在一個永沒有疾病的國土，醫藥便無須存在了；法律是爲犯法者而設的，倘在一個永無犯法者的國土，法律便無須存在了。

所以，善因惡而存在，美因醜而存在，是因非而存在，有因無而存在，一切相對者皆因其對待者而存在。「佛性絕對，無有對比。」所以一切善惡皆不能存在了。

當我們說佛字時，魔已經存在了。絕對國土中，無佛亦無魔。趙州和尚說：「佛之一字，我不喜聞。」又說：「老僧念佛一聲，漱口三日。」所以在相對界中，你就是看見「佛」，亦應加以無情的否定，因爲他的背後便是魔。

現在一般人自以爲是很有思想，站在時代的前面，嚷著震天價響的爭取自由平等的口號，其實，他們不懂得真正的自由平等的意義，他們心目中的自由平等，不過是一種極有限的相對的自由平等罷了。因爲他受夠了相對的壓迫和束縛的痛苦，所以想到了自由平等的可貴和必需，因爲他的眼力有限，不能達到相對的圈子以外，所以便以相對的自由平等爲滿足，而作爲爭取的目標了。

釋迦所得到的是一種超越相對的絕對自由平等，所以他領導著一班人來爭取它。他認爲僅僅得到相對的自由平等，仍沒有超越輪迴苦海，在極有限的時間空間之內，是絕對不能保持的東西，是不究竟的辦法，因此，也就無足輕重了。

雖然我們不能不承認在相對的世界之上，相對的自由平等是屬於比較優美的、進步的、可嘉的，但當我們既知道別有一種絕對的自由平等可以獲得，且應該獲得時，我們便棄彼而取此了。

「平等自由」這一句話，最先恐怕還發現於釋迦的口中，這第一個爭取平等自由的領導者，早已被人們忘掉了，卻把他當成一位等於「上帝」或「主宰」的不可知的迷信的怪物，這是多麼不「平等」呀！多麼愚蠢而忘本呀！

請千萬記著：「絕對的自由平等，就是佛的中心思想。」（大乘經典中所發揮的得大解脫、得大自在，以及定慧平等，一切平等等義皆是）這不是一句空話，而是實實在在可以達到，永不變易的道理。

如《華嚴經》說：「若有衆生心下劣，爲彼演說聲聞行（小乘）；若心明利樂辟支，則爲彼說中乘道；若有慈悲饒益，爲說菩薩所行事（大乘）；若有最勝智慧心，則示如來無上法（佛乘）。」

《法華經》說：「十方國土中，惟有一乘法，無二亦無三，除佛方便說，但以假名字，引導於衆生，說佛智慧故，唯此一事實（絕對本體），餘二則非真（一切相對法）。」

因此我們就可以確信，有一種適合救度現在這個時代的衆生的新宗派要出現，這是必然的發展。這新宗派之出世，就是佛陀法身以一種新的姿態出世，以救度這新時代的衆生。

他不是死屍或紀念碑，而是有血有肉有精神，永遠活著的絕對之身，因爲超越空間和時間，所以歷萬古而如新。因爲本來不生，所以永無毀滅。

佛法没有舊的，因爲本體論是達到最後的絕對真實的本體，已超過了新舊；而方法論則是辯證的發展，隨時隨地都是由此絕對本體來發揮，站在人類的前頭來引導著他們。所以你如果喜歡「新鮮」，那没有比研究釋迦所發揮的真如絕對妙理更有趣，更能發人深思的了，因爲他的妙理是達到絕對的極峯，不能再超越。過去是新鮮，現在亦是新鮮，將來還是新鮮，甚至無窮無盡的時代，以至世界毀滅了，它仍是新鮮的。爲的是它超越了時間，所以永遠站在時間之頂上；它超越了空間，所以永遠站在空間的前頭；它超越了世界，所以世界雖毀而它不會毀。這是站在本體上說的話，至若釋迦所設的種種言教，所謂度衆生的方便法門是採用辯證的發展，亦是永不落伍、永遠時髦的。怎樣說呢？我們只看「方便」二字，便覺得它含有辯證的意味，它不是死的方法，而是活的方法，它是在空間時間中，不斷的發展，就是以衆生爲對象來研究而定下的方法。衆生意識形態隨時代環境而變遷進展，佛的方便亦就隨衆生意識形態之變遷而變遷，首先是要求適合衆生的根性，然後才能引導他走上無上正覺之坦途，所以在這方面是永遠在變而且越變越新鮮。佛在世時，對衆生說法有四乘之別，就是看對方的程度如何，而說一些他能夠瞭解的道理，由淺及深，由平地達於最高峯。人心衆生意識本來就有矛盾，就應否定發展，所以在四乘本身，亦是互相矛盾，互相否定發展，以達於最後的統一。佛滅後各個時代的祖師，亦皆以各時代之衆生意識爲對象，定了不少的方法，來做救度的工具，所以有宗派之對立，分裂又統一，一直到現在，這種方便仍在隨時隨地而遷變，這是佛法的高明之處。

但在達到了最高峯的真如絕對的本體方面，則是永遠不變的，所以各宗到最後無不歸於統一，流入於大圓覺海中。站在那個立場上所發揮的道理，任你正説、反説、合説，終是歸結到這絕對本體來。六祖雖然發揮了很多新的意義，但歸根究柢沒有一句是離於自性的，爲的是一切歸入於不二之境，雖然在變，到底亦是「如如不動」的。

「方便」既是以衆生爲對象，隨時隨地的遷變，所以一切「方便」的本身，便是「相對」的，不是真實的，應當拋棄的。所以釋迦説法時，常常提醒大衆説：「不要把『法』當做是人類思想的路線。」思想路線的發展，最初是原始的、摸索的唯物論（希臘古代），其次是傾向於樸素的唯心論，再次是單純的二元論，再次是唯心唯物的統一的要求，遂產生了空想的一元論（斯賓諾莎）。空想的一元論，本身有缺陷，不能令人滿意，於是又變爲積極的二元論（康德）。積極的二元論，自相矛盾不能解決，於是又產生了積極的唯心論（黑格爾），和積極的唯物論（馬克斯）。這兩種傾向是對立的，各達其高峯，但仍是相對的一元論，而未達於真實絕對之境。我們如果再向前瞻望，則這思想的前途，要解決唯心唯物的對立，空想的一元論是沒有用的，只有實證的絕對的一元論方能解決。而此實證的絕對的一元論，遠在西元前五世紀，釋迦牟尼已經把它完成，只因道理太過深微，所以現在幾乎很少哲學家注意到它。這人類思想數千年來經過的路途，在釋迦一人的思想中即已走完，而且超越了思想的本身，入於絕對的本體，於是一切相對的途徑，便終止了。

我們如果仔細的檢查一下，原始的佛法，乃是樸素的唯物論，有點近於希臘古代的唯物論。佛法的第二階段，則是唯心論。第三階段是空洞的平等觀，是唯物和唯心的相對的統一。到第四階段，才是實證的絕對一元論。

第一階段的原始佛法是小乘法。

絕對真實的東西，如果認它做真實，便被它束縛，永不能達到絕對。《金剛經》說：「法尚應捨，何況非法！」《成唯識論》說：「若執識爲實者，亦是法執。」便是這個道理，一切經典法門，最後都要否定的。

起初，釋迦因衆生執我身、我心爲實有，無法入於無我境界，魔障日深，矛盾日烈，所以說十二因緣以破之（否定之）。說明此身此心乃內外因緣合成，四大和合，假名爲身，五蘊和合，假名爲心，一旦因緣離散，四大五蘊皆空，則身心何所寄託？整個人生的過程，亦用十二因緣來說明，離開十二因緣，「我」便不能成立，無非要使衆生自動把「我」取消，自動把「我」否定。當衆生已自動把「我」取消後，又誤認因緣等法是實在可靠的東西，於是被這些「法」所束縛得不到自由，又是對立和矛盾法之矛盾。釋迦爲破衆生法執，又說「諸法皆空」之義，說明十二因緣，及一切法乃起於一念無明，一念無明是相對的、變幻的、矛盾的、不實的、空的，應再否定，便是否定之否定。一念無明既空，則一切法皆空了，一切皆被否定了，待到衆生已知諸法皆空，把一念無明，暫時停止，落於空空洞洞之境，冥頑不靈和木頭一樣，便是無始無明的境界，亦叫做「空執」。此境界乃一最可怖之境界，黑暗而冥漠，亦是相對界的盡頭，衝得過去便是佛，衝不過去依然是衆生，佛和衆生的區別，絕對和相對的界限，全視此最後一步而定。很多修行者達到此境之後，見其空洞平等，一切不動，矛盾已除，無可否定，便誤認這是最後的真如絕對境界了，便不想再前進了，結果是葬身於此黑暗之荒野，不能成佛（西洋辯證法的發明者還沒有達到這個境界，只在一念無明範圍，而未發現他的根源的無始無明，因為這裡還有極微細之無始妄想習氣的種子隱伏著，時候一到，它又活動起來了）。禪宗祖師，有詠此境界之偈云：

「百尺竿頭不動塵，雖然得入未爲真；百尺竿頭更進步，十方世界現全身。」

釋迦看見衆生，已達此最後的相對境界，成敗繫此一舉，所以沈痛的警告說：

「不要誤會，這是頑空，不是真空，寧取有見如須彌山，莫墮入空的陷阱！」

禪宗祖師遇見沈迷於此境界的修行者，常大聲喝罵道：「你是掉下漆黑的桶底了！」（臨濟語）

待到衆生衝破此最後相對的壁壘，作此最後之一否定時，黑幕揭開了、相對終止了、絕對也開始了。

再引用《維摩詰經．問疾品》的一段話來證明：「維摩詰言：『有疾菩薩應作是念：「今我此病皆從前世妄想顛倒諸煩惱生（即無始無明與一念無明），無有實法，誰受病者！所以者何？四大假合，假合假名爲身，四大無主，身亦無我。又此病起，皆由著我（即我執），是故我不應生著，既知病本，即除我想（空是我執），及衆生想，當起法想。」應作是念：「但以衆法合成此身，起唯法起，滅唯法滅。又此法者，各不相知，起時不言起，滅時不言滅。」彼有疾菩薩，爲滅法想（否定法執）。當作是念：「此法想者，亦是顛倒，顛倒者即生大患，我應離之。云何爲離？離我我所。云何離我我所？謂離二法。云何二法？謂不念內外諸法（心法色法），行於平等。云何平等？謂我等、涅槃等。所以者何？我及涅槃，此二皆空。以何爲空？但以名字故空。如此二法，無決定性，得是平等，無有餘病，唯有空病，空病亦病（二法就是一念無明所生之相對，乃矛盾現象，及入於無始無明空的境界，一切相對皆已消滅，二法已空，狀似平等，但此非絕對佛性，乃空執也）。」是有疾菩薩，以無所受而受諸受，未具佛法，亦不滅受而取證也』。」

照以上過程看來，我們如果不辭牽强附會之嘲，也許可以說「我執」是「正」，「法執」是「反」，到了「空執」二法已離，行於虛空平等，便是「合」了。但這「空」不是絕對的「空」，一受刺激，又會生出「我」來，於是「合」又變爲「正」，有「正」則有「反」，有「反」又須「合」，這樣推下去，就是一個走不完的圈子，就是「輪迴」。要超出輪迴，非把這圈子打破不可。釋迦的目的，就是要教人打破這走不完的圈子，超出「輪迴苦海」。

我們如果更大膽一點，也許可以這樣說：「我執」本身產生了「法執」（自己腦筋想出來的）；「法執」勢力增長成熟，便把「我執」否定了；「法執」本身又產生了「空執」，又是矛盾；「空執」勢力增長成熟，又把「法執」否定了，這是往上升的。如果再升上去（所謂百尺竿頭更進一步）把「空執」否定，便達到絕對了，如果升不上去，跌回「自我」的桎梏中，那只好拉起沈重的磨，跟著圈子去跑了。

陸放翁「水盡山窮疑無路，柳暗花明又一村」的詩句，恰可用來描寫這時的情景。入於絕對國土之後，遇著水盡是絕對，一切皆被肯定，宇宙被肯定，世界被肯定，人生亦被肯定，過著絕對的生活，一切是絕對的，完全超越三界輪迴。身體是無際無邊，生命是無窮無盡，永遠的活著，所以叫做「成佛」。佛非生存於另一世界或星球，即此肉身便是如來、絕對之本體，把這個相對的穢土，變為絕對的淨土，將此肉體變為絕對法身。起心動念、一切酬應皆不離絕對，毫無掛礙，得到絕對的自由平等。他和你一樣住在這個地方，一樣的穿衣、食飯……，而他是在絕對之國，你卻是在相對之國；他是無限而豐饒，而你卻是有限而貧乏；他所看得見的，你完全看不見，而你所看得見的，他卻完全看見而無遺；他所知道的是絕對，所以無能例外，盡知而無餘，而你所知道的不過是假的、相對的，總而言之，極有限的罷了。

釋迦成佛後，仍和尋常的人一塊兒住著、生活著，老了體弱多病，病重了仍和尋常人一樣的停止了最後的呼吸，可是他的生活的真面目是絕對的，非常人所能測度的，肉體雖病，而法身絕對之體無病；肉體的呼吸雖然停止，而法身的絕對呼吸永不停止；肉體四大，雖終歸離散，而法身永遠不離不散，固如金剛，這才是真實的永生。你如果以有限的肉眼去觀察他，他實在平凡無奇，既不能飛天，亦不能遁地，不過是一個老老實實的高貴的老頭兒罷了。你所看見的，不是真的他，而是假的他，不是絕對的他，而是相對的他，所以《金剛經》說：「若以色見我，以音聲求我，是人行邪道，不能見如來！」

不但釋迦這樣的成佛，就是無量劫來的諸佛，亦是這樣的成佛的，一切佛教悟道明心見性的祖師，皆是這樣的成佛，未來的諸佛諸祖，亦必定要這樣的成佛。雖然方便有多種，而成佛卻只有一種；雖然肉身有多個，而法身卻只有一個，不可分的絕對的完全。

我們試一檢查，歷來悟後的禪宗祖師的生活，便可知道成佛以後的處世狀況了。禪宗祖師，是即身成佛的，不須離開此世界而成佛的，他先把自己變成了絕對，則宇宙萬有同時皆變為絕對了。所以他的智識是絕對的智識（真知真見），他的生活是絕對的生活，一舉一動，一言一語，皆在絕對之中，他本身便是絕對的太陽照耀萬有，使整個的污穢的國土，頓時改觀而洋溢著絕對之光彩，可是這光輝永遠相對的，衆生的肉眼所能看見，你所看見的，他不過是一個平凡而無奇的俗人罷了，一樣要穿衣，饑要吃飯，屙屎撒尿，歡喜憂愁，平凡尤平凡，幾乎是平凡到可笑的地步。可是，這些事情，在他那一方面，完全是絕對的了，釋迦常常喝止那些企圖追究這種境界的人說：「止止不須說，我法妙難思。」佛印禪師告訴蘇東坡說：「佛法在行、住、坐、臥處，著衣吃飯處，屙屎撒尿處，没理没會處，死活不得處。」

老龐居士說：「神通及妙用，運水與搬柴。」鳥窠禪師在他衣上拈起一根布毛，向嘴邊一吹，告訴他的徒弟說：「佛法我這兒亦有少許。」

試問那一樣不是絕對的呢？如果你是生活在相對界裡的人，儘管穿衣亦好，吃飯亦好，屙屎亦好，撒尿亦好，包管是相對，就是把布毛吹上天，有什麼用處？

所以生活在相對界的人，千萬不要誤解他、批評他。大家相隔太遠了，只有絕對者和絕對者才能心心相印、互相瞭解，彼此的生活，絲毫没有兩樣。

反過來說，生活於絕對界中之佛，以其佛眼觀察芸芸衆生時，見其浮沈苦海，頭出頭沒，永遠是一個傀儡，遂發同體大悲之心，實行其度衆覺他之工作。一切大乘菩薩，續佛慧命，永無餒懈，非至衆生皆已度滅，決不終止他的工作，難道這還不算偉大嗎？

有人問：「釋迦肉身已入滅數千年，他現在究竟在何處，還能度生說法嗎？」

我要告訴你，釋迦肉身雖滅，而法身永遠不滅。一切諸佛，同一法身，無二無別，甚至一微塵，亦是諸佛法身，法身遍在一切處，無能比對，故名絕對。在絕對界中無有衆生，故方便法門不必存在，亦無說法及聽法者。在絕對界中，一切時代，悟道祖師與如來同體無別、同一知見，其說法教導衆生，初與如來住世無異，故佛身、佛命、佛慧，永無斷絕。

西洋人對於絕對本體之探討，譬如大家站在一個鎖閉著的箱子前面，來猜測裡面究竟裝的是什麼東西？甲說：「那是××呀！」乙說：「我以爲是××。」丙又說：「恐怕是××吧！」……一些自負更爲聰明、更爲踏實的人，不願作此種種空想，於是便研究箱子外面的花紋，推算它的年代，或用所學來測量它的體積或重量，或者分析究竟是木頭做的還是鐵做的？諸如此類，他們差不多用盡了腦筋和感官的能力，幾乎把自己完全弄糊塗了，而結果還是要靠釋迦把箱子打開，於是他們大聲的嚷道：「啊！原來如此。」這以後便叫他做「如來」。

打開箱子的鑰匙，就是大乘的禪法。以上說過的否定最後無始無明境界的禪法，沒有這鑰匙，箱子就無法打開。雖然你可以假定這箱子的「存在」，或者假定那箱裡面的寶物是屬於你的，可是全是枉然，實際上，你沒有獲得享受那寶物的好處。

大乘禪法，就是唯一可以達到彼岸的船筏，沒有這船筏，我們便無法度到彼岸。可是一輩子停在船筏上，也沒有好處，我們雖需要這船筏，卻不願視此爲家，一到達彼岸，馬上就拋棄它、超越它。

如果沒有達到彼岸時，還在相對的境內，則一切皆是相對的，就是說：「沒有絕對的智識。」這時只能否定一切，不能肯定一切。西洋哲學家，就是沒有達到絕對，便欲肯定世界、肯定人生、肯定一切，結果他所得到的完全是相對的，他所假定的真理，不過是一種「或然」，而不是絕對的「必然」。他所肯定的認識，不過是相對的認識，相對的認識，就等於不認識。

所以一般禪宗祖師，對於世俗淵博的學問，固然不加重視，就是三藏十二部經典，亦不加重視，甚至連思想文字，在他看來亦毫無價值！他只重視那可以進入絕對的方法，和那最後的絕對真理，因爲他的目的在到達彼岸。起初他還要一艘船，已到彼岸，連船也拋棄了。至於此岸的相對的東西，如道德、智識、學問、文字、生死……等等，在他上船時，早已全丟開了。如果你捨不得這些，你就不肯上船，那有達到彼岸的一日呢？

可是當他達到絕對之彼岸時，那裡一切都是圓滿完全，無欠無餘，較此岸要豐富萬倍呢！

但是我們的看法和禪宗祖師有點不同，出家修行的人，固然要具有那種堅決、否定一切的態度，但我們不能求人人都出家，釋迦亦沒有要求人人都出家，或修行那種堅決否定一切的態度，只能要求少數人做到。至於普通一般人，相對的智識，仍然有它的用處，六祖雖然自己不識字，卻勸人務須「廣學多聞，達諸佛理」。一個冥頑的人，相對的智識，於他仍是有益的。尤其是現代的人，他是不肯閉著眼睛去相信所不能瞭解的道理，他自己就有許多知識和道理。你如果要把真理說給他聽，你得先知道他的程度如何，並且你非先打破他原有的道理不可，這就是釋迦的辯證的法門了。

佛陀的世界觀是成、住、壞、空，因爲萬物都是在流轉變化、生成和消滅的過程中，這是原始的、摸索的、唯物的世界觀，帶著辯證的性質，和希臘古代哲學家赫拉克里特的看法差不多，他說：「萬物是存在，同時又不存在。」因爲萬物是在流轉，在不絕的變化，在生成和消滅的不斷的過程中。但佛陀不即刻肯定，這世界最初是否定，所以把它歸到「起惟法起，滅惟法滅」。待到法執、空執都被否定而進入絕對時，這世間法又不離佛法，此世界外別無世界了。

佛陀的人生觀，亦是這樣。他用十二因緣來解釋人生，十二因緣就是「無明……老死」亦是流轉變化、生滅不停的過程，這是心和物相涉而成的過程。後來把無明否定，達諸法皆空之境，再把空執否定，而入絕對，於是十二因緣，皆變爲絕對，人生亦被肯定了，物質亦被肯定了。所以有人問禪宗祖師：「佛性是什麼？」答曰：「石頭」或「瓦塊」，或「燈籠」、「露柱」，以示一切皆絕對了。

佛陀的認識的過程是「色、受、想、行、識」（五蘊）。「色」是物質或自然，由對自然現象之感「受」，而變爲「思惟」而「行動」，然後得經驗，而下判斷，就是「認識」，仍是以物爲主，如果把認識還原，便是歸到自然本體上去。

然而第二階段卻是「行深般若波羅蜜多時，照見五蘊皆空」（《心經》）。五蘊皆空，就是五蘊皆還原絕對本體，而得到統一，故曰：「色（自然）即是空（本體），空即是色；受、想、行、識，亦復如是。」一切相對還原本體時，皆歸統一，只有絕對本體，爲最後之存在和真實，故曰：「是諸法空相，不生不滅，不垢不淨（垢淨是相對的，比較而得），不增不減（絕對中無相對），是故空中無色，無受、想、行、識（五蘊還原），無眼、耳、鼻、舌、身、意（六根還原），無色、聲、香、味、觸、法（六塵還原），無眼界，乃至無意識界（十八界十二入還原），無無明，亦無無明盡，乃至無老死，亦無老死盡（十二因緣還原為本體，故不須斷）無苦、集、滅、道（四諦還原），無智亦無得（智慧本身亦還原，一無可得）。」（皆《心經》語）

「空」字應作絕對解，不可作空無之空。絕對之「空」，就是第一義「空」，就是絕對的自己原因，此絕對自己原因，乃不爲他物所動，而能轉他物，爲絕對原因。這時實際上，五蘊、六根、六塵、十八界、十二入、十二因緣等諸法，沒有取消，而是皆還原爲絕對，自己原因完全自主，故獲得絕對之自由平等，無罣無礙。世界是絕對的，人生亦是絕對，皆自由而平等，圓滿而完全。

我們爲使大家更易明瞭起見，不如再簡單的說一遍：釋迦之所以定下這「辯證」法門，是因爲他看清了衆生相對的根源，乃以無始無明爲體，以一念無明爲用，造成了整個的相對的宇宙的人生的輪迴圈子。在人生的過程上，最大的毛病和痛苦，就是「我執」，當衆生執我爲實，而發揮其無明作用時，隨處皆是相對的，於是矛盾、衝突……相連結而爆發，輪迴苦海不能自拔。釋迦爲破衆生之「我執」，便假定諸法來說明，他利用「法執」來否定「我執」，當「法執」成爲障礙時，又利用「空執」來否定「法執」，最後利用「一念無明」，本身否定了「無始無明」而進入絕對，一達絕對，便無可再否定，一切皆被肯定了。

西洋哲學方法和釋迦的方法，最重要的不同之點，就在乎一能進入絕對，而一則不能進入絕對。西洋辯證法，始終沒有脫離一念無明的範圍，沒有達到無始無明的門口（其實西洋哲學之一切方法，無不如此）。也有人預測相對之否定，到最後無可否定，便達絕對，但他們不知道在一念無明與絕對之間，尚隔著一片無始無明的荒漠，他們始終不願作那荒漠的探險者，所以無法發現那絕對的美麗的國土。簡而言之，他們只管用感官去感覺、用腦筋去推測，越想越糊塗，沒有一個人肯用腦筋去否定他根源的「無始無明」，西洋哲學家所以迄今無法解決形而上之本體問題，就是因爲缺少此種證入絕對本體方法的緣故。本體既然不能認識，則一切物質方面，精神方面的真態，亦皆無法認識了；而且心和物無法統一，現在西洋哲學的一元論不過是相對的一元罷了。西洋哲人雖曾企圖認識此本體，但始終無法達到，僅能站於本體之外以作觀察（其實自己便是本體，本體永遠在他面前），雖曾作種種之推理、測驗、假定，但終無法獲得圓滿之答案。今天有人建一理論或體系以說明本體，明天即有人用另一理論或體系以推翻之，就是因爲他們所建立的無非是相對的假定，而非絕對之本體呀！我們借用顏淵的幾句話來描寫，就是「仰之彌高，鑽之彌堅，瞻之在前，忽焉在後，欲罷不能。既竭吾才，如有所立，卓爾，雖欲從之，未由也已。」絕對之本體，只有用方法證入，而不能用感官、思想推論，所以《圓覺經》說：「以思惟心測度如來境界，如取螢火燒須彌山，終不能著。」六祖惠能說：「諸三乘不能測佛智者，患在度量也，饒伊盡思共推，轉加懸遠。」羅素想用數學之網，以捕捉此絕對之巨魚，但結果他所捕到的卻是相對的小魚。柏拉圖想用「觀念」來解決絕對，而其他古希臘哲人，不過就經驗的物質之中擇其最根本者，尊之爲萬物之源而已。一到陷於絕境，無法解決的時候，他們便把「神」和「上帝」捧出來解圍。我們常常不明白，爲什麼人類自己用腦筋創造了「神」和「上帝」，反而相信自己的創造品所創造者？現在才知道那是爲要安慰自己，免致陷於絕境的緣故。中國的舊劇，一到山窮水盡時，便有神仙出臺，使劇中的英雄死而復生，情節遂得以延續，這亦可說是一種哲學的方法。

釋迦以其無比之智慧及方法，達到彼岸進入絕對，完全屬於東方人的格式，絕非西洋人之聰明所能領會，故迄今兩千餘年，釋迦所循的途徑，西洋人仍未發現，遂使此一片廣大無邊之清淨國土，未有西洋人的足迹。從前哥倫布以其西方人追求物質的精神，發現了新大陸，以安處有限的衆生，西洋人至今以此誇耀，倘與釋迦所發現之絕對國土，普度無量衆生之偉業相比，則簡直是微不足道！

西洋人發明了種種哲學方法，以說明一切相對本來和現象，他太相信它、太依賴它了，不肯把它丟掉，所以不能鑽出方法的羅網，脫不了身。西洋人的方法最初是向外物觀察，後來又向內心觀察、思惟，雖找到相對，但沒有找到相對的根源，所以不能否定它、超越它，一直在相對範圍之內。因爲他忘記所用以觀察的本身，就是相對的根源；因爲太近，所以反而看不見、看不清，就同古代的人只知道觀察外面的東西，不能觀察心內的東西一樣。釋迦利用辯證以否定衆生之矛盾，最後連這方法本身和它的根源都加以否定，進到無法之境，衝破了無始的荒漠，才達到了絕對。而西洋人呢？一抛棄就連觀察推理的工作都不能做了。

所以佛教三藏十二部經典，是釋迦所假立，亦是釋迦所否定；假立是爲要度衆生，否定是爲免累衆生。能假立而不能否定，不是真佛；能否定而不能假立，亦不是真佛；能假立而又能否定，佛的道理才能圓融無礙。有人想在佛的經典法門中找缺點來批評佛、譏議佛，殊不知這些經典和法門，佛早已一一自加否定，以至一字不留了。所以釋迦說：「乃至無有少法可得。」又說：「我四十九年來未曾說著一字。」「若人云如來有所說法，即爲謗佛。」這樣看來，那些自恃聰明而想議佛謗佛的人，好比揮拳擊空、仰面唾天，只有自己吃虧罷了。

釋迦所以能用這樣高明而不可破的方法，就是因爲他已進入絕對。

但是，兩千多年來的佛法和世界哲學思潮，沒有正式發生關係，雖然佛法本身已達絕對之極峯，且超越了哲學範圍，無須借助於哲學，然而，佛法置身於哲學之外，這是哲學的損失，亦是衆生的損失！西洋哲學家中，亦有不少的慧根天才者，因爲沒有和佛法接觸，所以幾千年來徬徨於心物歧途，成爲魔王而不能成佛。但是我相信魔王是宇宙之精英，是最有成佛之資格的。《維摩詰經．不思議品》說：「十方無量阿僧祇世界中作魔王者，多是住不可思議解脫菩薩，以方便力故，教化衆生，現作魔王。」方便力便是辯證的否定力，所緣的魔王如果得此真正的力量，一定能堅決的否定我執、法執、空執而進入絕對國土的。

我們如果遵照菩薩救度的精神去做，就應該把佛法投向世界哲學的洪流之中，讓它自己去發生作用，就是人們把它當做一根木頭也好，總有它的用處的，也許會有一大因緣，再度出世，亦未可料。至少，比登座講經，收幾個善良的老太婆做皈依弟子，更爲有用些，更可續佛慧命或者擴大這慧命。不過這工作相當艱鉅而且繁難，我們爲引起哲學家對佛法的興趣起見，我們願把佛法整理成爲一個摸索而明確的體系，讓一般研究者，容易進入這久無人過問的園地，所以不避牽强附會之譏，我想這苦衷必爲一般達人智士所原宥的。

釋迦和他的繼承者所發揮的「四乘法門」，是一種辯證的過程，是矛盾之又矛盾，否定之又否定，就因爲「法門」的本身便是相對的，而不是絕對，所以有大、小乘各宗之對立，分裂又統一，至若釋迦的中心思想則是「絕對本體（即真如）發揮出來的絕對自由平等」，乃是歷萬劫而不能易其分毫，因爲已經達到絕對，是最後的真實，一切已經肯定，而不能再加否定了。「四乘法門」不過是一種手段，而「絕對本體」則是最後的目的，達到目的之後，手段便可拋棄了。所以釋迦的真正的價值，是寄託於此最後的絕對的本體上，因爲一達此絕對本體，則一切相對的問題，如生死、善惡、存在與毀滅……無不迎刃而解了。

研究佛法的人，應該先明白這一點，然後才不致對佛法發生誤解。比方小乘的方法是把六根停止；而中乘卻反對停止六根，而停止一念無明；大乘的方法，反對停止六根及一念無明，而利用六根及一念無明以打破無始無明；最上乘是直接表示絕對佛性，如果對方工夫純熟，觸著機緣，便可進入絕對之門了。這是多麼的矛盾呀！但一旦踏進了絕對之園地，這一切矛盾，皆變爲完全的統一了。

古今中外很多哲學家没有看清楚佛法的全域，往往只著眼於整個過程中的某一小部份，便很自信的認爲佛法是這樣或那樣，於是咬牙切齒，揮其如椽之筆，大肆撻伐，自鳴得意，而不知道釋迦聽見了，並不生氣，而是仁慈的説道：「衆生如此缺乏智慧，如此淺薄，誤解我的用意和最後的目的，没有比這更可憐的了！」

有的看見小乘的斷六根，便堅決的説：「佛法是制欲主義呀！」

有的看見中乘的斷思想，落於空執，便堅決的説：「佛法是虛無主義呀！」

有的看見佛法把什麼東西都否定了，便堅決的説：「佛法是消極主義呀！」

這還是那些可敬的聰明人和自命爲有哲學修養的人的看法，至若一般淺薄無識之流，那些真正的可憐蟲，從來没有見過一本佛書，只憑他的愚蠢的眼睛，看見一班善男信女們無聊的舉動，便咆哮的嚷道：「那是多神教呀！迷信呀！」

西歐學者稱佛法爲 Buddhistic Nihilism（虛無），便是誤解小乘的方法爲整個的佛法的例證。其實佛的中心思想是「絕對真實本體」，不是觀念或象徵，而是最真實，可用你的手去撫摸著的具體東西，所以釋迦又把它叫做「實相」。把「實相」看做「虛無」，豈非完全相反嗎？至於那些中乘的落於「虛無」，小乘的斷六根制欲，釋迦時時加以痛斥，罵他們爲無用的「焦芽敗種」（見《涅槃經》），要他們越過「虛無」而邁進，大乘六波羅蜜中的第三波羅蜜就是「精進波羅蜜」，有勇猛精進、披甲精進等含義。釋迦常以「大無畏」、「師子吼」等口號來號召他的羣衆，督促他的門徒，使他們勇往直前，達到最後的絕對國土，然後把整個污穢的世界變爲清淨自由平等的世界，不惜犧牲一切以達此目的，這樣的行爲，難道是「消極」嗎？

講到「迷信」方面，那便要追溯到民族性與傳統上了，這亦可說是辯證過程中所必有的矛盾現象。這些現象是必然產生出來，亦是必然要被否定的，與佛的中心思想無關，因爲「自性」的莊嚴，永非一切相對的影像所能污損分毫。釋迦教導衆生，第一步就是要你相信：「自己便是佛，別無主宰者。」吾人今天之所以成爲人，完成是自己所做成，種下什麼因，便得什麼果。我們如果想成佛，亦只有自己去努力，自修自證，釋迦不過是導師，而非救主，他只能引導你到絕對之門爲止，進得去進不去那是被引導者自己的事情。這樣看來，還有什麼「神」和「迷信」的意味呢？

至於經典中那些離奇的故事，亦不是「迷信」或「神話」，那是印度民族文學的形式，印度人自古以來便善於作美妙的「寓言」（有《禽喻》、《獸喻》等書）。佛教的聖者便把佛的道理納進這傳統的形式中，以便收到最大的傳播效果。絕對的道理本來不能用言語來表示的，只有在那些離奇的故事中，企圖能給人們以一點啓示，所以《楞嚴經》說：「佛告阿難，如來今日實言告汝，諸有智者，要以譬喻，而得開悟。」

我們要牢牢的記著，我們學佛法爲的是要否定生死，進入絕對，然後才能度衆生，並不想把自己的腦筋弄得更糊塗，或是卜居於法的羅網之中，當做安身立命之所在。《維摩詰經》便是一個最好的例子，胡適之把它當做一部小說看待，其實它是發揮絕對本體妙理的最佳著作，人們所看得到的不過是無關重要的文學形式罷了。

在漢譯的《大藏經》中，完全用寓言方式寫成者，如屬於本生經藏之《六度集經》、《菩薩本生經》、《百喻經》、《雜譬喻經》、《大莊嚴經》、《撰集百緣經》、《賢愚因緣經》、《雜寶藏經》等，文學價值極高。

禪宗悟道祖師對於經中的寓言，均用絕對之態度，來廓清人們的疑惑。現在舉一例爲證，如《釋迦譜》云：「釋迦出世，東西南北各行七步，目顧四方，一手指天，一手指地，曰：『天上天下，惟我獨尊。』」這是表示佛性之由體起用，豎窮三界，横偏十方，絕對無二。不懂這寓言意義的人，往往視爲揑造出來的神話，或以爲釋迦和上帝一樣，是獨裁的，不是平等的。愚蠢的人，更認爲釋迦具生成特異的神性，這都是不明印度寓言文學的寫法，和所暗示的絕對道理。有人把這段話來問雲門禪師，雲門說：「當時我如看見，一棒打殺與狗子喫卻，圖得天下太平。」後瑯琊禪師評雲門此一公案云：「將此身心奉塵刹，是則名爲報佛恩。」禪宗祖師的態度，總是這樣明確而不妥協的，因爲他已進入絕對，所以無能動搖之。

研究佛法的人，千萬不要把眼光投向那些撲朔迷離的外衣上，那外衣不過是在經過若干時間空間中，和那些民族性、傳統觀念、風俗習慣、矛盾形式相結合而織成。應該讓眼光透過那迷人的外衣，而投注於佛法的精髓上，那是絕對的真理，不可變易分毫，歷萬古而如新的。

今天我把辯證法和佛法拉在一起，人們看了未免覺得新奇，或者認爲太過牽强附會，其實那是釋迦所謂隨順衆生根性的「方便」，假使釋迦的肉體活到今天的話，他亦一定要採用這種說法的。他會說：「衆生應以辯證得度者，我即以辯證而度之。」

譬如說，我們如果研究唯識宗，那末，我們就要明白那套五住百法、八識、三性、三無性、四分三境的方法，其目的是先把整個宇宙加以分析，歸納到八識上，又把八識還原到阿賴耶識的種子上，爲的是要讓人們看清這相對宇宙的根源就是淨和染兩種相對立的種子，淨的種子力量增長便把染的種子否定了，這時矛盾已得到統一。但淨的種子如果一天存在，則在它身上染的種子仍會產生出來，所以索性把這淨的種子亦否定了，便到無始無明的境界，再超越過去，才算相對終止，絕對開始。這時八識改頭換面，變爲四智而復活了，宇宙人生萬有亦皆被肯定了，如果沒把它否定，則四智便無法出現。所以沒有通過那五住百法的外衣，不能達到絕對的本體，如果達到了，那外衣便無用處，要被「揚棄」的。

大乘各宗，皆有它的一套外衣，是五光十色，使人目眩心驚的，你千萬不要被它嚇退，你要正確的看清楚它的伎倆，不過是要由相對達到絕對，然後把它丟掉。華嚴宗的「六相圓融」、「十玄緣起」，亦是嚇人的外衣。六相是將宇宙一切相對歸納爲三對，就是總別一對、同異一對、成壞一對。又把三對歸納爲一對，就是平等（圓融門）和差別（行布門）。最後又把這一對統一，於六相圓融爲一相，萬有統一爲一體了。華嚴宗的法界觀是這樣成立的，宇宙現象本來是紛紜宏麗、萬別千差。《般若經》云：「校量正憶念自修行般若之福，不如廣爲人天巧說譬喻，令前人易解般若，其福最勝。」巧說譬喻就是採用文藝寓言的技巧的意思。在神話寓言最發達的印度古代社會環境中，那些富有幻想的、神秘的文藝渲染，無疑是大量的吸收進佛經裡面了。

十八世紀西洋哲學家中，大家認爲叔本華是受東方佛法的影響，他否定意志、否定概念、否定……。最後所得的結果便是一個「無」字，因此說他是消極。

叔本華受佛教的影響，我們承認，他所得的結果是一個「無」字，是「消極」，亦是必然的結果，但叔本華究竟受那一階段的佛法所影響而有此結果呢？這是最重要之點，我們應該弄清楚，不能讓它含糊下去。

老實說，叔本華的錯誤，就是誤把佛法中的小乘當做整個佛法看待，只知道否定一切，而沒有達到肯定一切的地步，所以他被那個「無」字絆倒，墜落在那空洞黑暗的深淵了。

他接受小乘的「多苦觀」，而主張否定欲望、否定一切，看起來好像是東方式的，但是，他沒有接受小乘「斷六根」的方法，他不肯把感覺之門關閉，而想用音樂藝術來獲得「涅槃」，這又是西方式的了。

叔本華欲利用音樂藝術來求解脫，求暫時消滅個人的「我」，使一切欲望痛苦暫時解除，但他不曉得這樣做時，個人的「我」雖暫時消滅，可是，這時的「我」已滲入於音樂或藝術的「我」中了。此音樂藝術的「我」，便是「法我」，亦名「法執」，仍存於時間空間之中，受空間時間的限制，那是相對的解脫，而不是絕對的解脫。當那時間空間轉變時，你又跌回「自我」的桎梏中了。

叔本華此種西方式的辦法，是企圖使一念無明入於單純之境，因而獲得自由快樂，實際與麻醉主義無異，用音樂藝術來麻醉人生，與以醇酒婦人來麻醉人生並不高明許多。

小乘人索性把感覺之門關閉，在西方人看來，是可怕的，所以他們不敢嘗試，而採用一種份量比較輕一點的緩和劑。但兩者同樣是錯誤的相對方法，不能達到絕對的「涅槃」。

音樂是一念無明的化身，它能使整個相對宇宙納入於生命的呼吸之中，使一念無明藉耳根之感覺而得到了相對的「涅槃」，當耳根得暫時的「涅槃」時，其餘五根亦得到同樣的效果，所以孔子聞韶，三月不知肉味，就是舌根亦能因此得到暫時涅槃的證明。這時，是一念無明回復了原始的狀態。

繪畫、雕刻亦是一念無明的變化身，它能使整個相對宇宙納入於生命的線條之中，使生命藉眼根之感覺而得到相對的「涅槃」，使一念無明暫時返本還原。但是，它只能保持於有限的空間時間之中，所以它不能使你得到永遠的「涅槃」。

「自我」是一個桎梏，它被一條由五蘊、六根、六塵、七情……等結成的鎖鏈緊緊的綑住了，這可惡的魔術般的鎖鏈，幾乎使每一個人都透不過氣來。所以人們只有在忘卻「自我」時，才能得到解脫，才能呼吸著自由和快樂的空氣。人們如果想脫離「自我」，只有借助於「法我」了。「法我」就是「自我」以外事物的「我」，譬如音樂、藝術、酒精、賭博、運動等等。爲什麼這些事物很廣泛的被人們所愛好呢?就是因爲它能使人們暫時忘卻「自我」，暫時得到了解放而享受自由之樂。

當我們傾聽偉大的交響樂時，我們已脫離了「自我」的羈絆，而與音樂之波浪融而爲一了。這時我們游泳於音調之海中，載沈載浮，我們的呼吸已與音聲之呼吸合而爲一，整個相對宇宙皆合而爲一，一切矛盾皆暫時歸於統一，一切根塵情識的鎖鏈，皆被粉碎而棄置了。

當我們欣賞偉大的悲劇的表演時，我們已被吸引而脫離了「自我」的桎梏，與悲劇之情緒融而爲一，我們的靈魂已暫時脫離了軀殼而參加於悲劇之中，一切塵世的善惡、是非……皆被沖洗而無遺，一切根塵情識的鎖鏈，皆被粉碎而棄置了。

當一根還原時，其餘諸根亦得到了解脫（此處是指相對的還原，相對的解脫，不是絕對的）音樂是利用耳根的還原，繪畫雕刻是眼根，酒精運動等是觸根，此前五根是屬於感覺範圍。小乘人之斷六根乃是利用意根，是屬於思想的範圍，這是利用最高級的「法我」。小乘斷六根，是企圖將感覺思想之門關閉，使與「自我」完全隔絕，此時心中清清淨淨，非常之快樂。但是，欲維持此清淨之境界，則不能放捨此清淨之一念，所以，此時之一念無明雖歸於統一，但沒有完全停止，仍受空間時間的限制，待到空間轉移，時間過去（音樂已終，悲劇已完，眼睛已離開了藝術品，由小乘定境中出來），於是又跌回「自我」的桎梏中了。中乘人認爲借助於「法我」而得到的暫時解脫不是究竟的解脫，於是進一步把「一念無明」完全停止（就是把思想感覺完全滅盡），這時的境界是可怕的、無知無覺的，除了呼吸還沒有停止外，全同木石一樣，空空洞洞，一無所有（叔本華之「無」，不過是理論上之「無」，而此則是實驗上的「無」）。老子的「無極」，亦是實驗上的「無」。在《道德經》中有許多章描寫此無之境界狀態可以證明），此實驗所得的「無」的境界，便是「無始無明」的境界了。此境狀似純一，所以很多人都誤認它是絕對的，是最後的本體，例如老子便是把此「無」的境界，當做絕對底本體。但此「無始無明」的境界中，仍有極微細之種子存在（此種子包括精神的和物質的），當其隱伏時，狀似「空無」，但一受薰染刺激，便會發生出來，成爲「一念無明」了。所以「無始無明」與「一念無明」是相對的（就是代表無與有）：一是體，一是用；一是靜，一是動；由體起用，即用歸體，循環反覆，有生有滅，不是最後的絕對本體。絕對本體是不生不滅，非靜非動的。老子之「天下萬物生於有，有生於無」，「道生一，一生二，二生三，三生萬物」，「復歸於無極」，便是體驗到「無始無明」生出「一念無明」，和「一念無明」復歸於「無始無明」的循環反覆的作用，而誤認宇宙是以「無」爲體，以「有」爲用了（相對的宇宙現象確是如此，絕對宇宙則超於有無變幻）。被尊爲儒家思想根源的《易經》，亦是與老子同一錯誤。《易經》的根本原理是這樣：「易，無思也，無爲也，寂然不動，感而遂通天下之故。」當無思無爲，寂然不動時，就是「無始無明」的境界了，待到受「感」而「一念無明」產生出來，便是整個相對宇宙之完成了（宋明理學家亦是同一錯誤，我在另一節中來詳細檢討）。

此種誤認「無始無明」境界為最後絕對本體，釋迦叫它做落於「空執」，要打破此「空執」，才能達到最後的絕對本體（真如佛性）。打破「空執」的方法，不是理論，而是實證。在大乘人所修的六波羅蜜中，第五種「禪波羅蜜」，便是打破「空執」達到絕對的主要方法（可參考拙著《禪宗修法》）。

此種最後絕對本體，如果不是確確實實可以達到的，那末，以上所說的話便變為「無稽」、「獨斷」的了。但我敢斬釘截鐵的聲明，絕對本體是確可達到，確能證入的。釋迦本人證入此本體，釋迦以後的很多祖師、行者，亦用釋迦的方法證入此絕對本體，有大乘經典及祖師語錄可以證明。甚至我本人所以敢如此大膽的發揮，亦是因為我與釋迦所證明的是完全一樣的緣故。

這裡，我要引用馮友蘭氏在他的《人生哲學》中對叔本華最後境界的批評，他說：「此最後境界，在其中，無意志，無觀念，無世界，故此境界果為何物？惟於有此經驗者可以知之。然有此經驗者，亦不能以自己經驗語人，所以此問題竟不可答，蓋此種境界，不但不可見，且不可思也。」

叔本華自己沒有達到最後境界，他沒有用大乘的方法去證實，而只憑思想感覺去推論，結果落於「空無」，他只知道最後境界是無意志，無觀念，無世界（乃誤認無始無明境界之狀態爲最後絕對本體），而不知證入絕對之後，意志、觀念、世界皆被肯定，皆是絕對的存在。所以馮氏之話，用來批評叔本華則可，倘以之來批評佛法的最後絕對本體則不可。絕對本體是確確實實可以見到的，釋迦在大乘經典中，隨處表示絕對，歷代祖師用「喝棒怒罵」來表示絕對，在他是覿面相呈，和盤托出，只可惜你不肯承當，不能領悟罷了！況且釋迦留給後人自己寶貴的經驗確可證入絕對的大乘禪法，你如果不肯照方法去做，那是等於有了鑰匙而不肯去開箱子，那裡會獲得裡面的財寶啊？

我已把叔本華誤解佛法的最後境界爲「無」的原因約略指出，又把小乘、中乘及《老子》、《周易》誤認「無始無明」爲最後本體的錯誤略爲説明，這是幾千年來人類思想上的大問題、大關鍵，一直到現在還沒有人正式的提出來，加以明白的刊正，不知貽誤了多少佛教行者和東西方哲學家！不但佛教以外的人誤解此最後根源，就是中國歷代佛教中的卓越人物，亦一樣的陷於同一的錯誤。此一錯誤，固是人類思想過程之必然階段，然亦有其歷史傳統之背景存在。中國道地的思想，大家都知道是以道家和儒家爲主流，當印度佛教空宗傳入中國之際，正是中國老莊思想盛極漸衰，流於空洞的時候。一班聰慧睿哲之士，正徬徨於虛無之境，感到前途之渺茫，想找尋比較明確新鮮的出路，這時，恰好較有系統的「空宗」經由鳩摩羅什大師大量的介紹進來，於是這班正在徬徨覓路的睿智之士，便毫不遲疑的棄老而歸佛了。

在羅什門下最傑出的僧肇、道生等大師，本來都是研究老莊哲學的，同時又有道安、慧遠、法雅諸大師，也是棄老歸佛之士。當時「空宗」道理初入中國，一般人多未能領會妙理，於時這班大師們，便引用老子之「無」，來解釋空宗之「空」（其實這班大師們對於「無」和「空」的界限還沒有弄清楚），這樣一來，便鑄下了千餘年思想界的大錯。後來隋朝天台宗的智者大師，唐朝三論宗的嘉祥大師以及宋朝的理學家們皆受了僧肇輩的影響而陷於同一的錯誤。三教同源的學說，就是由此錯誤而產生的，一直到明朝的憨山大師，還是陷在那窠臼裡，脫不了身，這罪過的責任應該由那班大師們來負擔。

在談玄之風極盛的六朝時代，一般上層社會的人物，皆以能「談玄」爲高尚之標格，他們將《老子》、《莊子》、《周易》這三部書稱之爲「三玄」。佛教的大師們爲迎合他們的趣味，或者說企圖把他們引誘到佛家的園地來，便利用「三玄」來解釋佛經的道理，叫做「格義」。《高僧傳．卷六》云：「釋慧遠……雁門樓煩人也……

博綜六經，尤善莊老。……年二十一……時沙門釋道安立寺於太行山，遠遂歸之，年二四，便就講說。嘗有十客聽講，講實相義，往復移時，彌增疑昧，遠乃引莊子義爲建類，于是惑者曉然。」

又《高僧傳．卷四》云：「法雅河間人……少長外學，長通經義……時依門徒，並世典有功，未善佛理，雅乃與康法朗等以經中事數，擬配外書，爲生解之例，謂之『格義』。乃毗浮、相曇等亦辯『格義』，以訓門徒。雅風來灑落，善於樞機，外典佛經，遞互講說。」

以老子之「無」來解釋佛法之「空」，雖可說是由於當時環境造成，但亦有一般投機分子，爲解決個人的生活而出此。《世說新語》有這一段記載：「愍道人始欲過江，與一傖道人爲侶，謀曰：『用舊義往江東，恐不辦得食。』便共立『心無』義。既而此道人不成渡，愍度果講義積年，後有傖人來，先道人寄語云：『爲我致意愍度，「無」義那可立，治此計權救饑爾，無爲遂負如來也。』」

此無名大善智識，終於悔悟以「無」釋「空」是大大的錯誤，對不起釋迦，其見地實高過僧肇輩萬萬。僧肇雖享大名，實在亦誤了不少蒼生，他的巨著〈寶藏論〉，簡直是胡說，完全是老莊、《周易》的唾餘。他的〈涅槃無名論〉，完全用老子

《道德經》中那些描寫「無始無明」狀態的語調，他這篇文章是爲博得秦王姚興的恩寵而寫的，這種動機和立論，實在不敢恭維！僧肇之所以陷於錯誤，是因爲他沒有「明心見性」，所以不能把「無始無明」境界和「佛性絕對本體」分別清楚。最可怪的是千餘年來，人們都震於他的大名，而沒有人舉出，並重新估定他的價值。語云：「盡信書，不如無書。」我現在要說：「盡信古人，古人便把你吃掉了。」

關於這一時期的思想，對於後來思想影響很大，陷害了不少的聰明人，可舉的例證很多，這裡不能細論，我要另外寫一篇專文來檢討。

治中國哲學史的人，皆知「格義」是用「三玄」來發揮佛理，但沒有人指出它的錯誤和貽害後來佛家思想的嚴重性，宋朝理學巨擘朱晦庵說：「佛教始來中國，多偷老子之意，去做經說空如是。」佛法給老子累得好苦，而朱氏反認爲是沾老子的光，佔老子的便宜，真是寃哉枉也！其實朱夫子自己亦跌落在那個六朝的大師們所掘下的陷阱中，亦是把佛家代表真如佛性的「第一義空」，當做老子所提出的「無」的範疇，所以在他的語類中說：「若佛家之說，都是『無』，以前也是『無』，如今目下亦是『無』。色即是空，空即是色，大而萬事，細而百骸九竅，一齊都歸於『無』。」又說：「釋氏說空，不是便不是，但空裡面須有道理始得，若只說我是個空，而不知有個實的道理，卻做甚用？」

朱老夫子明明把佛法的「空」字當做「空無」來講，這是多麼可笑的事！但我們應該原諒他，因為他對佛法實無較深的研究與認識，如果他能證悟「空」字的絕對妙理，也許他早已解脫成佛，連理學家都不想幹了。

僧肇用老莊的辭藻來解經，他不敢公然攻擊老莊；宋朝的理學家們用禪家的口吻來講理學，卻反而對佛家大肆抨擊，雖然沒有搔著癢處，未免使我們有世風日下之歎了。

老實說，佛法對於「空」字的含義，亦未免太過繁縟、精奧些了，因此不是一般沒有佛學修養的人所能懂。《楞伽經》中提出七種「空」的說法，其中只有「第一義空」一種，是代表絕對的本體，此表示絕對之「空」，乃包涵精神與物質之統一，最後真實之存在，所以亦叫做「實相」，是最真實不可變的道理。你如果能證悟「實相」，則不但你眼睛所看來的都是它，耳朵所聽見的亦是它，你手所摸到、舌所嚐到、鼻所嗅到、心所想到的無不是它，塵塵剎剎，無不是它，這裡面的道理都是絕對的真實，誰說它裡面是空的沒有道理呢？況且它是沒有所謂裡面和外面呀！有裡有外，那是有限的，相對的，所以倘若真個如朱子所說「裡面有道理」，那我們便可斷定那道理是空虛得可憐，脆弱的可以的了。《心經》的「色即是空，空即是色」的名句，常被一般人胡亂引用和誤解，它的意思應該是「現象便是本體，本體便是現象」，因爲這時一切現象和質礙都變爲絕對而不可分割的了。精神和物質到此才變爲絕對的整體，唯心論和唯物論到此才拋棄了宿世的深仇，歡洽和合，毫無閒言了。偉大的釋迦的功績，我要重新發掘出來，讓大家看個明白。

哲學家馮友蘭先生是一位獻身於深思和精神建設的人，他寫了《貞元六書》，是準備獻給建設新中國的時代做基石的，這工作當然是令人肅然起敬。在他的《新世訓》裡面，我們拜讀了幾句很奧妙的話，他說：「佛家所謂聖人，是達到一種境界的人，此種聖人，可以說是『靜』底，如佛像皆是閉目冥想，靜坐不動者。」（《新世訓》第九頁）

這教訓給大乘佛教徒們的悟性上以無限啓發，我們得此訓示才曉得佛家聖人原來是「靜」底有境界的（我們一直以為佛性本體是絕對沒有境界的）！我們雖不敢斷定靜和動有好壞之別，但馮氏判決它是「靜底」者，並非由於佛陀的道理，而是看見所有的佛像皆「閉目冥想，靜坐不動」，這未免有點近於「莫須有」了。就我們所知，除機關木人和傀儡之外，還沒有聽見過泥塊做成的佛像是可以起立走動的！這應該怪我們的匠人不夠機巧，沒有做成可以往來走動的佛像，因此難辭大哲學家的批評。但是我們自己反省一下，實在十分傷心，大哲學家們既然一看見閉目冥想的佛像便斷定佛家的聖人是「靜」底，則普通人看這種佛像後的感想如何，我們就不敢想像了！不過，就歷史上考察，佛在世時，到處講經說法引導衆生，足迹徧恆河流域，我們很難相信他是永遠「靜坐不動」。況且，他是永遠面對現實，正視現實的改造家，決非「閉目冥想」者可比。佛陀是一位宗教革命家，他一手推翻原有的日漸腐化的婆羅門教，鑑於社會階級制度之縛束，而喊出自由解脫的口號。佛教的行者爲了參訪善智識，不辭跋涉長征，如晉之法顯，唐之玄奘、義淨，冒盡艱險，萬里孤征，以求正法，此種求知精神，就是比之西洋的探險家也毫無愧色（我們不必誇示他們溝通文化的貢獻），與其說「閉目冥想靜坐不動者」，不如說他是大膽妄爲的傻子，更爲恰切些。

倘單就造像藝術來說，佛像並非完全「閉目冥想，靜坐不動者」。中國佛像最初是模仿印度的，印度佛像則是受希臘雕刻的影響，在佛陀時代的佛像是以健美莊嚴聞名於全世界的。現在我國敦煌有六朝唐代的造像亦保存希臘的風格，多是胸闊腰細，很有現代所謂健美的氣概，眼睛多是張開著的，表示他永遠正視著現實，毫無「閉目冥想」逃避現實的企圖。雲崗龍門的造像，亦是這種作風。至於「閉目冥想，靜坐不動」的佛像，乃是元明以後佛法日就衰微時期的作風，是修行方法錯誤的結果。我們不必言大乘禪宗方法本來最反對「靜坐」和「冥想」的，六祖惠能在《壇經》說：「又有迷人，空心靜坐，百無所思，自稱爲大，此一輩人，不可與語，爲邪見故。」又云：「此門坐禪，元不看心，亦不看淨，亦不是不動。」荷澤神會禪師云：「大乘定者，不用心，不看靜，不觀空，不住心，不遠看，不近看，無十方，不降伏，無怖畏，無分別，不沈空，不住寂，一切妄想不生，是大乘禪定。」又云：「若有凝心入定，住心看靜，起心外照，攝心內證者，此障菩提，未與菩提相應，何由得解脫？」又云：「不在坐裡，若以坐爲是，舍利弗宴坐林間，不應被維摩詰訶責。」

至若世俗所傳達摩在嵩山面壁九年的一段故事，我們敢斷定如果不屬子虛的話，他既不是在參禪，亦不是在做那「閉目冥想」的勾當，因爲他是初抵中國的人，言語不通，又沒有人瞭解他的妙理，因此只好對著石壁坐著，以待時機之來臨。當時一般人因不懂他究竟布袋裡賣什麼藥，所以把他叫做「壁觀婆羅門」。其實達摩是早已明心見性，大事已了之人，無須再修行用功，倘若仍須修行用功，則不是悟後的人了。所以宋覺範禪師《林間錄》說：「菩提達摩初由梁之魏，徑行嵩山之下，倚杖少林，面壁宴坐七年，久而人莫測其故，因以達摩為習禪。夫『禪那』僅諸行之一，何足以盡聖人！」

這種說法是相當正確的，「壁觀」二字，不過是人們給他起的綽號，並非禪法。後來有人偽造一篇〈達摩入道四行〉，竟把「壁觀」亦加進去，變成一種坐禪的方法，真是可笑之極！其實真正的參禪方法，是不拘行住坐臥的，禪宗祖師每看見他的門徒閉眼靜坐時，便大聲的喝道：「你在亂想做什麼！」如果「壁觀」是禪法的話，那末，現在世俗流傳著的「達摩拳」、「少林拳」，亦可當做禪法了。老實說，在〈達摩入道四行〉中那套「捨妄歸真」「凝住壁觀」的糊塗話，實際上還沒有「達摩拳」那樣對於鍛鍊身體健康上有點用處呢！

傳到近世，直正的禪法，更為模糊，於是一種錯誤的小乘方法遂盛行於叢林間。現在流行的坐禪方法是點著一枝香，枯坐不動，有如木頭，「眼觀鼻，鼻觀心」，心觀什麼？真是天曉得！以前是維摩詰和六祖等所指斥訶罵的方法，現在被人看做寶貝，此種風氣既興，難怪聰明的匠人們，把原來健美的作風一變而為「閉目冥想」的病態。所以實際上那些現代的佛像，沒有表現出佛陀的態度和精神，卻表現出那班在禪堂裡閉著眼睛、胡思亂想的大德們的可敬的姿態了。

說得更廣泛一點，此一時期，中國仕女畫的作風，亦是由健美變爲病態的。唐宋的仕女畫，多半是豐碩體健（故宮博物院及巴黎博物院中，有此種作品保存，可以證明），至於那些弱不勝衣，兩肩如削，幽靈似的病態作風，乃是近代的產品，也是中國民族日趨衰弱後的產品，如改七薌、費曉樓等便是代表這一類的作者。

就希臘古典的雕刻藝術而言，「靜」是美的必具條件。十七世紀德國藝術科學大師溫克爾曼所著的《古代藝術史》，對於美的本質，往往是指著「靜」的方面，他說：「像水平似的，一無叫囂之態。」所以佛像之靜穆莊嚴，乃是世俗所崇仰的象徵，以爲非這樣不足以表示有福氣和莊嚴，合乎美的條件。不過，自元、明以後，一般佛像，多是大腹便便，好像脂肪過剩的財主佬的樣子，其實一位終身素食的佛陀和菩薩們，決無此脂肪過剩之大肚皮，不特不是美的條件所必需，照醫學來說，也是一種病態！

那些等於廢物的偶像，在佛法精髓上本來沒有多大關係，唐朝道一禪師是叢林的創造人，他主張只建法堂而不立佛殿佛像，就是要刪除迷信的意味，而專注重於佛法的精神的發揚。我們如果要顧全古舊的習慣，那末，寧可主張每個寺院大殿上只塑釋迦像一尊（這是印度原來的規矩，緬甸佛寺尚保存此一規矩），其餘西方三聖、五百羅漢以及聖僧、金剛神等像，皆可從簡，而且恢復以前健美莊嚴的威儀，簡潔明淨的象徵。因爲就佛性本體上來說，三世諸佛，同一法身，一尊佛像，已可代表十方三世，千千萬萬諸佛的法身，不必那樣繁複，致有多神之嫌（馮氏沒有指斥佛教為崇拜偶像的多神教，可見其寬大為懷，非常可感）。

唐朝有一位明心見性的丹霞禪師，他在一小廟裡掛單，冬天到來天氣非常之冷，他便搬了殿上一尊木佛來燒著取暖，被廟裡的住持看見，驚駭失措，簡直認爲是闖下了滔天大禍，便責問他說：「你爲什麼這樣狂妄，連佛像都拿來燒？」丹霞不在意的答道：「我要燒看有没有舍利。」那住持說：「木佛那裡有舍利？」丹霞說：「既然没有，再搬一尊來燒。」（見《傳燈錄》）丹霞燒木佛雖然是一樁表示佛性絕對妙理的公案，但在這裡我們可以看出佛像在一位明心見性禪師的眼中，究竟是什麼樣的事物呀！

越說越遠，太囉嗦了，但是，我們爲接受當代大哲學家高明的訓示，不得不花點時間自行檢討一下，以表示我們的感激之忱。同時凡有誤解佛陀真理者，其責任應該由佛徒們自己來領受，因爲他没有負起發揚大乘妙理的工作，一任釋迦的真正精神日趨晦昧，佛門規儀日趨腐化，而陷衆生於迷誤之域，實有痛自省悟和改進的必要！

互相對立，互相矛盾，但在對立和矛盾之中，又是互相包容，相反相成，相即相入，可以說是矛盾之中有統一，統一之中又有矛盾，主伴相依，重重無盡，最後歸於一相圓融。故一即一切，一切即一，體即用，用即體，整個相對矛盾之宇宙，變成體用圓融的法界。十玄門是六相之更進一步的解釋，不過是把對立差別之萬法歸原於圓融平等之本體，或由圓融平等之本體，而推究一切矛盾對立統一無礙。但六相十玄皆是言詮的、理論的，本身就是相對的，最後要加以否定和揚棄，然後才能進入真實絕對的國土，然後才能肯定一切。真言宗的外衣，更是離奇得嚇人了！但它的骨髓，仍是由相對進入絕對，使現象變爲實在，是要以「六大」、「四曼」、「三密」等方法爲橋樑，而進入於大日如來之國土，要把相對的肉體與大日如來的法身合而爲一，使一切相對者如聲音、形式、思想等等皆還原爲絕對，變爲自己的原因。這道理與禪宗吻合，而所發揮的五智九識，則是唯識宗四智八識的修改和補充，因爲真言宗是比較後出的，所以吸收各宗的精髓。可是，千萬不要迷戀那離奇的外衣，那不過是渲染著印度宗教的神秘色彩，如果你被這些色彩所疑惑，那就不可設想了！所以古人相誡說：「不知教相的事相家，三傳之後，當墮外道。」最後，還是要把這套傢伙無情的揚棄，然後能與大日如來的真正法身合一，宇宙人生萬物皆是絕對，皆被肯定了。

禪宗本來沒有外衣的，因爲它是以「不立文字，直指人心」爲宗旨。如果我們一定要找出它的外衣的話，那末，那些祖師們所慣用的接引學人的「喝棒怒罵」的辦法，和燈錄、語錄上那些奇特的動作和語句，便是它的「不可知」的外衣了。禪宗亦是由相對進入絕對的，它的方法是最直接，不作諸多否定，而只作最後之一否定，就是打破無始無明進入真如絕對國土的直截方法。但是，一進入絕對之後，那「不可知」的外衣，卻是「可知」的了；那套「喝棒怒罵」的奇特動作和語句，原來卻是直接表示絕對體用的，這時，宇宙人生萬事萬物皆還原爲絕對，皆被肯定了。禪宗的本意，是不需要外衣，亦不願意有外衣的，這和它的宗旨相違背，但傳至現在一班不徹底的僞祖師們，卻偷偷的把小乘禪法的外衣給披上了，這是我們所要堅決否認，並予以無情的取消。

淨土宗亦是由相對進入絕對的，它的方法大略可分兩種：一是間接的，以持名念佛爲代表；一是直接的，以實相念佛爲代表。間接的方法，是藉持名發願之力，與彌陀之願相應，進入極樂世界的西方淨土。在極樂世界中，一切相對和矛盾，已歸統一，所以只有快樂，没有煩惱，但這是相對的絕對，還要把極樂世界「揚棄」，然後能進入真正絕對的法身淨土。實相念佛與參禪差不多，真接否定無始無明，而進入法身淨土，是一班明心見性的禪宗祖師所發揮的，如維摩詰發揮的法身淨土，和六祖之「自性彌陀」便是一個最好的例子。念佛之意義，是要把一切力量集中於一聲佛號，成爲最大之否定力，一切相對和矛盾，遇之即被擊碎，一聲佛號，好像變成了一個大鎔爐，相對和矛盾，一進去便被鎔化，一切相對的妄想、自相、共相、善惡、生死等等，通通不能立足，整個相對宇宙，被消歸一聲佛號之中，便是達到相對的統一和相對的淨土。元朝中峯禪師形容此一聲佛號之否定力曾說：「一聲佛名，直下便無異見，原夫即佛之念，如太阿劍橫按當軒，即念之佛，如大火輪星騰燄熾，使萬物嬰之則燎，觸之則傷，厲精久立，念外無別佛，佛外無別念，身心一致，能所兩忘，其到家之說，不容有聲，捷徑之詞，何勞掛齒。」但是，最後達此一句佛號，亦被自己的力量所否定，能緣之心，忽然脫去，便達絕對的法身淨土，便是滿證了。這時，宇宙人生萬事萬物皆還原爲絕對，穢土即淨土，一切皆肯定了。

三論宗之外衣是：一、八不破邪論。二、真俗二諦論。三、無所得中道論。此宗最著重於否定方面，認為否定即是肯定，破邪即是顯正。因為龍樹之世，印度大小空有之爭甚烈，外道邪說亦已抬頭，龍樹為保衛釋迦絕對宗旨，故於絕對的立場上發揮中觀等論，以否定大小空有等相對之說，龍樹認為：「邪破未盡而還欲顯正者，則其所顯者邪也，非正也。倘邪破已盡，則不顯自顯。」謂之「破顯同時」。換句話說，就是否定相對還沒有終止，便想肯定絕對，則所肯定的皆是相對，不是絕對。西洋辯證法，就是沒有把相對的根源否定，否定還沒有終止，便欲肯定絕對，所以沒有超越相對的範圍。八不中道就是把一切相對歸納為八種範疇而加以否定，以暴露它不是絕對。八種就是生滅、斷常、一異、去來，是四個對立者，這是當時印度哲學家所爭論的重心，故特地以之為相對的代表和否定的對象。相對的東西，不是最後的真理，不是真實的存在，故斥為「邪」、「執」、「偏」，名為「八不」。「八不」已破，則絕對的「中道」便顯露出來，所以叫做「破邪顯正」，其實就是「否定相對，進入絕對」。「真俗二諦論」是為表明絕對的立場而發揮的，絕對體中，言亡慮絕，無所謂真與俗，如果拿「真」來和「俗」對立，那末，真和俗便是相對，而不是絕對的了。釋迦所以說真俗二諦者，不過是欲使衆生明白相對和絕對的道理，一旦進入絕對真實國土，真俗同樣的被「揚棄」了。所以三論宗對於他宗所發揮之二諦，俱認爲是相對的，而以自己所發揮的才是絕對的，所以有「四重二諦」之別，就是：一、有爲世諦，空爲真諦。二、空有爲世諦，非空非有爲真諦。三、二不二爲世諦，非二非不二爲真諦。四、二不二、非二非不二爲世諦；言亡慮絕，絕四句，斷百非爲真諦。三論宗認爲前三重是相對的，他宗外道所發揮的，最後「言亡慮絕，絕四句，斷百非」才是三論宗所發揮的絕對真諦。「無所得中道論」亦是表明絕對立場的，意思就是否定相對未盡，欲肯定絕對者，就是有所得，有所得則不能超越相對範圍。如果否定已盡，已入絕對，則絕對中道本來圓滿現成，無有可得。就是說，絕對真如，本來存在，非因破邪之故而得。三論宗是著重於否定相對，劃清相對和絕對的界限，把你引到絕對的門口，進得去進不去，那是被引導者自己的事了。

天台宗亦是以龍樹思想爲根源，在陳隋之間，通過了慧文、慧思而完成於智者大師之手。因爲自姚秦鳩摩羅什法師大量的介紹印度空論的經論到中國，佛籍日見豐富充實，但還是十分紊亂，没有什麼正確的系統。智者大師以蓋世奇才，適逢其會，把所有的佛經，大大的整理一番，根據慧文、慧思「一心三觀」的原理，再運用無比的綜合手腕，創立了這新的佛法體系，在當時實在是空前的創舉，而且在系統上是相當整飭的。可是，天台宗的原理，建立在相對的中道上，沒有進到絕對的本體上，所以是不徹底的。天台宗之所以成爲不徹底的方法，乃受當時導源於僧肇輩的理論所影響。在魏晉之際，一班棄老歸佛的大師們，用老子的「無」來解釋佛家的「空」，產生了一種不徹底的協調理論，老子的「無」乃是有生有滅的相對本體(即無始無明)，因此把佛家絕對本體的第一義「空諦」，看成同於相對的了。天台繼承了這原理，遂有不徹底之結果，所以修天台的人，沒有一位可以進入絕對的。

起初是慧文禪師讀《大智度論》云：「三智一心中得。」及《中論》之〈四諦品〉文：「因緣所生法，我說即是空，亦名爲假名，亦是中道義。」遂立一心三觀的方法。其實中道之語，乃是悟後的話，是站在絕對立場上說的，也就是明心見性進入絕對之後，空、假、中皆還原爲絕對中道體用的意思，但沒有明心見性、沒有超越相對的人，如果用這相對的心去觀中道，中道便成相對的了。任你把假看成空，把空看成假，又將空假看成非空非假之中道，看來看去，不過是自己的腦筋作用，與絕對佛性無干。這是把相對和絕對混作一團的觀法，一定沒有結果的，就是「否定相對未盡，便欲肯定絕對，則所肯定的，不是絕對，而是相對」的原則。如《圓覺經》所說：「未出輪迴，而辨圓覺，彼圓覺性，即同流轉。」沒有達到絕對的人，欲在空、假、中去找絕對，所找到的不過是流轉的僞本體罷了。華嚴宗杜順和尚所立的法界四觀，亦是犯了這毛病。未加否定，便欲肯定，未越相對，便欲主觀的將相對與絕對强爲一體，結果把絕對弄成相對（西洋哲學中一班講絕對的，亦是犯這毛病），皆是不徹底的方法。「一心三觀」的道理，既然是把相對硬要和絕對混在一起，所以智者所發揮的「十界互具」，更爲明顯的錯誤，他想把絕對的佛拉來相對界中和畜生、餓鬼等混在一處，結成親家，真是成何體統！衆生雖皆可成佛，但成佛之後，卻不再變爲衆生。如果佛會變爲衆生，那是佛亦受輪迴，成佛有什麼用處呢？佛雖可入地獄去救衆生，但在他本身是不變不動的。

這是受老子無能生有，有復歸無的循環系統所影響，把佛法弄成生滅輪轉的方法了。有這樣不徹底的基礎，所以產生了不徹底的修行方法，諸如「破一分無明，證一分法身」這句話，便證明天台宗方法的錯誤，而進納於儒家的格物致知的方法。這裡所說的「破一分無明」大概是指一念無明，而不是指無始無明。一念無明是變幻莫定的，譬如起一個惡念頭時，馬上就另起一個善的念頭去破它，把惡的改爲善的，這便算是破無明證法身了。但惡念頭和善念頭一樣是念頭，一樣可以鬧出來，一天到晚時時看住它，改來改去，有什麼結局呢？這和儒家的「格物致知」的求智方法一樣，格一物，便致一知；宇宙之學問，知智無窮盡，那末，我們的格物工作，亦就無了期，只好格到老、格到死，而知還沒有完全「致」！孔子到老年還想學《易》以求無過，莊子所謂：「吾生也有涯，而知也無涯，以有涯隨無涯，殆矣！」便是對準這格物的辦法所放的一槍。如果是破無明的話，則只能一次過的破，不能一分一分緩緩的破，譬如人只有一個頭，斬掉了就沒有，不能再斬；法身亦是整個的，並不如屠店裡的豬肉，可以一兩一兩切來賣。可見「破一分無明，證一分法身」這句話是講不通的。傳到後來，一班修「三觀」的人，因爲在那相對的圈子中走來走去，走不出結果，於是就陷於不徹底的錯誤，只好採取放任的態度，認爲「不要著有，便是中道」。就是說：任它念起亦好、滅亦好，不要去管它，就是天下太平。這種消極放任的態度，就是《圓覺經》中所說「任病」，現在竟變爲成佛的法門！一個人什麼都不管，不要說成佛，就是做人亦不過只能做個無用之人。有的又把中道看做是「前念已滅，後念未起，中間是」，把絕對嵌進前念、後念的中間去了，這和儒家「喜怒哀樂未發謂之中」有什麼分別呢?其實這亦不過是一念無明的靜的狀態罷了。

自從僧肇之後，這不徹底的思想，經過天台、華嚴之發揮，一直流行著，產生了「三教同源」的謬論以及「引儒歸佛、引佛歸儒」的合流運動。最著名的例如唐之圭峯宗密、宋之明教契嵩、永明延壽以及明之憨山大師等人，皆是鑽牛角尖的超等角色，著述等身，可是沒有一句是明心見性的話。這潮流在唐朝時，有禪宗祖師出來挽回頹勢，用樸實的方法，重整佛法的堅決態度，表明絕對的立場。到宋朝時，理學家卻繼承那佛家的不徹底的思想，角巾、儒眼，岸然道貌的站在反對的立場上，原來的佛家妥協主義，現在卻衰形爲儒家的妥協主義了。最滑稽的是表面上卻裝著一種不妥協的態度，這是中國思想界的重要問題，我要另外寫出來檢討。

話雖如此說，但我們對於智者大師之蓋世才華，天生的明晰，有條理的腦筋，以及他對於整理佛學的貢獻，仍有無上的欽敬!我們可尊他爲「時之聖」，然而我們不願「上當」。

律宗之成立，且被視爲大乘教，是頗爲特殊的。戒律本爲一切佛徒所共遵守，無論大小乘各宗都以持戒爲修道的基石，所以在印度並未單獨立宗。但是戒、定、慧三學是相輔而行的，定、慧方面，在中國既然紛紛立宗，那麼戒律方面，自然亦有此企圖。唐朝智首、道宣二律師，認爲戒律乃成佛之因，欲提高它的地位，所以創立「律宗」；四分律雖然屬於小乘，但依道宣的意見，其義是通於大乘的。律宗的用意，亦是要使修行者由相對進入絕對，「三聚淨戒」是相對的，是修一切善，以否定一切惡；但「金剛光明寶戒」卻是絕對的，由三聚淨戒以達金剛光明寶戒的本體，就是由有相戒入於無相戒。嚴格的說，在相對界中，才需要戒律，一入絕對，便無所謂持戒了。譬如戰時需要堡壘和武器，戰爭已經永久消滅，則堡壘和武器便變爲多餘的累贅，要被取消了。當世界已經大同，天下已經太平的時候，你還老是躲在堡壘裡面，滿身掛著手榴彈，不是發瘋了嗎？所以一進絕對國土，那裡是從心所欲，是絕對的本體，絕對的平等自由，戒律便無法存在了。昔有人問南泉普願禪師說：「什麼是戒、定、慧？」師答曰：「貧道這裡無此閒家具！」便是這個意思。戒、定、慧是相對界中的工具，絕對界中是用不著的。金剛光明寶戒只是絕對本體的別名，所以只有戒體，而無戒相。

古今中外沒有那一個國家的法制和禮節是一成不變的，譬如衣服，穿破了就非補綴不可，穿爛了要另外做一套新的，總歸是要套在人的身上，一面要適合身材、身分，一面還要適合氣候，便利動作。一套理想的衣服，不但可以保障健康，同時亦可以增加莊嚴；反之，如果裁得不合適，會有束縛的苦惱，或者變成一個滑稽醜陋的怪物。

戒律既然只能存在於相對中，那末，它和方便法門一樣，要隨時代而發展。幾千年前的戒律，是爲適合當時環境而定，現在社會環境已大大不同，不能完全適合，當然有修正補充之必要。戒律如果不能適應環境，便等於無用的廢物。國家的法律亦是這樣，如果不能保障人民利益，或反爲有礙於人民，那便要加以廢除或修改。所以每一朝代有每一朝代的法律，每一時期有每一時期的法律。

佛教的戒律，一直到現在，仍是幾千年前的老規矩，有許多已經變成具文，或無法遵守的了。所以我們主張必須加以修正或補充，把繁瑣變爲簡單，迂腐變爲健全，然後戒律失掉的力量才可以復原，僧伽所失掉的尊嚴才可以挽回。

論中西各家學說

本來無佛無衆生
世界未曾見一人
究竟瞭解是這個
自性還是自己生

儒家體系

孔子

孔子的思想體系的核心，是一個「仁」字，仁的內涵究竟怎樣呢？雖然沒有一個明確的界說，但我們在《論語》裡看到對「仁」的解說是：「樊遲問仁，子曰：『愛人。』」「夫仁者，己欲立而立人，己欲達而達人。」「子張問仁於孔子，子曰：『恭、寬、信、敏、惠。』」「顏淵問仁，子曰：『克己復禮爲仁。』」「剛毅木訥近於仁」、「巧言令色鮮矣仁」、「志士仁人無求生以害仁，有殺身以成仁」、「仁者先難而後獲」，從這些辭句裡可以看出「仁」是除掉一切自私自利的念頭，而養成捨己爲人的精神，也就是說「仁」的含義是克己爲人的一種利他行爲，就是「親親而仁民」的意思；要養成此種仁道，就是把壞的念頭改爲好的念頭，否定了壞的而肯定了好的，所以「仁」就是一念無明的好的方面，要培植在自己心裡，然後發而爲仁的行爲，以感化他人。所以說：「爲仁由己，而由人乎哉？」「仁遠乎哉？我欲仁，斯仁至矣。」孔子之意，「無終食之間違仁，造次必於是，顛沛必於是」、「仁者不憂」、「仁者必勇」、「當仁不讓於師」。孔子之「仁」其實就是一念無明的善的方面，所以可以有許多樣的解釋，並且不是一成不變。是要用力在念頭上去求的，所以說：「苟志於仁矣，無惡也。」「爲仁由己，而由人乎哉？」「仁遠乎哉？我欲仁，斯仁至矣。」「伯夷、叔齊求仁得仁。」

這明明是繫乎自己的一念，就是一念仁，仁便至；一念不仁，仁不至，所以仁就是一念無明的化身。愛人的愛，和恭、寬、信、敏、惠，克己復禮，剛毅木訥等都是由這一念發出來的行爲。反之，巧言令色、貪生怕死，便是不仁的念頭所造成的行爲，要加以否定。由仁的念頭發揮盡致，便可成爲「君子」、「聖人」。所以「聖人君子」就是「善化」了的一念無明的化身，所以孔子的思想，沒有超過一念無明的範圍以外。

但是，我們所知道，一念無明是變幻莫定的，仁和不仁的念頭，一樣隨時可以闖出來。所以如果想做「聖人君子」，只好一天到晚看守著它，把不仁的念頭擱住，讓仁的念頭出來，這是多麼吃力而繁重的工作，並不是每個人都可以做得到！孔子要求「無終食之間違仁，造次必於是，顛沛必於是。」他老人家一直到七十歲的時候，才放鬆一口氣說：「從心所欲不踰矩！」意思就是「我已把一念無明這隻野獸養了七十年，現在已不會再出亂子，完全馴伏了。」這便是「聖人」兩個字的代價，在他的弟子中，只有顏淵是「其心三月不違仁」，已經是了不起的了！其他的人，只是偶爾仁一下而已。以子張那樣的學問，尚且無法做到，所以曾子批評他說：「堂堂乎！張也，難與並為仁矣。」子游也批評他說：「吾友張也，為難能也，然而未仁。」至於普通的人更不消說了。

照佛家看，凡出自一念無明的，皆是因緣，因緣是相對的、變幻的、不實的、要加以否定的，所以「仁」亦是相對的。在你以為是「仁」，在他人未必就以為是「仁」，在由「仁」的立場發揮出來的恭、寬、信、敏、惠等等行為，它的因緣關係的結果，未必一定是好的。「仁」本身既是相對的，所以不是最後的真理，再傳之後，便變成「婦人之仁」了。

孔子曾說：「吾道一以貫之。」但他自己不曾說出這所謂「一」究竟是什麼，曾子解釋為「忠恕」，這是不是孔子的原意，無從判定，但照比較可信的孔子的一些言論看來，這所謂「一」，應該就是仁了。忠恕和恭、寬、信、敏、惠一樣是仁的行為，一樣是一念無明的化身，所以我們可以說這「一」就是「一念無明」。

由內及外，由己及人的人道主義，是孔子的一貫之道。他論到君子時，是「修己以敬」、「修己以安人」、「修己以安百姓」。

郭沫若說：「孔子的基本立場既是順應著當時的社會變革的潮流，因而他的思想和言論也可以獲得清算的標準。大體上他是站在代表人民利益方面的，他很想積極的利用文化的力量來增進人民的幸福，對於過去的文化部份地整理接受之外，也部份地批判改造，企圖建立一個新的體系來以爲新來的封建社會的韌帶。」又說：「孔子大體上是一位注重實際的主張人文主義的人，他不大馳騁幻想，凡事想腳踏實地去做。」

又說：「他爲人爲學倒很能實事求是，主張『知之爲知之，不知爲不知』，主張『多聞闕疑，多見闕殆。』——可疑的、靠不住的不肯亂說；主張『多聞，擇其善者而從之，多見而識之，知之次第一也』，可見他是很能夠注重客觀觀察的。『吾嘗終日不食，終夜不寢，以思。無益，不如學也。』這個經驗之談很有價值，可見他是反對冥想那種唯心的思惟方法的，但他也並不泯卻主觀，一味的成爲機械『學而不思則罔，思而不學則殆』，必須主觀與客觀交互印證，以織出一條爲人爲己的道理，然後他才滿足。」（以上見〈孔墨的批判〉）

照郭氏所述看來，孔子是一位不大馳騁幻想的實事求是的人，他的思想系統，是以「做人」爲主，所以他不大談到本體問題，和形而上的問題，連人死後怎麼樣，他都不管，因爲那是不可知的事，所以說：「未知生，焉知死？」他雖然談及「天命」，但卻把它當做自然的法則，亦不加深究，因爲那是人力所不及的，人事已盡，便只好「聽天由命」了。所以孔子的哲學，是人的哲學，他的思想體系是做人的道理的體系，在「人」的範圍之內的道理。

子產說：「天道遠，人道邇，不相及也。」

孔子說：「天何言哉！四時行焉，百物生焉，天何言哉！」

子路問事鬼神，子曰：「未能事人，焉能事鬼？」問死，子曰：「未知生，焉知死？」

可見儒家的系統，是以修身爲起點，修身的方法是在「正心誠意」，這裡所謂「心」和「意」，便是一念無明。換句話說，就是要使一念無明返於純一，要純一必先知「止」，「知止而後有定，定而後能靜，靜而後能安，安而後能慮，慮而後能得」，就是說一念無明歸於純一則虛靜寧明，由定而安而慮，則靜在其中，靜得其和，然後可以齊家治國平天下。

孟子說：「必有事焉，而勿正，心勿忘，勿助長也。」這是孟子在養心的立場上說告子不知義，於是引宋人助苗長的話來譏諷告子。

孔子所提倡的「仁」，不過是當作行爲的基礎來看待，沒有超出人的範圍，亦不當做人的本體。一到子思、孟軻的手裡，便化身爲「誠」而被尊崇，而且具有一種含混的本體的意味，把它擴充到天上去，大概是一念無明在人間已經厭倦了，所以一念無明想到天上去玩……而且有包羅萬象的野心了。

誠是信，又是中道，中道便是「仁」。

中庸，誠者，從容中道。子思、孟軻都强調「中道」，差不多把誠當成了萬物的本體。

思孟派以「誠」字爲「性」的代表，「誠」便是「一念無明」的純一狀態。孟子說：「萬物皆備於我矣，反身而誠，樂莫大焉。」就是一念無明能通過萬物萬事而復返歸於我身而統一，這樣就是「萬物皆備於我」。一念無明歸於純一時，得到靜謐自得的快樂，所以「樂莫大焉」。養心莫善於寡欲，使紛紜萬象，入於我心，而靜穆不相煩擾，這便是儒家的修養功夫。孔子不僅想老老實實做個人，也是想和天合一，所以說：「誠者，天之道。思誠者，人之道。至誠而不動者，未之有也，不誠未有能動者也。」這是把出自人的誠推到天上，又擴大到萬物上去。其在《中庸》則曰：「誠者，天之道也。誠之者，人之道也。誠者，不勉而中，不思而得，從容中道，聖人也。」使一念無明歸於統一，不爲物授，則能造物而無遺，這時，便能轉物歸我，而不易爲物所轉，故毫不費力。不勉而中，不思而得，從容中道，從心所欲，無不得其所，這便是儒家修養功夫到了家，便叫做「聖人」。所以「誠」是達到「天人合一」的唯一路徑，是人性之本體，亦是宇宙萬物之本體。所以又說：「君子所性，仁義禮智根於心。」就是說，仁義禮智皆以誠爲根源，誠就是心，是人心亦是天心，所以《禮運》說：「人而天地之心也。」宋朝的周濂溪把「誠」看成了與「太極」爲同一的範疇，所以說：「大哉乾元，萬物資始，誠之源也。……元亨，誠之通也。利貞，誠之復也。大哉易也！性命之源乎。」（《通書·誠上·第一》）又說：「寂然不動者，誠也。」（《通書·聖·第四》），可見誠是一念無明的純一靜謐狀態。然一念無明又會活動起來的，可以周偏萬物的，所以是「元亨，誠之通也」，亦就是「感而遂通天下之故」了。由動而復歸於靜，就是「誠之復」了。這不是一念無明的起復作用嗎?所以孔子學說的最究極本體是五倫八德，是在佛法中一念無明之動的範圍裡面。

《大學》在我看來實是孟學，它是以性善說爲出發點。「正心誠意」都原於性善，如性不善，則心意本質不善，何以素心反爲「正」？不自欺反爲「誠」？它又說：「好人之所惡，惡人之所好，是拂人之性，菑必逮乎身。」如性爲不善，則「拂人之性」正是好事，何以反有災害？性善、性惡，本來都是臆說，但孟派當能自圓其說；荀派則常常自相矛盾，如說言性惡矣，而復主張心之「虛一而靜」，如何可以圓通？「虛一而靜」之說採自《管子》〈心術〉、〈內業〉諸篇，這些都是宋榮子的遺著（余別有說），荀子只是在玩接木術而已。（郭沫若〈儒家人批判〉）

周易

《周易》只講太極，未講無極。

乾　文言：九二，曰：見龍在田，利見大人，何謂也？子曰：龍德而正中者也。　上九，大哉乾乎，剛健中正，純粹精也。　九三重剛而不中。

坤　文言：君子黃中通理，正位居體，美在其中，而暢於四支，發於事業，美之至也。

需　彖曰：有孚、光亨、貞吉，位乎天位，以正中也。

訟　九五象曰：訟，元吉，以中正也。

師　貞，丈人吉，无咎。六五象曰：長子帥師，以中行也。

比　九五象曰：顯比之吉，位正中也……邑人不誡，上使中也。

小畜　象曰：健而巽，剛中而志行，乃亨。　九二象曰：牽復在中，亦不自失也。

履　象曰：剛中正，履帝位而不疚，光明也。　九二，履道坦坦，幽人貞吉。象曰：幽人貞吉，中不自亂也。

泰　小往大來，吉亨。象曰：泰，小往大來，吉亨。則是天地交而萬物通也，上下交而其志同也，內陽而外陰，內健而外順，內君子而外小人，君子道長，小人道消也。　九二象曰：包荒，得尚於中行，以光大也。　九三，無平不陂，無往不復，艱貞無咎，勿恤其孚，于食有福。象曰：无往不復，天地際也。（與老子前後相隨等義同）

同人　象曰：同人，柔得位，得中而應乎乾，曰同人。……文明以健，中正而應，君子正也。唯君子為能通天下之志。　九五象曰：同人之先，以中直也。

大有　象曰：大中而上下應之，曰大有。

所謂「象」、所謂「象」都含有南方動物表象的意義，在孔門一家的著作裡，幾乎没有使用過。要之《易》的思想在其陰陽的原理上，在其把現象觀念化而思考的方法上，和孔門一家的思想是截然異其性質的。

謙　象曰：謙，亨，天道下濟而光明，地道卑而上行。天道虧盈而益謙，地道變盈而流謙，鬼神害盈而福謙（孔子不言鬼神），人道惡盈而好謙。謙尊而光，卑而不可踰，君子之終也。　六二象曰：鳴謙貞吉，中心得也。

豫　六二象曰：不終日，貞吉，以中正也。

隨　九五象曰：孚於嘉，吉，位正中也。

蠱　象曰：終則有始，天行也。　九二象曰：幹母之蠱，得中道也。

臨　六五，象曰：大君之宜，行中之謂也。

觀　象曰：大觀在上，順而巽，中正以觀天下。觀，盥而不薦，有孚顒若，下觀而化也。觀天之神道，而四時不忒，聖人以神道設教，而天下服矣。（與孔子思想不同，此上中下三觀與天台空假中之觀相近）象曰：風行地上，觀。先王以省方，觀民設教。 六三象曰：觀我生進退，未失道也。 六四，觀國之光。 九五，觀我生，君子無咎。象曰：觀我生，觀民也。 上九，觀其生，君子无咎。象曰：觀其生，志未平也。

賁 象曰：觀乎天文，以察時變；觀乎人文，以化成天下。

剝 象曰：剝，剝也，柔變剛也。（老子以天下之至柔馳騁天下之至剛）

復 象曰：反復其道，七日來復，天行也。……復其見天地之心乎。 六四象曰：中行獨復，以從道也。 六五象曰：敦復无悔，中以自考也。

无妄 象曰：動而健，剛中而應，大亨以正，天之命也。其匪正有眚，不利有攸往，无妄之往，何之矣。天命不祐，行矣哉。

離 象曰：柔麗乎中正，故亨。 六二象曰：黃離元吉，得中道也。

咸 象曰：咸，感也。柔上而剛下，二氣感應以相與，止而說，男下女。

是以亨貞利，取女吉也。天地感而萬物化生，聖人感人心而天下和平。觀其所感，而天地萬物之情可見矣。

恆　彖曰：……剛柔皆應，恆。……天地之道，恆久而不已也。利有攸往，終則有始也。日月得天而能久照，四時變化而能久成，聖人久於其道而天下化成。觀其所恆，而天地萬物之情可見矣。（在對立中求其恆久也，辯證法）

大壯　九二象曰：九二貞吉，以中也。

晉　六二象曰：受茲介福，以中正也。

解　九二象曰：九二貞吉，得中道也。

損　彖曰：損下益上，其道上行。……損益盈虛，與時偕行。

益　彖曰：損上益下，民說无疆，自上下下，其道大光。

〈繫辭上傳〉：

天尊地卑，乾坤定矣。卑高以陳，貴賤位矣，動靜有常，剛柔斷矣。方以類聚，物以羣分，吉凶生矣。在天成象，在地成形，變化見矣（由相對而有吉凶變化）。是故剛柔相摩，八卦相盪，……乾道成男，坤道成女，乾知大始，坤作成物（老子：「有名天地之始，無名萬物之母」）。乾以易知，坤以簡能，易則易知，簡則易從。易知則有親，易從則有功。……易簡而天下之理得，而成位乎其中矣。（中道出此）（易之義）

聖人設卦觀象，繫辭焉而明吉凶，剛柔相推而生變化，是故吉凶者，失得之象也；悔吝者，憂虞之象也；變化者，進退之象也。六爻之動，三極之道也。

彖者，言乎象者也；爻者，言乎變者也。

易與天地準，故能彌綸天地之道。仰以觀於天文，俯以察於地理，是故知幽明之故；原始返終，故知生死之說；精氣為物，遊魂為變，是故知鬼神之情狀（「精氣為物，遊魂為變」是描寫一念無明的話）。……範圍天地之化而不過，曲成萬物而不遺，通乎晝夜之道而知之，故神無方而易无體。

一陰一陽之謂道。繼之者善也，成之者性也。仁者見之，謂之仁，智者見之，謂之智。百姓日用而不知，故君子之道鮮矣。顯諸仁，藏諸用，鼓萬物而不與聖人同憂，盛德大業至矣哉……生生之謂易（陰陽相生，生之不已）……陰陽不測之謂神。

夫易廣矣、大矣，以言乎遠則不禦，以言乎邇則靜而正，以言乎天地之間則備矣。

天地設位而易行乎其中矣。成性存存，道義之門。

子曰：知變化之道者，其知神之所為乎。

易，无思也，无為也，寂然不動，感而遂通天下之故。非天下之至神，其孰能與於此。

是故闔戶謂之坤，闢戶謂之乾，一闔一闢謂之變，往來不窮謂之通，見乃謂之象，形乃謂之器，制而用之謂之法，利用出入，民成用之謂之神。是故易有太極，是生兩儀，兩儀生四象，四象生八卦，八卦定吉凶，吉凶生大業。……探賾索隱，鉤深致遠……

乾坤其易之蘊耶，乾坤成列而易立乎其中矣。乾坤毀則无以見易，易不可見，則乾坤或幾乎息矣（一念無明停止則天地毀了）。是故形而上者謂之道，形而下者謂之器，化而裁之謂之變，推而行之謂之通，舉而措之天下之民謂之事業。……化而裁之存乎變，推而行之存乎通，神而明之存乎其人。

（還是歸到人上來）

〈繫辭下傳〉：

吉凶悔吝者生乎動者也……天地之道，貞觀者也。……天下之動，貞夫一者也。（止觀）……夫乾，確然示人易矣。夫坤，隤然示人簡矣（是把天下紛紜變化之萬物萬事，歸於陰陽相對原理，使之易簡可見）。爻也者，效此者也。象也者，像此者也。……天地之大德曰生。（有生故有滅）

易之為書也不可遠，為通也屢遷，變動不居，周流六虛，上下无常，剛柔相易，不可為典要，唯變所適。

易之為書也，廣大悉備，有天道焉、有人道焉、有地道焉，兼三才而兩之，故六，六者，非它也，三才之道也。

是故愛惡相攻而吉凶生，遠近相取而悔吝生，情僞相盛而利害生。

昔者聖人之作《易》也，將以順性命之理，是以「立天之道，曰陰與陽；立地之道，曰柔與剛；立人之道，曰仁與義。」兼三才而兩之，故《易》六畫而成卦，分陰分陽，造用柔剛，故名六位而成章。《易》以三爻之中間一爻爲主位，爲中道。

「中」之義爲《易》所攝取，作《易》者的基本認識，是以爲宇宙萬物均在變化之中，變化是宇宙過程，而變化之所由生則因有陰陽剛柔相反二性之對立，由於無數對立物之相推相盪而變化，因以無窮際，這是對於自然界的看法。但說到人事界來，便要參加一層斟酌的意義，人乘此變化，當處於中正地位，使對立無過、無不及，使人事界的變化，不致於走到極端，因而變化便可以靜定下來，地位便可以長久安定（永貞恆久）下去，這樣便有百利而無一害。

這分明是一種直線式的折衷主義，處己貴不剛不柔，稱物是裒多益寡，那樣便每每使變化靜定，即使有變化也不能發展爲進化，所謂「易之道，逆數也」，傳《易》者就明白它是反乎自然的，雖然乾卦的〈象〉傳說：「天行健，君子以自強不息。」但那只是作象者的意見，而不是經的本意，要那樣不息下去，經便警告：「亢龍有悔」！

先秦儒家中，荀子是唯一談到《易》的人，在〈相非〉與〈大略〉各引「《易》曰」一句。

《孟子》：「子莫執中。」（疑高瞿子木之說）

孟子是反對這種「執中」形式的，他說：「執中無權，猶執一也。」執一便是彊定，「舉一而廢百」，孟子反對「無權」，則必然主張有權。

這大約就是兩派雖同樣主張「執中」，而又互相非難的緣故。

《荀子．非十二子》：「聖人之不得勢者，仲尼、子弓是也。上則法舜禹之制，下則法仲尼、子弓之義。」（非大儒莫之能立仲尼、子弓是也）

照年代來說，子弓和子思同時，他能知道五行說的梗概，是毫無問題的。這兩派在儒家思想上要算是一種展開，就在中國的思想史上也算是最初呈現從分析著想的傾向。他們同認宇宙是變化過程，在說明這種過程上，子思提出了五行相生，子弓提出了陰陽對立，這兩種學說後來被鄒衍合併，而又加以發展，便成爲所謂陰陽家。接著，更加上迷信的成份，於是便成爲兩千多年的封建社會的妖魔窟，這是子思和子弓所初料不及的。

「孔子不曾見過《易》，連高瞿也不見得見過。我認爲《易》是子弓創作的，詳見拙作〈周易之制作時代〉一文。」（郭沫若〈儒家八派批判〉）

郭氏認爲《易》是子弓創作，我以爲《易》非一人之創作，必經多人之修改補充而成，其中有道家墨家之思想，不僅儒家而已。其初必是極簡易之占卜用物，流傳於民間或統治者之手，後乃由各派學者加以充實。故經文較古樸，彖文、象文已較繁藻，至繫傳則美而有法，已非上古之文矣。

《易》之思想，欲從相對中求其統一，變化中求其不變，是封建統治者欲鞏固其地位之思想，故有君君、臣臣、父父等範疇，以爲天地間不易之理。老子則是從相對而再否定相對，故否定聖賢……等，是封建之反動，故《老子》一書，或較《易》後出，吸收其相對之則，再加以系統化，成爲道生一，一生二……之完整本體說。所以周易最究極之本體是太極，是佛法中一念無明之靜緣境界。

道家系統

老子

老聃仍然有其人，他是形而上的本體觀的倡導者，孔子曾經向他請教過，楊朱是他的弟子。老聃、楊朱都没有著書，孔子、墨子亦然，但皆以其學傳後學，後學才發揮爲著述。

據我看，《老子》其書是一個問題，老子其人又是一個問題，這兩者在漢時和現代似乎都被含混了。《道德經》脫出是不成問題的，我認爲就是環淵所著的《上下篇》。至於老聃本人，在秦以前没有發生過問題，無論《莊子》、《呂氏春秋》、《韓非子》以至儒家本身，都承認老聃確有其人，而且曾爲孔子的先生，我看這個人的存在是無法否認的。

《周易》發現相對論，老子繼承相對而否定之，一方面又利用之。

善之與惡，相去若何。（二十章）

貴以賤為本，高以下為基。（三十九章）

天下萬物生於有，有生於無。（四十章）

明道若昧，進道若退。（四十一章）

故物，或損之而益，或益之而損。（四十二章）

天下之至柔，馳騁天下之至堅，無有入無間，吾是以知無為之有益。不言之教，無為之益，天下希及之。（四十三章）

甚愛必大費，多藏必厚亡。（四十四章）

大成若缺，其用不弊；大盈若沖，其用不窮。（四十五章）

其出彌遠，其知彌少。（四十七章）

老子看出一切皆相對，相對沒有標準，不能算真實，所以否定國家、道德、仁義、音、聲、味、聖賢、智慧大小、時間、空間等等。但他所得的是一個「無」字，誤認這「無」就是根源，又承認「其中有精」、「其中有物」，於是「無」中生「有」。很明顯的，無和有便是相對的根源，但他卻容許而沒有否定它，所以他只否定「末」，而沒有否定「本」。所以以前的否定，皆沒有結果，功夫白費，大概是顧慮到達「無」被否定的時候，世界便無法存在，那是不可能的，所以又把一切歸到「自然」兩字，而說：「人法地，地法天，天法道，道法自然。」（二十五章）於是一切只好聽其「自然」，採取放任態度，這便是「曠達」的人生觀的由來。

既知善惡同源，同是一念無明，所以說：「聖人無常心，以百姓心爲心。」（四十九章）「善者，吾善之；不善者，吾亦善之，德善。信者，吾信之；不信者，吾亦信之，德信。」（四十九章）德就是一念無始無明的本體，都是一樣善惡混而爲一的，所以主張「和光同塵」。

「常無，欲以觀其妙；常有，欲以觀其徼。」（一章）「其妙」就是指一念無明變化之妙，「其徼」，就是指無始窠臼。一有一無，老子的觀念論便從此處產生出來。

老子之「玄」，就是指無明，「玄之又玄」，是指一念無明和無始無明的關係，所以說：「衆妙之門。」宇宙萬物皆由此而生而滅。

「谷神不死，是謂玄牝，玄牝之門，是謂天地根，綿綿若存，用之不勤。」（六章）「谷神不死」是性靈精神之所以運動不衰，便是一念無明（玄牝）的作用了。

「玄牝之門」指「無始無明」，乃大地之根，一念無明產生時，便是開天闢地了。「綿綿若存」就是念念相續，「用之不勤」，就是《易．繫辭》所謂「智者見之謂之智，仁者見之謂之仁，百姓日用而不知」的意思。我人利用一念無明之發展，而創造了意志、理智、仁愛……等名稱，又用之來分別善惡、大小、美醜……等事件，又利用它來創造哲學、科學、藝術、宗教等學問，其實皆是一念無明的變化身，而人不知也。正如孟子所說：「行之而不著焉，習矣而不察焉，終身由之而不知其道者，衆也。」

老子之「道」，是指無始無明；「道生一」是指由無始無明生出一念無明；「一生二」是指由一念無明，本身產生了對立；「二生三」是指對立又統一；「三生萬物」、「萬物負陰而抱陽」（四十二章），復歸於無極，是指一切萬物皆在對立統一之過程中，最後又復歸無始無明的本體，而得統一。先天的道雖然無形相，卻能生出「有」來，當然有「有」之種子存乎其中，故曰：「惚兮恍兮，其中有象；恍兮惚兮，其中有物；窈兮冥兮，其中有精。」（二十一章）但無始無明又會再生出了一念無明來，於是由無生有，由有歸無，循環反覆，便是輪迴生滅。老子把陰陽當做最原始的相對者，萬物本身皆具陰陽的本質，所以皆是對立的、矛盾的，其實無始無明與一念無明，便是最初的一對。

老子的思想體系，他是先發明相對，又察出相對之矛盾衝突，於是求其歸於純一，入於無始無明。無始無明又生一念無明，乃循環不已之圈子，在此圈子中，一切相對現象，是越發展越混亂，所以不主張發展，而至「為道日損，損之又損，以至於無為」（四十八章）、「知足不辱，知止不殆，可以長久」（四十四章）、「甚愛必大費，多藏必厚亡」（四十四章）。在此原則之下，當然要求小國，而不求大國；要求寡民，而不求多民。在個人方面，要求純樸而不要求智慧；要求寡欲而不要求縱欲。這樣一念無明，才可以返到原始的無明境界，所以主張「見素抱樸，少私寡欲」（十九章）、「常使民無知無欲」（三章）。他的社會觀是「小國寡民，使有什伯之器而不用，使民重死而不遠徙。雖有舟輿，無所乘之；雖有甲兵，無所陳之；使人復結繩而用之。甘其食，美其服，安其居，樂其俗。鄰國相望，雞犬之聲相聞，民至老死，不相往來。」（八十章）因為智慧是相對的、可畏的，所以說：「以智治國，國之賊；不以智治國，國之福。」（六十五章）又說：「絕聖棄智，民利百倍；絕仁棄義，民復孝慈；絕巧棄利，盜賊無有。」（十九章）

但在這原則下面，接著便是物極則反的另一原則，所以損變為益，無為變成無所不爲。當然小之極，便是大之開始了。

《老子》：「有物混成，先天地生。寂兮寥兮，獨立而不改，周行而不殆，可以爲天下母，吾不知其名，字之曰道，强爲之名曰大，大曰逝，逝曰遠，遠曰反，故道大、天大、地大、王亦大。域中有四大，而王居其一焉。」（二十五章）這是說無始無明自無始以來便先存在，寂寥落寞，而獨立不變，但它能生一念無明（太一），故又能周行而不殆，這就是以「無」爲體，以「有」爲用，合起來叫它做「道」，這還是包括宇宙萬有的，所以又叫它做大。它是往而復的、逝而反的，無生有、有又歸無，永不停止的。所以天是道，地亦是道，王是人之元首，亦是道，這是說天、地、人皆以這無始無明爲體，一念無明爲用，而整個宇宙乃完成。

由以上的體用引出來的治天下和修身的道理就是「道常無爲，而無不爲，侯王若能守之，萬物將自化。化而欲作，吾將鎮之以無名之樸。無名之樸，夫亦將無欲。不欲以靜，天下將自定。」（三十七章）就是說「無始無明」雖然是無爲，但能生出一念無明「周行不殆」，所以又是「無不爲」，如果侯王順此反覆之理而守之以一，則萬物自然而化了。可是，一念無明之周行是可畏的，因爲它能生出「欲」來，所以要將樸實虛靜的「無始無明」來鎮攝它，使它歸於純一，純一則無欲，無欲則虛靜，一切皆虛靜則天下自然安定了。

《韓非子．解老》說：「今道雖不可得聞見，聖人執其見功以處見其形，故曰：『無狀之狀，無物之象。』」又說：「聖人觀其玄虛，用其周行。」這是說無形之道是體，而太一（一念無明）之周行則是由體起用。〈解老〉又說：「書云：『所謂大道者，端道也。』」端道就是一切萬有之起源。

韓非〈喻老〉、〈解老〉是老聃遺說，〈喻老〉是韓非作，〈解老〉是關尹後學作。根據〈解老〉，我們可以知道，「道」這個觀念，確是老聃所倡導出來的東西。

夫物之一存一亡，乍死乍生，初盛而後衰者，不可謂「常」，唯夫與天地之剖判也俱生，至天地之消散也，不死不衰者謂之「常」，而「常」者無攸易，無定理，無定理非在於常所，是以不可「道」，聖人觀其玄虛，用其周行，强字之曰「道」，然而可論，故曰：「道可道，非常道。」

據此，不僅「道」出於老子得到旁證，「道可道，非常道」一語，見《道德經》第一章，而「强字之曰道」則隱括第二十五章，而爲說：「有物混成，先天地生，寂兮寥兮，獨立而不改，周行而不殆（怠），可以爲天下母，吾不知其名，字之曰道，强名之爲大。」

「獨立而不改」即「無攸易」，「周行而不殆」即「非在於常所」。「道」這個東西，被認爲唯一的，它自己本身恆久不變，然卻演化而爲天地萬物，天地萬物是有存亡、生死、盛衰、消長的，但即使天地萬物消散了，而「道」還是存在。如同戲演完了，而演員還是存在的那樣。這種觀念其實很幼稚，它只是把從前的人格神還原爲渾沌而已。要說春秋末年不能有這樣的思想，那是把這種思想看得太超越了。

總括的說一句，老子的體系，就是以「無始無明」爲體，以「一念無明」爲用，是一套輪迴生滅的道理，和佛的體系不同。一方面因相對之非而否定之欲使純一，一方面在相對原則採取以退爲進之術。

另外，三論宗解釋佛家與道家之別，可歸納爲：

一、道家以萬有的本體爲太虛，對於萬有的有爲，以太虛爲無爲的範疇。三論宗則反對區別萬有與本體的見解，而主張假名（現象）即實相。

二、道家雖否認主觀卻不否認客觀，故不免有所執著。三論宗則根本上同時否定了主觀與客觀，所以便全無執著。

老子的修養方法，是從他的宇宙人生體系發揮出來的。大凡無論那一種宗教或哲學，必先有一體系，然後引申出一種方法。老子既以「無始無明」爲體，「一念無明」爲用，以支配宇宙人生（天、地、王），無始無明是獨立不改、虛靜無爲的本體，而一念無明則是相對的，由相對而有矛盾衝突，發展起來，結果是天下大亂，所以是「唯施是畏」。

老子說：「行於大道，唯施是畏。」這是說一念無明發展開來是非常可畏的、矛盾的，所以要「抱一」、「得一」才好。所以說：「致虛極，守靜篤，萬物並作，吾以觀復。」（十六章）「致虛極」無始無明也，「守靜篤」無始無明，靜而不動；虛極靜篤，皆一念無明的淨染方面的狀態，萬物並作，一念無明也，「吾以觀復」一念無明返歸無始無明。要這樣做才能「得一」、「抱一」，那麼萬物雖變幻並作，吾可以看它又回到無始無明裡面去。又曰：「夫物芸芸，各復歸其根，歸根曰靜，是謂復命。復命曰常，知常曰明。不知常，妄作，凶。知常容，容乃公，公乃王，王乃天，天乃道，道乃久，沒身不殆。」（十六章）「夫物芸芸，各復歸其根」，以無始無明爲根。

《莊子．庚桑楚》引《老子》的衞生之經說：「能抱一乎？能勿失乎？能無卜筮而知吉凶乎？」

《老子》：「視之不見，名曰夷；聽之不聞，名曰希；搏之不得，名曰微。此三者不可致詰，故混而爲一。」（十四章）六根合一，爲一念無明之單純狀態，是斷六根而歸於一念，是由六根的表面追到它的根源，這便是太一。太一是有、是後天，而一是由道生出來（道生一）；道是先天、是無，故由後天講來是「昔之得一者，天得一以清，地得一以寧，神得一以靈，谷得一以盈，萬物得一以生，侯王得一以爲天下貞。」（三十九章）這是說如果把六根所招集之「五音令人耳聾……令人心發狂」（十二章）等斷除，歸於「太一」之靈明一念，則無所不鑑，無所不明，一切皆歸至美至善。

《莊子．庚桑楚》的衞生之經上說：「能止乎？能已乎？能舍諸人而求諸己乎？能翛然乎？能侗然乎？能兒子乎？兒子終日嘷而嗌不嗄，和之至也；終日握而手不掜，共其德也；終日視而目不瞚，偏不在外也。行不知所之，居不知所爲，與物委蛇，而同其波。」止乎、已乎、捨諸人而求諸己乎，皆是斷六根而返諸一念的證明，嬰兒受物欲之薰染較淺。其一念無明仍處純一狀態，故老子主張「能嬰兒乎」、「如嬰兒之未孩」。

老子又說：「含德之厚，比於赤子。」就是說赤子一念無明尚屬原始渾厚狀態。「載營魄抱一，能無離乎？專氣致柔，能嬰兒乎？」（十章），「營魄」就是一念無明，「無離乎」就是說能否能一念無明返乎太一純樸而不支離，一念無明既於太一，則心虛靜而氣柔順，如嬰兒一樣，那末，就是達到「聖人在天下歙歙，爲天下渾其心，聖人皆孩之」（四十九章）的境界了。反之，如果不以虛靜攝一念無明，則結果是「散於萬物而不知返」，便是「唯施是畏」了。

由是遂求以虛靜無名之樸來鎮攝，就用而生的，使六根六塵收歸一念，故有「和光同塵」的方法，變幻可畏的欲，使一念無明歸於純一、寡欲，則靈明而不昧，一切皆安定，所以主張「致虛極、守靜篤」、「抱一」、「得一」，皆是向一念無明上用功夫，由此方法再擴充推廣於人事上、政治上、軍事上，於是便有「守柔曰强」（五十二章）、「無爲而無不爲」、「知雄守雌，知白守黑」（二十八章）、「柔弱勝剛强」（三十六章）、「去甚、去奢、去泰」（二十九章）、「將欲歙之，必固張之；將欲奪之，必固與之」（三十六章），正面的態度是「總」是「但」、是「不敢爲天下先」（六十七章），這一套道理，皆由一念無明之相對性上得來的。

釋迦達到絕對真如本體，此本體是絕對平等的，所以由此本體發揮出來的道理就是大自在、大解脫、自由平等、不住相布施、爲善不受報，超越於輪迴因果之外。老子沒有達到絕對，誤認無始無明便是本體，一念無明便是妙用，所以在相對上來討便宜，以退爲進，以無爲來達到無不爲，以柔來勝剛，以至「是以聖人後其身而身先，外其身而身存，非以其無私邪，故能成其私」，又「功成而勿居，夫唯勿居，是以不去」。最徹底的如「江海所以能爲百谷王者，以其善下之，故能爲百谷王。是以欲上民，必以言下之；欲先民，必以身後之。是以聖人處上而民不重，處前而民不害，是以天下樂推而不厭。」（六十六章）以至「以正治國，以奇用兵，以無事取天下。」（五十七章）「將欲歙之，必固張之；將欲奪之，必固與之。」所以後人說老子是陰謀家，後來愼到、韓非便專向這方面發展了，而莊子則向否定相對方面再徹底地發展。

有人說那些詐僞的方法是後人加進去的，但不論是老子本意或後人加進去也好，那是必然的結果，因爲在那體系上推下去，自然而然的便有這種方法了。

所以老子學說最究極之本體是無極，是佛法中的無始無明境界，可是未能打破，未能證入絕對宇宙。

莊子

韓愈疑莊子本是儒家出於田子方之門，則僅據外篇有〈田子方〉以爲說，這是武斷。我懷疑他本是「施氏之儒」，書中徵引顏回與孔子的對話很多，而且差不多都是很緊要的話，以前的人大抵把它們當成寓言而忽略過去了。

〈人間世〉（論心齋）：

回曰：「敢問心齋？」仲尼曰：「若一志。無聽之以耳，而聽之以心；無聽之以心，而聽之以氣。聽止於耳，心止於符。氣也者，虛而待物者也。唯道集虛。虛者，心齋也。」顏回曰：「回之未始得使，實自回也，得使之也，未始有回也，可謂虛乎？」夫子曰：「盡矣。」

虛就是使一念純一，入無始無明境界，則無我矣，故曰：「得使之也，未始有回也。」

〈大宗師〉（論坐忘）：

顏回曰：「回益矣。」仲尼曰：「何謂也？」曰：「回忘仁義矣。」曰：「可矣，猶未也。」他日，復見，曰：「回益矣。」曰：「何謂也？」曰：「回忘禮樂矣。」曰：「可矣，猶未也。」他日復見，曰：「回益矣。」曰：「何謂也？」曰：「回坐忘矣。」仲尼蹵然曰：「何謂坐忘？」顏回曰：「墮肢體，黜聰明，離形去知，同於大通，此謂坐忘。」仲尼曰：「同則無好也，化則無常也，而果其賢乎！丘也請從而後也。」

坐忘就是入於無始無明的境界，此境表面同一平等，無好無壞，無常亦無無常，故曰：「同則無好也，化則無常也。」

莊子的見解自認是絕對的，其他世俗的見解如儒如墨，都只是相對的是非。相對的是非，不能作絕對的判斷，所以他「不譴是非」。「不譴是非」者，不過問世俗儒墨相對的是非，而在學説的立場上實在是大譴而特譴，他是以他的絕對以譴相對。一篇〈齊物論〉便是這種譴詞，文章做得很汪洋恣肆，然而要點也不外乎這幾句：

道惡乎隱，而有真偽；言惡乎隱，而有是非。道惡乎往而不存，言惡乎存而不可。道隱於小成，言隱於榮華，故有儒墨之是非，以是其所非，以非其所是，欲是其所非，而非其所是，則莫若以明。

以指喻指之非指，莫若以非指喻指之非指也；以馬喻馬之非馬，莫若以非馬喻馬之非馬也。天地一指也，萬物一馬也。可乎可，不可乎不可，道行是而成，物謂之然。惡乎然？然於然；惡乎不然？不然於不然。物固有所然，物固有所可，無物不然，無物不可，故為是舉莛與楹，厲與西施，恢詭譎怪，道通為一。其分也，成也；其成也，毀也，凡物無成與毀，復通為一……適得而幾已，因是已。

一因一明便是一破一立，「明」以明彼相對，「因」以因此絕對。絕對者，就是道，就是一，以道統觀一切，萬物因其自然，道是萬變無常的，物亦不斷的流離轉徙，是的忽然變而爲非，非的忽然變而爲是。剛始分潰已有新的合成，剛始合成已有新的分潰，固執著相對的是非以爲是非，那是非永沒有定準。你說我所是的爲非，我說你所非的爲是，到底誰是誰非？這便是「以指喻指之非指」，或「以馬喻馬之非馬」。「指」是宗旨、是觀念，「馬」是法碼、是符號。你的是一種觀念，我的也是一種觀念；你的是一種符號，我的也是一種符號。你以一種相對的觀念或符號來反對我這另一種觀念或符號，去反對那相對的觀念或符號，這譬如兄弟吵架，父親出馬，兩造的口角不加判決，自然也就止息了，這就是所謂「以指喻指之非指，莫若以非指喻指之非指也；以馬喻馬之非馬，莫若以非馬喻馬之非馬也」的意思。「非指」或「非馬」便是超乎指與馬絕對的東西，這絕對的東西是什麼呢？簡單得很，就是「天地一指也」、「萬物一馬也」那麼兩句。天地萬物只是一個觀念、一個符號，再簡單一點，也就是所謂「道」、所謂「一」，一切都籠罩在裡面，分什麼彼此？分什麼是非？渾渾沌沌，各任自然。假使一定要鑿通眼耳口鼻，那正是人所幹的多餘事體，那樣一來渾沌就死了，道就死了，一就死了，就成其為天下無道，天下不能歸於一，荒唐悠渺地說來說去，歸根還是那麼簡單的一套。

莊子就以這簡單的一套，自然得到了循環的中心。他可以不著邊際，不落形迹，隨著自然的循環以至於無窮——「得其環中，以應無窮」。

黃老學派的宇宙觀是全部被承受了的，宇宙萬物認為只是一些迹象，而演造這些迹象的有一個超越感官，不為時間和空間所範圍的本體，這個本體名叫做

「道」，道變成無限的東西，無時不在，無處不在，螻蟻裡面有它、稊稗裡面有它、瓦甓裡面有它、屎溺裡面有它。要說有神吧，神是從它生出來的；要說有鬼吧，鬼是從它生出來的。它生出天地，生出一切的理則，它自己又是從什麼地方生出來的呢？它是自己把自己生出來的：

夫道，有情有信，無為無形；可傳而不可受，可得而不可見；自本自根未有天地，自古以固存；神鬼神帝，生天生地；在太極之先而不為高，在六極之下而不為深，先天地生而不為久，長於上古而不為老。（〈大宗師〉）

有了這樣一種「道」，便要向它學習，拜它為老師，這就是所謂的「大宗師」。和這種「道」學習，和這渾沌的東西合為一體，在他看來，人生就生出意義來了。人生的苦惱、煩雜、無聊，乃至生死的境地，都得到了解脫。把一切差別相都打破，和宇宙萬物成為一通，說我是牛，也就是牛；說我是馬，也就是馬；說我是神明，亦就是神明；說我是屎尿，也就是屎尿；道就是我，因而也就什麼都是我；道是無窮無際，不生不滅，因而我也就是無窮無際、不生不滅的。未死之前已有我，既死之後也有我，你說我死了嗎？我並沒有死，火也燒不死我，水也淹不死我，我化成灰，我還是在，我化成飛蟲的腿，老鼠的肝臟，我還是在，這樣我是多麼自由呀！多麼長壽呀！多麼偉大呀！你說彭祖八百歲，那太可憐了，你說「楚之南有冥靈者，以五百歲為春，五百歲為秋；上古有大椿者，以八千歲為春，八千歲為秋」，那都是太可憐了。那有數之數，何如我這無數之數！一切差別相都是我的相，一切差別相都拋棄，管你細梗也好、房柱也好、癩病患者亦好、美麗的西子亦好，什麼奇形怪狀的東西，一切都混而為一，都是「道」，一切都是我，這就叫做：「天地與我並生，而萬物與我為一。」（〈齊物論〉）

把這種道學全了的人，就是「真人」。在〈大宗師〉篇裡描寫得很盡致，這種「真人」，在〈大宗師〉裡所刻畫的，雖然已經夠離奇，但還是正常的面貌。在〈德充符〉裡面，他的幻想更採取了一個新的方向，把真人的面貌，專從奇怪一方面來描寫，如兀者王駘，兀者申屠嘉……這些四體不全、奇形怪相的假想人物，在他說來，比仲尼、子產還要高超。他的意思是說絕對的精神超越乎相對的形體，所謂「德有所長，而形有所忘」，得道之謂德，道德充實之微，使惡化為美，缺化為完，這便是所謂「德充符」。

再從修養一方面來說吧！便是「象善無近名，象惡無近形」，「形」緣督以爲經，可以保身，可以全生，可以養親（心），可以盡年（〈養生主〉）。象善、象惡兩個象字，書本上都誤成「爲」字，古文中爲與象容易訛變。外象美不要貪名聲，外象醜不要拘形迹，守中以爲常，便可以安全壽考。這些話倒說得比較踏實，或者也就是本心話了。

莊子知相對之無準，只好「得其環中，以應無窮」，「知其不可奈何而安之若命」，「乘物以遊心，託不得已以養中」。所以他的處世哲學結果是一套滑頭主義，隨便到底——「彼且爲嬰兒，亦與之爲嬰兒；彼且爲天町畦，亦與之爲天町畦；彼且爲天崖，亦與之爲天崖」、「支離其形，支離其德」，而達到他的「無用之用」。「無用」者，無用於世；「之用」者，有用於己，全生保身，養親盡年就是大用了。

莊周比關尹、老聃退了一步，他並不想知雄守雌，先予後取，運用權謀詐術以企圖損人而已，這是分歧的地方。《莊子》書，無論內外篇，都把術數那一套揚棄了，這可以說是這一派在消極方面的特色，因有這一特色，後人反而覺得老聃、關尹也是純然清靜恬淡；那是大海的汪洋，清化了江河的沈濁。

〈天下〉：「田駢亦然，學於彭蒙，得不教焉，彭蒙之師曰：『古之道人至於莫之是、莫之非而已矣。』」

莫之是、莫之非就是不要執著是，也不要執著非，就是放任。

《莊子・逍遙遊》雖稱「夫列子御風而行，泠然善也」，然以爲「猶有所待」，不及「乘天地之正而御六氣之辯，以遊無窮者」。有所待便是相對，而非遊無窮的絕對。

〈寓言〉：「莊子謂惠子曰：『孔子行年六十而六十化，始時所是，卒而非之，未知今之所謂是之非五十九非也。』」是指真理皆相對者。

莊周所以成爲厭世思想家的原因是他的體系和方法的必然結果，與小乘人、叔本華一樣，是看清相對之非實應加以否定，又沒有證入絕對，落空便墮消極厭世。儒家所以不厭世，是因爲他肯定相對。老子所以不致厭世，是他否定相對還不徹底便利用相對了，只是個人主義者莊周繼承他的否定方法而發展到極端去。他之所以把人生看成一文不值，乃是因爲他看清人生是相對的，相對的就是真實，就有鬥爭矛盾，而無結果，他又找不到最後的絕對，所以只好假設一種「真人」來自我安慰。他對人生看得毫無意味，他常常慨歎，有時甚至於悲號：「一受其成形，不亡以待盡，與物相刃相靡，其行盡如馳而莫之能止，終身役役而不見其成功，苶然疲役而不知其所歸。」「人之生也，固若是芒乎？其我獨芒而人亦有不芒者乎？」大家都在「與接爲構，日與心鬥」，有的「行名失己」，有的「亡身不真」，都只是些「役人役己」——奴隸的奴隸，人生只是一場夢。這已經是說舊了的話，但在古時是從莊子開始的，不僅只是一場夢，而且是一場惡夢，更說具體一點，甚至比之爲贅疣、爲疔瘡、爲疸、爲癰。因而死也，就是「大覺」；死也就是「決疣潰癰」了，真是把人生說得一錢不值。使他那樣厭世，自然有其社會背景，所謂：「竊鈎者誅，竊國者侯，諸侯之門而仁義存焉。」所謂：「爲之斗斛以量之，則並與斗斛而竊之；爲之權衡以稱之，則並權衡而竊之；爲之符璽以信之，則並符璽以竊之；爲之仁義以矯之，則並與仁義而竊之。」（〈胠篋〉）一切都是相對而沒有絕對。

他把王權看成贓品，把仁義是非看成刑具（墨汝以仁義，劓汝以是非），把聖哲看成「胥易技係」的家奴，一切帶著現實傾向的論爭，在他看來就如同豬身上虱子之爭肥瘠了。

莊子向否定相對方面推下去，推到最後便是落空，没有辦法交代過去，所以幻想出他的「真人」來，這也是必然的歸宿。

莊子後人和思孟學派接近的傾向，在雜篇中頗爲顯著，屢屢把「誠」作爲本體的意義使用，和思孟學派的見解完全相同。

「修胸中之誠，以應天地之情而勿攖。」

「反己而不窮，循古而不摩，大人之誠。」

「吾與之乘天地之誠，而不以物與之相攖。」

「捐仁義者寡，利仁義者衆，夫仁義之行，唯且無誠。」（以上〈徐无鬼〉）

「不見其誠已而發，每發而不當。」（〈庚桑楚〉）

「內誠不解，形誠成光。」（〈列禦寇〉）

這些無疑是《中庸》和《孟子》七篇的影響。外篇〈天運〉更有洪範五行的引用。

道家三派，即宋鈃尹文派、田駢慎到派、環淵老聃派。這是根據《莊子．天下》的序述次第，其發展次第大抵也是這樣，〈天下〉篇序當時天下的道術，先儒、次墨、次道，最後以惠施、公孫龍一派爲終，明明是按照發展的先後來說的。

《管子》的〈心術〉、〈內業〉、〈自心〉等篇，郭沫若氏考證定爲宋鈃的作品。這一派學說，承認宇宙的本體是「道」，這是「虛而無形」的東西，「其大無外，其小無內。」「動不見其形，施不見其德。」儼然就像無。它「無根無莖，無葉無華。」然而卻是「萬物以生，萬物以成。」這分明是超越時間、空間和一切感官認識的本體，由它演變而爲萬物。它代替了神（人格化的神）的地位，應該使它成爲靈氣，或精或神所奇竊的地方，那樣你便成爲聖人。

要怎樣辦得到呢？第一步要不使「嗜欲充溢」，嗜欲充溢則目不見色、耳不聞聲、心失其正，所以要使欲虛情寡，除去「愛樂喜怒欲利」，欲是被認爲不乾淨的東西，你把欲掃除乾淨，神便到你心中來了。所謂：「虛其欲神將來舍，掃除不潔，神乃留處。」其次是一些俗智世故也是障礙，應該「投之海外」。要使心像明鏡止水一樣，物來則生出反映，不增一分，不減一分，就像「影之像形，響之應聲」，完全泯卻主觀，採取純客觀的態度——這被稱爲「靜因之道」、「捨己以爲物法」。這是根本義，從這兒派生的枝條，是吃飯不要過飽，要少用心思，「善氣迎人」，「兵不義不可」，有靈氣在心的人，是「見利不誘，見害不懼，寬恕而仁，獨善其身」的。

這所謂靈氣，在我看來，就是孟子的「浩然之氣」。〈內業〉篇說：「精存自生，其外安榮，內藏以爲泉源，浩然和平，以爲氣淵。」孟子顯然是揣摩過〈心術〉、〈內業〉、〈自心〉這幾篇重要作品的，孟子襲取過來，稍爲改造一下，他形容

「浩然之氣」說：「其爲氣也，至大至剛，以直養而無害，則塞於天地之間。其爲氣也，配義與道；無是，餒也。是集義所生者，非義襲而取之也。行有不慊於心，則餒矣。」他强調義，因而也就讚揚剛；管子則是强調仁，因而也就讚揚寬舒，這是兩家的小異。

黃老思想本來受齊國的保護，在稷下學派裡面最佔優勢，然而他們裡面有些分化。宋銒、尹文一派演化而爲名家，惠施在梁承受了他們的傳統；愼到、田駢一派演化而爲法家，關尹一派演化而爲術家，申不害與韓非承受了他們的傳統。眞正的道家思想，假使没有莊周的出現，在學術史上恐怕會失掉痕迹的。

宋明理學

向林永《中國哲學史綱》：「所以從思想的內容上來看，宋學就是儒教哲學及道家哲學的內面的綜合。」

哈克曼在 *Chinesische Philosophie*（S. 312–313）中認爲宋學發展的條件是佛教的影響與其時代的不安。

李石岑以爲儒、道、佛之調融爲宋學發展的條件之一。（《中國哲學十講》二八五～三四一頁）

周濂溪太極圖說

周敦頤（西元一〇一七～一〇七三年）是宋學開山祖，建築在儒、道、釋三派思想合一上的宋學最初的體系形態，到了周敦頤的《太極圖說》及《通書》中，才算完成。按《道藏》的〈上方大洞真元妙經品〉中，本有《太極先天圖》（《道藏》第一九六冊），周敦頤乃據此而製成了他的《太極圖》。

朱震漢之《易傳》，謂陳摶以《太極圖》授种放，放授穆修，修授周子。晁公武

《讀書志》，謂周子授學於潤州鶴林，寺僧壽涯，傳其《太極圖》。陸象山以《太極圖說》與《通書》不類，疑非周子作，屢與朱晦庵辨之。朱彝尊《經義考》，謂太極一圖，遠本道書，圖南陳氏，演之爲圖，爲四位五行：其中由下而上，初一曰「玄牝之門」；次二曰「鍊精化氣，鍊氣化神」；次三曰「五行定位，五氣朝元」；次四曰「陰陽配合，取坎填離」；最上曰「鍊神還虛，復歸無極」，故曰《無極圖》，乃方士修鍊之術。當時曾刊華山石壁，相傳圖南受之呂喦，喦受之鍾離權，權得其說於魏伯陽，伯陽聞其旨於河上公。在道家嘗詡爲千古不傳之秘，周子取而轉易之（見圖）。周子之圖亦四位五行，其中由上而下，最上曰「無極而太極」；次二曰「陰陽配合，陽動陰靜」；次三曰「五行定位，五行各一其性」；次四曰「乾道成男，坤道成女」；最下曰「化生萬物」，更名之曰《太極圖》，仍不沒無極之旨。然「太極圖」出於道家，而原於易教，故周子因之以明易。自來善明宇宙萬物之所以發生者，未有約於《太極圖說》者也，蓋不過推極陰陽消長之理而已。學者每好辨其所由來，此無關宏旨，即謂《太極圖》爲周子之所創，亦無不可也。

太極圖：

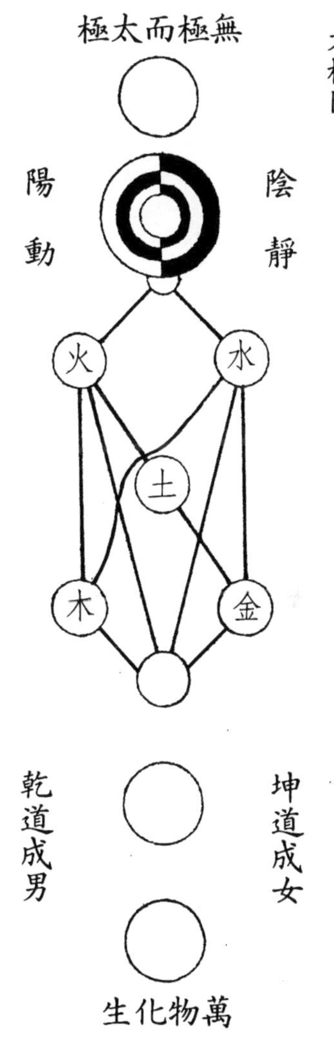

《太極圖說》：「無極而太極。太極動而生陽，動極而靜，靜而生陰，靜極復動，一動一靜，互爲其根，分陰分陽，兩儀立焉。陽變陰合而生水火金木土，五氣順布，四時行焉。五行一陰陽也；陰陽一太極也；太極本無極也。五行之生也，各一其性。無極之真，二五之精，妙合而凝，乾道成男，坤道成女，二氣交感，化生萬物，萬物生生而變化無窮焉。惟人也，得其秀而最靈。形既生矣，神發知矣，五性感動而善惡分，萬事出矣。聖人定之以仁義中正，而主靜，立人極焉。故聖人與天地合其德，日月合其明，四時合其序，鬼神合其吉凶；君子修之吉，小人悖之凶。故曰：立天之道，曰陰與陽；立地之道，曰柔與剛；立人之道，曰仁與義。原始反終，故知死生之說。大哉易也，斯其至矣。」

《太極圖》之道理，無極是無善無惡，無知無覺，空洞黑暗，就是佛經裡面所說的無始無明。太極動而生陽，靜而生陰，太極就是佛經裡面所說的靈性見聞覺知。動而生陽，就是妄念起，即染緣；靜而生陰，就是斷妄念，即淨緣。陰陽返歸無極，是輪迴的；佛法的染淨，亦是輪迴的。有輪迴，是相對的；佛性是偏滿虛空，光明普照，是不會輪迴，是絕對的。

邵康節先天學及論理說

邵康節（西元一〇一一～一〇七七年），邵子之純正哲學，即先天學是也。周子之《太極圖》，邵子之《先天圖》，並云傳自外方，有謂同出於陳摶者，然皆由是以明宇宙之原理，貫徹於顯微而無間者也。邵子其學說所謂「先天學」，用八卦圖解釋宇宙，又名「圖書象數之學」。謂之先天者，對後天而言。

邵氏《觀物．外篇》有云：「太極既分，兩儀立矣。陽下交於陰，陰上交於陽，四象生矣。陽交於陰，陰交於陽，而生天於四象（按：即日、月、星、辰）。剛交於柔，柔交於剛，而生地之四象（按：即水、火、土、石）。於是八卦成矣。八卦相錯，然後萬物生焉。故曰：『一分而爲二，二分而爲四，四分而爲八。』」邵子所謂一，即太極也。易有太極，是生兩儀；兩儀生四象，四象生八卦，即是此義。又曰：「八分爲十六，十六分爲三十二，三十二分爲六十四，即八卦變爲六十四也。」於是定爲八卦次序方位，及六十四卦次序方位之圖。朱晦庵《周易集註》，列之卷首，謂之邵子之先天學，而伏羲之《易》是也。

又曰：「分陰分陽，造爲剛柔，易六信而成章也。十分爲百，百分爲千，千分爲萬，獨根之有幹，幹之有枝，枝之有葉，愈大則愈少，愈細則愈繁，合之斯爲一，衍之斯爲萬，是故乾以分之，坤以翕之，震以長之，巽以消之，長則分，分則消，消則翕也。」（馮友蘭《中哲史》八三四頁所引，在《百源學案》中乃分別見於各處。）

這裡所謂一，就是太極，太極由一念無明生。生陰生陽，便是相對之始，推之可至無窮，便是整個宇宙皆是相對而成，返之則入太極，歸一念無明（太極歸無極，是由一念無明歸無始無明）。

邵子以太極生宇宙萬有，略與周子同。然邵子不惟言萬有所由生而已，且又一切歸之心界，此周子所未嘗顯言也。其言曰：「先天學，心法也。圖皆從中起，萬化萬事生於心。」（《先天卦位圖說》）又曰：「先天之學，心也；後天之學，迹也；出入有無死生者，道也。」（《觀物・外篇》）。又曰：「心爲太極。」又曰：「道爲太極。」（同上）然則邵子之意，以宇宙萬有皆生於心，故以先天學爲心，又以先天學爲心法。心是能生，心法是所生之法，二者具而宇宙萬有並在其中矣。又因心以立中道，爲天人共由之標準。曰：「天地之本，其起於中乎？是以乾坤交變而不離乎中，人居天地之中，心居人之中，日中則盛，月中則盈，故君子貴中也。」（同上）蓋邵子認物心無二，以立其唯心之先天學，物莫大於天地，天地生於太極，太極即是吾心，太極所生之萬化萬事，即吾心之萬化萬事也。故曰：「天地之道備於人。」（《漁樵問答》）此邵子先天學之根本主義也。

先天無極，即經中說無始無明，無善惡，無知覺。後天一分二，二分四，四分無數，即經中所說的見聞覺知起念。先天不起念，後天起念，是輪迴的，對於佛性了不相干。

邵子言性，亦主性善，故曰：「性者，道之形體也。」故曰：「性傷則道亦從之矣；心者性之郛郭也，心傷則性亦從之矣；身者心之區宇也，身傷則心亦從之矣；物者身之舟車也，物傷則身亦從之矣。」（《擊壤集・自序》）又曰：「性者道之形體也，道妙而無形，性則仁義禮智具而體著也。」（《性理大全》）此以仁義禮智，性中固有，是性善說也。又論性情曰：「以物觀物性也，以我觀物情也。性公而明，情偏而暗。」（《觀物．外篇》）又曰：「任我則情，情則蔽，蔽則昏也；因物則性，性則神，神則明矣。潛天潛天，不行而至，不爲陰陽所攝者神也。」（同上）蓋性無我則能全乎性，即明道「廓然大公」、「物來順應」之意也。又以無我之義，推之處事曰：「心一而不分，則能應萬變，此君子所以虛心而不動也。」（同上）劉詢問無爲，對曰：「時然後言，人不厭其言；樂然後笑，人不厭其笑；義然從取，人不厭其取。此所謂無爲也。」（同上）又論爲學修身之要曰：「君子之學，以潤爲本。其治人應物，皆餘事也。」（同上）又曰：「人必內重，內重則外輕；苟內輕必外重，好利好名，無所不至。」（同上）乃言學者之極功曰：「學不至於樂，不可謂之學。」又曰：「學不際天人，不足以謂之學。」（並同上）邵子見地高，故其言皆有超然自得之意如此。

論理中所說之性，是見聞覺知靈性，是輪迴的，與佛性兩不相干。

張橫渠氣一元論

張橫渠（西元一〇二〇～一〇七七年）與周子同爲開山祖。橫渠宇宙論，實自樹一宗，故非老子有生於無之說，又非釋氏爲執無而不知有。當時諸家論宇宙，如周子之言太極，邵子之言先天，程子之言理氣，橫渠並不取之。獨由「虛空即氣」之作用，以解釋宇宙之本體及現象，故今名之曰「氣一元論」。

張氏在其作爲宇宙本源的「太虛」中，發現其內部包含「一」與「多」、「有」與「無」的對立物的辯證統一的特性。一與多是相對，有與無是相對，所以他的本體是相對的本體。

《正蒙．太和》：「兩不立，則一不可見；一不可見，則兩之用息。兩體者，虛實也、動靜也、聚散也、清濁也，其究一而已。」

《易說》云：「有兩則有一，是太極也。……一物而兩體，其太極之謂歟。」

《正蒙．參兩》：「一物兩體，氣也。一故神，兩故化。」

其《正蒙．太和》云：「氣本之虛，則湛本無形，感而生，則聚而有象，有象斯有對，對必反其所爲……故愛惡之情，同出於太虛，而卒歸於物欲。」

此段明明是描寫無始無明，及一念無明完成相對宇宙之關係。

《正蒙．動物》有云：「物無孤立之理，非同異屈伸終始以發明之，則雖物非物也。事有始卒乃成，非同異有無相感，則不見其成，不見其成，則雖物非物。」此段明明是相對的證明，全是腦筋作用。

張氏謂：「視天下無一物非我。」即我相。

《正蒙》開首即曰：「太和所謂道。」太和指是陰陽會合沖和之氣，則謂氣即道也。太和之中，涵有浮沈、升降、動靜相感之性，既發則二氣摩盪，而生勝負屈伸，如寒暑往來是也，聚則是勝而伸，散則是屈而負。氣之流行，其始潛乎默運，極於幾微簡易，其究廣大堅固。此氣一鼓，萬物化生而無迹可見者爲乾之易；庶物繁生，鉅細畢達而有迹可見者爲坤之簡。坤以此始物，乾以此成物，要皆氣之變化之客形，其清通不測之神，乃爲本體，即太虛無形者也。無本體則無此變化之客形，總是一氣，非有二也。故氣之交感升降浮沈，直如野馬飛塵之相絡，往來不息，是之爲太和，太和充塞宇宙而無有間。故曰：「太和所謂道，中涵浮沈升降動靜相感之性，是生絪縕相盪勝負屈伸之始。其來也幾微易簡，其究竟也廣大堅固，起知於易者乾乎，敬殊而可象爲氣，清通而不可象爲神，不如野馬絪縕，不足謂之太和。語道者知此謂之知道，學易者見此謂之見易。」（〈太和〉）

張氏之宇宙論言虛空之氣，是空無所有的；無中生有，即佛經中所說的無始無明。

程明道論理說

程明道（西元一〇三二～一〇八五年），一元唯心論者，是陸象山哲學主觀唯心論之開山祖。

明道云：「學者須先識仁，仁者渾然與物同體，義、禮、智、信皆仁也，識得此理，以後敬存之而已。」又云：「學者不必遠求，近取諸身，只明天理敬而已矣。」

明道：「中庸之言，放之則彌六合，卷之則退藏於密。」是一念無明作用。

明道：「萬物莫不有對，一陰一陽，一善一惡；陽長則陰消，善增則惡滅。斯理也，推之其遠乎，人只要知此耳。」（《河南程氏遺書》）

一性說，明道始詳論氣質之性。其所言「生之謂性」一節，朱子雖與門人論之至悉，然其言頗有不易解者。茲列其原文。明道曰：

「生之謂性。性即氣，氣即性，生之謂也。人生氣稟，理有善惡，然不是性中之有此兩物相對而生也。有自幼而善，有自幼而惡，是氣質然也。善固性也，然惡亦不可不謂之性也。蓋生之謂性，人生而靜以上不究說，纔說性時，便已不是性也。凡人說性，只是說繼之者善也，孟子言人性善是也。夫所謂繼之者善也者，猶水流而就下也，皆水也。有流而至海，終無所污，此何煩人力之為也；有流而未遠，固已漸濁；有出而甚遠，方有所濁。有濁之多者，有濁之少者，清濁雖不同，然不可以濁者不為水也。如此則人不可以不加澄治之功，故用力敏勇則疾清，用力緩怠則遲清，及其清也，則卻只是元初水也。亦不是報清來換卻濁，亦不是取出濁來置在一隅也，水之清則性善之謂也。固不是善與惡在性中為兩物相對，各自出來，此理天命也。順而循之則道也，循此而修之，各得其分則教也。」

明道之性說，即佛經中所說的阿賴耶識。阿賴耶識中有善性、惡性、清性、濁性。

程伊川論理說

程伊川（西元一〇三三～一一〇七年），心物二元論者，爲朱熹哲學思想的泉源。

程伊川主理氣二元，受華嚴宗「事理無礙」法界觀的影響。

伊川云：「天地之化，既是兩物，必動已不齊，譬之兩扇磨行，使其齒齊不得，齒齊既動，則物之出者何可得齊，從此參差萬變，巧歷不能窮也。」《伊川學案》又云：「物極必反，其理須如此，有生便有死，有始必有終。」、「道二，仁與不仁而已，自然理如此，道無無對，有陰則有陽，有善則有惡，有是則有非。」以上皆相對。

一性說，伊川性說；比於明道益密，亦本性善說。〈顏子所好何學論〉曰：「天地儲精，得五行之秀者爲人。其本也，真而靜；其未發也，五性具焉，曰仁義禮智信。形既生矣，外物觸其形而動於中矣。其中動而七情出焉，曰喜怒哀懼愛惡欲。情既熾而益盪，其性鑿矣。」蓋伊川早年，已得子思孟子論性之精意如此。又曰：「性無不善，而有不善者，才也。性即是理，理則自堯舜至於途人一也。才稟於氣，氣有清濁，稟其清者爲賢，稟其濁者爲愚。就性即理而論，自無聖賢愚不肖之別；就氣稟而論，則不免有清濁善不善之分。故謂生之謂性。」（《全書》十九）只說氣稟曰：「性字不可一概論，生之謂性，止訓所稟受也。天命之謂性，此言性之理也。今天言天性柔緩，天性剛急，言天成皆生來如此，此訓所（濁）受也。」（《全書》七十二）又曰：「性相近也，性一也。何以言相近？曰：『此只言氣質之性也。如俗言性急性緩之類，性安有緩急？此言性者，生之謂性也。』」（全書十九）蓋伊川至是亦分天地之性與氣質之性爲二種，與橫渠同。乃曰：「論性不論氣不備，論氣不論性不明（按《全書》七亦有引作此二語為明道說者）。於是以爲性之本謂之命，性之自然者謂之天，自性之有形者謂之心，自性又有言性之善是性之本，孔子言性相近，謂其稟受處不相遠也。」又謂揚雄、韓愈言性皆是才。伊川實博稽古來聖賢之說，而後自成其性說焉。

伊川之性說，即佛經中所說的無始無明，無知覺性；見聞覺知，有知覺性。

朱熹理氣辯

朱熹（西元一一三一～一二〇〇年），理氣二元論者。同伊川以理爲性，以氣爲形，以「涵養須用敬，進學在致知」爲基礎。朱子之形上學，係以周濂溪之《太極圖說》

爲骨幹，而以康節所講之「數」橫渠所説之「氣」及程氏弟子所説「形上」「形下」及「理氣之分」融合之。故朱子之學，可謂集其以前道學家之大成也。

「未有這事，先有這理，如未有君臣已先有君臣之理，未有父子，已先有父子之理，不成元者此理，直待有君臣、父子，卻旋將道理入於裡面。」有其事必先有其理，此乃朱子之言也。然古來有弒君弒父者，則必有弒君弒父之理，則理未必盡善，或善惡皆存，而朱子卻曰：「太極只是個極好至善的道理，……周子所謂太極，是天地人物萬善至好的表德。」（《語類》）豈非自相矛盾？如果説太極乃理，理是善，而弒君弒父之事是氣，氣是惡，則朱子又説：「天下無無理之氣，無無氣之理；有是理而後有是氣，有是氣則必有是理。」又説：「人人有一太極，物物有一太極。」這樣看來，去人欲之私，存天理之正，聖人千言萬理，只是教人存天理，滅人欲。是要去人欲之太極，而存天理之太極，太極便變成兩個。

又云：「性、情、心，惟孟子説得好，仁是性，惻隱是情，須從心上發出來，心統性情者也，性只是合者底，只是理，非有個物事，若是有底物事，則既有善，必有惡，惟其無此物，只有理，故無不善。」這樣看來，情與理既非有物事，又無不善，則天下萬事萬物善惡是非皆與理性不相干，合不來，則講理學究有何用處？

理既無物事，則是空洞的有與無，無的東西，何能決定有的東西？

顏習齋對於程朱的理氣二元論——即「理善氣惡」的命題加以批駁：「若謂氣惡，則理亦惡；若謂理善，則氣亦善。蓋氣即理之氣，理即氣之理，焉得謂理純一善而氣質偏有惡哉？譬之目矣，眶皰睛，氣質也；其用光明能見物者，性也。將謂光明之理專視正色，眶皰睛乃視邪色乎？……惟因有邪色引動障蔽其明，然後有淫視而惡者始名焉。然其爲之引動者，性之咎乎？氣質之咎乎？若歸咎於氣質，是必無此目也，然後可全目之性矣。」（〈存性篇〉卷一）

朱子對於佛法僅懂得一點小乘之皮毛，故其對佛法之批評，荒謬之極！佛家「空」字，固難懂，《楞伽經》上有七種「空」，唯識宗有五種「無爲」，其理極爲精奧。朱子對於佛家的「空」字僅作「空無」解，而以之來批評佛法，其淺薄實不值佛徒之一笑！《心經》「色即是空」一語，本爲「色即是佛性本體」之意，而朱卻解作「色即是空無」，其《語類》中有云：「若佛家之說，都是無，以前也是無，如今眼下也是無。色即是空，空即是色，大而萬事，細而百體九竅，一齊都歸於無。終日吃飯，卻道不曾咬著一粒米，終日著衣，卻道不掛著一條絲。」此等外行語，如給禪宗祖師聽見，一定要打三十棒，趕出山門外去。又佛家之第一義空，即是如來實性，亦名實相。有人問古師云：「佛性是什麼？」答云：「石頭」、「瓦塊」，或答「燈籠」、「露柱」、「乾屎橛」，此乃表佛性無所不在，可見佛性並非空無。而朱子卻說：「釋氏說空，不是便不是，但空裡面須有道理始得。若只說道我是個空，而不知有個實底道理，卻做甚用？譬如一淵清水，清冷澈底，看來一如無水相似，他便道此淵只是空底，不曾將手去探是冷是溫，不知道有水在裡面。釋氏之見正如此，今學者貴於格物致知，便要見得到底。」這是朱子對佛法的錯誤認知。

陸象山（九淵）（西元一一三九～一一九一年）。

陸、朱之爭，開始於南宋淳熙十五年，關於周子的《太極圖說》中「無極而太極」一語，雙方書信往返數次（見《象山全集》卷二及《朱子大全》卷三十六），彼此詰駁至烈，終至說出：「日斯邁而月斯征，各尊所聞，各行所知亦可矣，無復望于必同也。」無結果而休戰。

綜言宋儒學，宋儒是肯定相對的，他肯定陰陽理氣，而根本不知道凡相對的東西皆非真實，更談不到否定相對和進入絕對了。

孔子之道在執中，用中；在明德，新民；在求其放心，都是不做作的辦法，而宋儒則是「去人欲之私，存天理之正」，這是多麼賣力的工作！夫子所謂：「言必信，行必果，硜硜然，小人哉！」宋儒可說是孔門之小乘。

王陽明良知說

王陽明（西元一四七二～一五二八年）。

陽明三十七歲春至龍場，始悟格物致知。至年五十時，乃揭出「致良知」三字教人。嘗曰：「某於良知之說，從百死千難中得來，非是容易見得到此，此本是學者究竟話頭。」又曰：「自孔孟既沒，此學失傳幾千百年。賴天之靈，偶復有見，誠千古之一快，百世以俟聖人而不惑者也。」（《陽明全書》八）陽明蓋合大學之「致知」及孟子之「良知」爲一，以成「致良知」之語云。

陽明以良知爲固有，故曰：「良知之在人心，無間於聖愚，天下古今之所同也。」（《全書》二）又曰：「良知之在人心，亙萬古塞宇宙而無不同。」（同上）又曰：「自己良知，原與聖人一般。」（同上）又曰：「良知之在人心，則萬古如一日。」（《全書》六）又曰：「良知良能，愚夫愚婦聖人同。」（《全書》二）又曰：「良知原是完完全全，是的還他是，非的還他非。」（《全書》二），此見良知爲普遍存於先天者也，故良知即足爲倫理上百行之標準。嘗曰：「知善知惡是良知。」（同上）又曰：「這良知還是你的明師。」（同上）又曰：「夫良知之於節目時變，猶規矩尺度之於方圓長短也。」（《全書》二）然則惟良知可判斷善惡，依良知而行，即合於天理。故曰：「心之本體，即天理也。天理之昭明靈覺處，所謂良知也。」（《全書》五）是良知即天理，即心之本體昭然不昧者。故曰：「良知是天理之昭明靈覺處，故良知即是天理，思是良知之發用。」（《全書》二）又曰：「良知即是未發之中，即是廓然大公，寂然不動之本體，人人之所同具者也。」（同上）又曰：「體即良知之體，用即良知之用，寧復有超然於體用之外者乎？」（同上）心之體用，並爲良知之體用。

近世心理學者，以心之作用，有知、情、意三種，今便即知、情、意以求陽明所謂良知：

一、心之意之作用於良知者。如云：「心之虛靈明覺，即所謂本然之良知也。其虛靈明覺之良知，應感而動者謂之意。」（《全書》二十二）此謂良知之動則爲意也。又曰：「能戒慎恐懼者，是良知也。」（《全書》二）又曰：「人若知這良知訣竅，隨他多少邪思枉念，這裡一覺都自消融。」（《全書》三）蓋良知能戒慎恐懼，能判遏邪念，皆意之事也。

二、情之作用於良知者。如云：「良知只是一個天理自然明覺發見處，只是一個真誠惻怛，便是他本體。」（《全書》二）良知之真誠惻怛，是情之見於行事之前者。又曰：「人於尋常好惡，或亦有不真切處，惟是好好色，惡惡臭，則皆是發於真心，自求快足，曾無纖假者。」（《全書》五）好惡是情之並見於行事之前後者。又曰：「雖小人之爲不善，既已無所不至，然其見君子則必厭然揜其不善而著其善。」（《全書》二）揜其不善，是漸沮之情之見於行爲後者也。又言充良知惻隱之情則爲仁曰：「見孺子將入井，必有惻隱之理。」（同上）又曰：「若良知之發，更無私意障礙，即所謂充其惻隱之心，而仁不可勝用矣。」（《全書》一）

三、知之作用於良知者。如云：「良知常覺照。」（《全書》二）覺照所以覺善惡，即前云知善知惡是良知者也。又曰：「若時時刻刻就自心上集義，則良知之體，洞然明白，自然是是非非，纖毫莫遁。」（同上）又曰：「凡所謂善惡之機，真妄之辨者，舍吾心之良知，亦將何所致其體察乎？」（同上）又曰：「是非之心，知也。是非之心，人皆有之，即所謂良知也。」（《全書》五）又曰：「這些子（指良知）看得透徹，隨他千言萬語，是非誠僞，到前便明，合得的便是，合不得的便非。」

（全書三）又曰：「嘗試於心喜怒哀懼之感發也，雖動氣之極，而吾心良知一覺，即罔然消沮。或（遏）於初，或制於後，或悔於中，或悔於後。」（《全書》二）此並知之作用矣，由斯以談，則凡心體之作用，無不具於良知之中。孟子雖言良知，要至陽明始加以精密之解釋，能致其良知，則亦何所不盡乎！

以上「心即理」說、「知行合一」說、「致良知」說，為陽明學之三綱領，三者相待而成；又揭「去人欲，存天理」六字，以為三者一貫之正鵠，陽明生平講學之要，不出乎此矣；最後又有所謂「四句教」者，曰：「無善無惡心之體，有善有惡意之動，知善知惡是良知，為善去惡是格物。」亦有謂此四句教非陽明之本，而門人所託者也，然實可括王學大意。至於陽明論性，則承孟子，推其良知良能說，以性為善。其宇宙觀雖罕所發明，亦時論一心契合天地萬物之妙，茲不復述焉。陽明之說，「無善無惡心之體」，就是佛經中所說的「無始無明」，無善無惡無知無覺的；「有善有惡意之動」，即靈性見聞覺知起念；「知善知惡是良知」，就是不怕妄起，只怕覺遲；「為善去惡是格物」，就是改惡遷善，自淨其義，是佛法小乘的境界，與佛性兩不相干。

《禮運》說：「人者，天地之心也。」意思是有人，然後天地萬物被知覺而存在。故人心即天地之心。西哲笛卡兒說：「我思故我在。」這裡亦可以說：「人思故天地在、萬物在。」柏克萊說：「存在即知覺。」這裡可以說：「一切皆因人之知覺而存在。」其實天地和人，本來皆是絕對的，一經爲人所覺知而存在之後，則天地和人，變成相對的了。所以因人之知覺而存在者，實際皆不能算是真存在。因爲經過思想和感覺，思想感覺是相對的，所以本是絕對的天地人和萬有皆變爲相對，不是本來的面目了。這樣看來，人的知覺靈性只能覺知相對的宇宙，而不能覺知絕對的宇宙。只能覺知相對宇宙者，佛家叫「妄心」，或叫做「一念無明」。能覺知絕對宇宙者，佛家叫它「真心」或「佛性」。二者要嚴爲分別，才不致錯誤。王陽明就是把知覺靈性（即妄心）當做真心（即佛性），所以他的理學完全是相對的而不是絕對的。《傳習錄》中有云：「先生遊南鎮，一友指巖中花樹問曰：『天下無心外之物，如此花樹在深山中，自開自落，與我心何關？』先生云：『你未來此時，此花與你心，同歸於寂，你來看此花時，則此花顏色，一時明白起來，便知此花不在你的心外。』又云：『你看這個天地中間，甚麼是天地的心？』對曰：『嘗聞人是天地的心。』曰：『人又什麼叫做心？』對曰：『只是一個靈明。可以充塞天地，中間只有這個靈明，人只爲形體自間隔了。我的靈明，便是天地鬼神的主宰，天地鬼神萬物，離卻我的靈明便沒有天地鬼神萬物了；我的靈明，離卻天地鬼神萬物，亦沒有我的靈明，如此便是一氣流通底，如何與他間隔得。』」照陽明的此種説法，則陸王一派，不只以爲「理在心中」，即天地萬物的存在，亦在心中。而此「心」則是佛家所謂一念無明的妄心，所以此「心」也是假，天下萬物亦皆是假。假是相對的，相對皆應否定，所以王陽明的理學全部皆應予以否定。一切唯心論者的道理，亦皆應全部否定，其理由相同。

從樸素的儒、釋、道三教合流論到梁蕭、李翱，及宗密的引佛入儒與引儒歸佛，其傾向是相同的。周敦頤、程氏兄弟都曾用佛、道二家的燭光光照儒家的思想。新儒學之完整體系的建立，必待朱熹出來才完成了這事業。

西洋哲學

「哲學」兩字，不見於中國古籍，乃譯自歐西 Philosophie 或 philosophy，或稱此語爲西元前六世紀哲人畢達哥拉斯（西元前五七〇年）所創用，或稱蘇格拉底（西元前四七〇年）所創用。

希臘最古哲學家泰利斯及其門人亞納西曼德氏研究自然之根本原理也，仍未見其義於簡籍。後始見於希羅多德（西元前四八四～四〇八年，希臘史家），氏爲歷史家，其義則爲離實益而愛智也。後經蘇格拉底及其學派之使用而益確定其意義，至亞里斯多德（西元前三八四～三二二年）始定爲研究根本原理之學，即今所謂「哲學」。

人類對於生死問題，發生驚駭怪異之念，進而追究生從何來，死往何所。即人類對於人生問題，表示其哲學的思想者也。

柏拉圖謂：「驚駭爲哲學者特有之性質。」

亞里斯多德謂：「不問古今，人皆由驚駭而生哲學之念。」

笛卡兒、海巴爾特諸賢謂：「哲學由疑惑而生。」

叔本華亦謂：「驚駭之念，所以喚起人生需要形而上學之因素也。」

柏拉圖以哲學爲超越的「實在之認識」。

柏拉圖之分類（三分法）乃基於心的作用：

一、認識——辯證學。

二、感覺——物理學。

三、意欲——倫理學。

亞里斯多德說：「哲學爲事物之原因及原理之研究。」

亞里斯多德以「學問目的」將之分爲：

一、理論——辯證學（論理學、形而上學）、物理學（物理學、心理學）。

二、實際——倫理學、政治學、詩學、修辭學。

亞里斯多德分哲學爲理論與實際兩部份。數學、物理學、神學等爲理論的；倫理學、政治學爲實際的。但此等科學，似與純哲學異，於是進而分哲學爲第一哲學與第二哲學，物理學諸科學即屬於第二哲學。關於自然人生根本原理之組織的知識，則名第一哲學。

第一哲學又分爲三類：㈠神學。㈡宇宙論（自然現象及自然目的的形而上學）。三、人類論。

康德所下定義爲：「哲學者，研究宇宙人生認識等根本原理之學也。」

一、哲學目的——以科學所得真理爲資料、進而探求統一的根本原理者，哲學之目的也。

二、哲學對象——以研究認識宇宙人生之本質及價值爲其內容者，哲學之對象也。

三、哲學方法——依直覺、思辨、反省、批判諸方法研究知識實在價值等問題，一般的哲學研究法也。

康德嚴分哲學與科學後，便不比從前與科學混雜的情形。其他哲學家對哲學的分類尚有：

飽魯增以爲：一、形而上學（實體論宇宙論的神學論）。二、認識論（認識本質論、認識起源論）。

丘魯培以爲：一、一般哲學（形而上學、認識論、論理學）。二、特殊哲學（自然哲學、心理學、法律哲學、美學、倫理學、宗教哲學、歷史哲學）。

拉德以爲：一、實在哲學（認識論、形而上學、自然精神）。二、理想哲學（倫理美學）。三、宗教哲學（即氏所謂至上實在的理想哲學）。

溫德分爲：一、認識論（形式的論理學方法學實在的認識論）。二、原理論（形而上學自然哲學精神哲學）。

以上以鮑魯增所舉較適切，但其在形而上學問題中僅論及本體論及宇宙論的神學論，對於人生問題未嘗顧及。以予所見，似宜分認識、實在、人生等三方面，即自然、人生、認識三分類法也。似宜先論自然，次及人生，終爲認識。

此外，哲學特殊的研究方法尚有：

一、直覺法。

二、神秘說：以爲事物之真相，常在尋常感覺之外，欲知正境界，宜閉其肉眼，而開其心眼，由沈思冥想，而默會神靈之真諦。希臘末期柏拉圖派（宗教的）及第三世紀左右新柏拉圖派皆有此傾向。至中世時西歐之哲學說，殆盡爲神秘說也。

三、反省法：自己熟察內在的經驗之謂也。

辯證法

古代希臘之辯證法指出世界各種現象的全體的關係，並沒有在個別的事物中得到證明。

赫拉克里特說：「雖然靜止著，其實卻在變化。」這與唯識學所說的一樣。又說：「神是晝也是夜；是冬也是夏；是戰爭也是和平；是飽食也是饑餓……是一切對立。」這是把一念無明當做神。

柏拉圖把兩種現實分開，一種是相對的感覺世界；另一種是絕對的觀念的世界。其實他這觀念世界還是腦筋的作用，還是相對的而不是絕對的。

他雖然把觀念當做存在的本質，是現實的一切物體及關係的原型的世界，只有觀念才是最高的、唯一的真實，但他卻說觀念只能從概念的思惟得來，決不能從經驗的概括中把握到真正的認識。科學是不能單單從感覺得到的，只能從另外的源泉，「辯證法」的思惟中得到。他以爲拋開感覺全憑思惟便可獲得絕對，其實感覺固然不能達到絕對，思惟亦一樣不能達到絕對呀！

佛陀的世界觀是「成、住、壞、空」，因爲萬物都是在流轉，在不絕的變化，在生成和消滅的不斷的過程中，這是原始的樸素的辯證法。佛陀的辯證法是要推翻有些婆羅門及各宗派的觀念的支柱（即傳統的宗教和神話）。佛陀銳利的觀察，樸素而且直接。

古代相對說

亞里斯多德的動象，明瞭地反映在他關於對立物的學說上，對立物統一的思想，是希臘哲學者的偉大的功績。在亞納西曼德學說裡就有著寒暖、乾濕的正反命題；在埃利亞學派裡就有「有」和「非有」，本質和變化，靜和動，一和多的對立；東畢達哥拉斯學派裡有偶數和奇數，一和多的對立；恩培多克利斯的學說裡，有結合和分離、愛和憎的對立；在赫拉克里特，有「有」和「非有」的對立。亞里斯多德對於「有」和「非有」的同一性的思想作執拗的鬥爭，但卻不能進一步加以解決，他雖然想研究矛盾的性質，卻沒有充分去做。

在中國，易之陰陽，老子之有無，皆最早的相對說。而華嚴宗便是把對立物統一的大系統。

柏拉圖在其《對話錄》中說道：

「當他走向終點時，會突然有一種奇妙的本質，第一是永恆的，並不生與死，或不增長與凋零。其次，不是在某一觀點上美麗，而在另一觀點上醜陋，或者在某一關係或某一地是美妙的，而在另一時或另一種關係或另一地是醜陋的，好像是對於有些人物是美的，而另一些則是醜，或者在一刻而現，或手上或身體的其他部份，或者採取演講或智識的任何形式，或者存於任何其他事物，例如在一個動物身上或在天上，或在地下，或在其他任何地方。然而絕對的，各自的，簡樸的與永恆的，既不增也不減，亦沒有任何變化的美，也參在所有其他事物的永在生長和消滅中的美裡面。……」（〈饗宴〉）。

在柏拉圖〈饗宴〉中，很多人在討論愛和美的問題。最初幾人所提出都是枝葉的看法，最後蘇格拉底才把美的本質歸到絕對上、根上。蘇格拉底是獻身於「根」的研究的人，看法自然比普通人要深得多，但他是否已達到最後的「絕對」本體呢？我們還沒有找到證明。

在西洋學術思想上來說，科學是屬於枝葉的研究，而哲學是比較深一層的根的研究。但在哲學的範圍中，關於人生觀、認識論、方法論等方面是枝葉的研究，而本體論方面則是比較深一層的根了。在本體論上則以形而上學爲根的，因爲形而下都是相對的本體，只有形而上才是絕對的「本體」。可是現在西洋哲學中的形而上問題，始終沒有解決，有些人認爲這不是人類智力認識所能達到，有些人則想完全不理它，不討論它，有些則想用根裡的辦法，擇相對中比較屬於根的來研究，所以可以說「根中之根」的問題還沒有解決，根既沒有解決，則枝葉的解決，等於沒有解決一樣。

體是根，相是枝葉，枝葉容易被人們看見，而根則是埋藏在隱密深固的部份，不易被人看見，如同相之爲人所認識，而體則不易被人認識一樣。所以一般淺人，他們無論研究那一門學問，只是研究枝或葉，而忽略了根的追尋或發掘；只有獻身於沈思者，始把他的眼睛移向那一般人所看不見的地方，去作根的研究。

根比枝葉更重要，枝葉之盛衰，由於根來決定。根已解決，則枝葉的問題無不隨之迎刃而解。

韓退之提出「文以載道」的命題，托爾斯泰把藝術的本質歸到道德上、宗教上，他們是比較深思的人，想到枝葉非有根不可，而欲作根的研究。但道德是否就是文學藝術的根呢?這可還有討論的餘地。道德或道體照我看還是枝葉而已，不是最後的根。因爲道德本身是相對的，沒有正確的標準，所以不是「根」。根應該是絕對的東西，不可變易的。

實在論和唯名論

十二世紀左右經院哲學中的觀念論和教會的神學傾向是一致的，但他們中間意見也有不同，其最有意義者，是「實在論」和「唯名論」的論爭。實在論者的主張，認爲「共相」(普遍)是主要的(或唯一的)實在性的東西，是在一切個別的成性事物以前就存在於神智中的真實的「本體」。至於個別的感性事物，不過是這種本體的「屬性」或「偶有性」而已。和這相反，唯名論的主張，都認爲「共相」不過是人類爲要表示類似物而作出來的「名」，唯一的實在是個別。

英國修道士羅傑·培根，是十六、七世紀經驗論及唯物論先驅。但經驗論真正的始祖是法蘭西斯·培根。

笛卡兒帶著妥協的二元論的性質，結合兩種相反對的原理：觀念論的形而上學和機械的唯物論的物理學。當時數學有特別顯著進步，笛卡兒就把數學當做一切科學的模範。

笛卡兒的直覺真理的學說，帶有形而上的性質，他認爲確實的認識，就是要由若干根本原理中引伸出清晰明瞭的真性。

而斯賓諾莎以爲實體是一切物的唯一根據，修正了笛卡兒的二元論，主張實體有擴延和思惟兩種屬性。此實體仍在空間之內，故有擴延，此實體即是思惟之屬性。他反把思惟當做實體的屬性，此實體乃是空想之實體，在根本上具有抽象的形而上學的性質。

斯賓諾莎學說的「神」的概念，沒有任何宗教的內容，他的「神」並沒有任何人格的屬性，也不是世界的創造者。斯賓諾莎用特異的形式給哲學以最重要的命題，如自然的客觀實在性、本源性和統一性。

斯賓諾莎的「實體」本身，在本質上就有形而上學的性質，它是超越時間而存在，不運動、不變化的；一切運動，只是實體的變形——樣態。實體本身卻有不動的抽象的性質，實體離開有限物的變化世界而存在，並且先行於這世界。

這實體是空想的，故有此等矛盾。雖排除笛卡兒的不徹底，仍是不徹底的，因爲這本體是想出來，沒有看見本來絕對的本體。

他樹起「自己原因」（causa sui）的物質概念，排除了笛卡兒以「神」當做自然及運動的創作者的概念。

斯氏說：「要研究當做一定思惟形態看的人間精神，首先必須研究肉體的活動。這樣，思惟和擴延相互間雖有區別，但同時卻是唯一的實體（即自然）的表現，是它的兩面，是形成了同一原理的對立的質。」

他把思惟看做實體的永久屬性，這樣，就站在萬物有生論的立場上去了。斯氏關於自由和必然的學說中，把人的活動委諸理性的指導，並就限制個人自由所達到的這一平面上，是帶有消極的，思辨的性質。

斯氏的絕對乃空想者，未證實絕對，故無絕對之自由。

牛頓雖發明了作用力和反作用力，但追溯原因，只好向神的身上求最初的衝擊。他如果向心裡去看，他會發現一念無明的作用力和反作用力，而且發現那最初的衝擊的來源——無始無明，而不會被康德目爲「在哲學家看來是可憐的解決」。

西洋哲學中的妥協性和二元的矛盾性，皆由於未能真正達到絕對而產生出來的結果。這是用腦筋與測量的結果，因爲沒有達到絕對，故心物不能真正統一。

若以禪宗而言，禪宗的「實體」乃是自己證實了的；而西哲的妥協性與二元矛盾性則是空想假定的，所以同上帝和神結合了，於是有「十全」、「全能」的經驗派的神的性質來。禪宗祖師都是實踐家而不是理想家，他們最反對幻想或夢想，禪宗的佛亦沒有任何宗教內容，亦沒有任何人格屬性，也不是世界創造者。

相較於斯賓諾莎所言：「自然即實體」（自己原因），一切的自然現象，都必須從自然本身出發來說明，實體是一切物的唯一根據。佛法亦是給自然以客觀實在性，而且明心見性之後變爲主觀實在性，它的本源得到真正的統一，完全圓滿，實爲更進步的系統。

認識論

認識論爲哲學全體中最根本、最原始問題，康德亦以認識論爲研究哲學之出發點。認識論是哲學史上成立最遲但最重要的部份。

「認識論」爲研究吾人如何能認識外物之學，「論理學」則爲研究推理法則之學。

溫德謂心理學爲認識論準備的科學。但心理學僅假定人之意識，能知客觀的對象，對於人之意識，何以能知客觀的對象？則非所問也。

認識語意，自心理方面言之，爲外物影響內心，而生一種知的作用之謂，凡感覺、知覺、記憶、思惟諸作用，皆包括在其中。自論理方面言之，認識爲主觀之知的作用（思考），與感官之感受性，互相結合而成。而被知的對象，與能知的主體之意識的關係，即所以構成概念、判斷、推理等思考之成果也。

觀念論者，謂認識之對象爲概念；實在論者，謂認識之對象爲實在。

認識之起源：一、理性論者以人之理性爲一切智識之源。二、經驗論者則以後天的經驗爲知識之泉源。三、批判論則調和二派而折衷之，以爲先天的理性、後天的經驗同爲知識之泉源。

最初創立認識論者厥爲洛克，洛克在其名著《人類悟性論》中，始有組織地考究認識之問題。康德繼之，並集大成。

康德之《純粹理性之批判》，即所以批判關於一切認識之理性的能力也。

康德（Immanuel Kant 西元一七二四～一八〇四年）

康德哲學的根本特徵，就是調和經驗論和理性論，使兩者妥協，把異種的、互相對立的哲學傾向結合在一個體系中。（伊里奇《唯物論和經驗論批判》）

經驗的形式，是作爲對於內容外的形式，而和內容對立著；感性和悟性對立；直觀的表象和概念，經驗的多樣和它的統一對立著。理論理性和實踐理性對立，兩者中間沒有接觸點，自然和必然對立著。

對立的反面，是不可避免的折衷主義的調和，這是康德方法論的基礎；換言之，康德用的不是辯證法，而是折衷主義。

康德的折衷主義是智識和信仰、科學和宗教的妥協。這是不可知論的直接的結果——「想限制理性，加强信仰」。

其餘要素也不是辯證法的統一，而是用折衷主義的方法接合著的。例如康德所說的形式和內容、可能性和現實性、感性和悟性，就是這樣。最初他把認識分裂了，後來又折衷地把它接合起來，同時又不斷地把中間的範疇加入進去（例如，用「圖式」作感性和悟性的媒介）。

康德雖然很正確的承認獨立於意識之外的客觀世界是存在，但他否定了認識它的可能性，否定了意識依存於客觀世界這事。在康德看來，認識是把自然和人類劃清界限了。

「先驗論理學」——論理的二元，承認形式論理學的缺陷，於是另外的有了內容論理學的必要，這種論理學是排除一切有經驗內容的知識。康德單只在和對象没有關係上來研究「純慧惟」的規則，康德就是藉此展開他的學說。

在範疇論方面，康德作爲「悟性的純粹概念」看，加以主觀的觀念論的解釋。

把它從判斷形式裡「抽引出來」（判斷是綜合的統一所創造出來的悟性的機能）。康德從形式論理學的判斷分類裡引出範疇表來，四種範疇不過是蹈襲著形式論理學的傳統的分類罷了，康德認爲他的十二範疇是絕對地能網羅一切，要再擴張是不能想像的事。

康德在辯證法發展中的地位，是他關於理性的「二律背反」的學說。在這裡他對辯證法的根本原理「矛盾」的概念，明白地表示了他的態度。理性努力地對「物自體」（noumenon）有所判斷的時候，所陷入的錯覺，就叫做「辯證法」。他認爲「辯證法」的東西是虛僞、是錯覺。在他看來，發現矛盾，無非就是非真理。

矛盾源於相對，相對出自腦筋感覺即非真理，此說是對的。

「二律背反」或矛盾就是兩個相反的命題，在論理上可得到同樣程度的證明。

康德假定世界是有端初和界限（此假定甚合無始無明為端初，一念無明為界限），同時又是在時空上無限的（此是錯的，世界在空間時間之內的）；世界是由原子構成，同時又可以無限分割（又看成物質了，此乃矛盾）；世界上有自由，同時世界上又沒有自由。一切都依從自然法則。（他從前者和後者同樣可以證明的一點上看出了二律背反，和解不開的矛盾。）

但康德不容許矛盾，他想證明相互反對的命題雙方都是不真的；把兩命題調和，證明它們的矛盾只是外表，用折衷主義使兩者併存起來，這樣就算「解決」了矛盾。

這樣解決真可憐，他没有見到矛盾和對立；要一念無明還原入無始無明，才能得到外表的統一，還要打破無始無明才能把矛盾根源斷除。他只向末的方面去求解決，永遠不能解決的。要强調不可知論，辯證法及「二律背反」對康德是必要的，他眼中的「矛盾」是在理性努力超出主觀地被認識的「經驗」限界之外時所引起的一種威脅。有了這威脅，理性就只好放棄那想滲入「物自體」的企圖了。

一念無明没有還原，矛盾是不能消滅的，理性是一念無明的化身，永遠矛盾，永遠不能滲入於「物自體」的。康德失敗了，他無法逃出這命運，不可知的物自體是「絕對」，理性是永不能滲進去的。

這企圖是不得不陷於二律背反，陷於「辯證法」的錯覺，這樣，康德在「先驗的辯證法」裡，結局還是不能克服形式論理學的諸法則，他把矛盾逐出去，主張對於理性的辯證法要加以警戒。

我是在無始無明和一念無明的相對上，推出一切的相對和矛盾，是由本到末；康德是由末看出來的，他没有看見根源，就是他不徹底，他如果是徹底的唯心論，向内去看，也許會看出來。

康德關於理性二律背反的學說，還有以下兩個特徵的缺陷：

一、他的二律背反是不能解決的、死的、化石似的矛盾；沒有統一，也沒有運動。康德雖然證明他的二律背反的每一方面都是真的，但他不能理解「真理並不是存在於這些規定的任何一個之中，而只在兩者的統一裡具有著」（伊里奇的《哲學筆記》）。

康德所以不能解決「二律背反」是因他沒有找到根源，他的「二律背反」所以變爲死的化石，是因爲他沒有發現二律背反就是「一念無明」的化身，「一念無明」是活的，永遠在變的。伊里奇把真理放在矛盾的統一上，亦是不對的，因爲這些矛盾的統一，不過是「一念無明」的暫時統一，不是永久的統一，仍會生出新的矛盾，沒有超過「一念無明」範圍，永遠不能統一。除非進入無始無明，才能表面的統一，但無始無明仍會生出一念無明，又是矛盾之重演，所以還不是最後的統一，要打破無始無明，才能達到絕對的統一。

二、康德認爲有四種二律背反，但在實際上，任何概念、任何範疇同樣是二律背反（伊里奇的《哲學筆記》）。

伊里奇的看法是對的，「一念無明」變化莫定，不能以種類來規定它，任何一個概念都有它的對立和矛盾。

雖然如此，這學説無疑的對於辯證法將來的發展是一個刺激。康德的偉大功績，是他從辯證法裡除去了一些「好像輕率的東西」，因爲康德不僅承認了那脅迫理性的矛盾的存在，並且承認了它的必然性只在主體中、在理性中發生（一念無明），決不在它的辯證法。據康德看來，辯證法是理性的「自然而不可避免的錯覺，它就像理性的本質自身（按：即一念無明）從理性生出來，並且若用這同樣的理由來把辯證法絕滅，是決不可能的」。

在這裡，康德已發現矛盾是出自理性本身，而不是辯證法；是出自「一念無明」的本身，而且「一念無明」是不能斷滅，則矛盾亦無法斷滅，但這問題使康德更矛盾，因爲矛盾既不能消滅，則無法得到真理乃是哲學家的唯一目的，所以康德又想在「先驗的辯證法」中來消滅矛盾，結果是更爲矛盾。

雖已暴露出它是錯覺（一念無明即妄念），但它仍威脅著我們的理性，康德的二律背反學説的積極意義，就在這時對於辯證法的新的處理。在這批判的新的性質中，康德的「先驗的辯證法」，不論在它的前提上，或是在它的結論上，都是反辯證法的。它原封原樣地蹈襲著、擁護著形式的論理學的諸法則，但是對辯證法的批判，卻指出了它的對象的意義的重要性和必然性（至少對於理性來說是這樣），這就是爲什麼康德對於辯證法的反駁，同時卻成爲它的發達的刺激了。

康德沒有解決「二律背反」的問題，而回頭求助於形式論理學是非常可憐的，所以唯物論者便把這問題盲目的肯定了，在那肯定的基礎上再發展起來，但一樣的無法解決，只不過丟開矛盾而想在暫時的統一中求真理，一樣是不徹底的。唯有佛打破了相對的根源，進入絕對，才是真正的把這問題解決了。

康德把辯證法的諸問題列在日程上，很認真地嘗試著來破壞形式論理學，這恰恰替辯證法做了清道的工作。

費希特（J. G. Fichte 西元一七六二～一八一四年）

從康德至黑格爾的過程中是通過了費希特和雪林，他是黑格爾的觀念論的先行者。

他把康德的二元論轉化爲主觀的觀念論，除去了康德學說的唯物的要素（物自體），達到了所謂一元論的觀念論。費希特解決存在的和思惟的關係這一哲學根本問題時，是把存在還原於思惟，把前者溶解在後者中，客體是我們思惟的產物。

在費希特根據著「自我」和「非我」的鬥爭，在自意識的矛盾的運動中就漸次生出法則來，他不採康德所說的那樣，只有不活潑的散亂形態，而是順次發生的，相互推移的思惟發展的體系的產物。

康德雖然沒有達絕對，但他假立那「物自體」是絕對的、不可知的，這是對的，但他無法解決它，造成矛盾的二元論。費希特索性丟開那假定的絕對（物自體）不理，把它歸到思惟上去，事實上是比康德更爲退步，然而除了這樣做，有什麼辦法呢？

費希特的哲學中貫串著「行動吧！行動吧！這是我們的任務」的口號，是極端强調著實踐活動的優位，他把實踐還原作思惟活動，把發展還原作論理構成的連鎖的發展，是辯證法觀念論最初的展開了意識的哲學體系。在這裡和康德的情形就不同，不是辯證法的預感的閃光，而是有計畫的應用著這方法的原理，成了思惟和存在的一般的原理。

和這原理有密切關係的是相互關係的原理：「一切部份都是因爲有了全體才能作爲一部份而存在。」認識的各契機，不過是認識發展中的階段，是結合在完全的體系發展上的。

他把運動理解作通過了矛盾的發展。

矛盾並不是錯覺也不是假象，而是發展的推動力。與自己本身同一的絕對的「自我」開始了自己的運動（一念無明），指定自己的對立物「非我」客體（其實亦是一念無明本身的對立）。費希特的一切發展，就是以「自我」和「非我」的矛盾爲基礎，在這裡，統一分裂的原理，是在神秘的形態上被採取了。因爲，據費希特的意見，矛盾是預定著統一的（一念無明本身元位）。在費希特出發點是自我的同一（一念無明）；其次階段（反題）是「自我」和「非我」的矛盾（第二念）；在第三個階段，這矛盾由於對立物的互相限制而綜合地得到解決。對立的鬥爭，由兩者的調和妥協而被解消，雙方的對立，部份地維持著，同時又係對立的存續著，這是表現著費希特的辯證法的不徹底。

依費希特，經驗是「自我」內部的相互作用，是「自我」和它的創造物的相互關係，在主體和客體的相互作用的外觀下，是進行著思惟和被思惟的東西的相互作用，即思惟的內在過程。費希特以爲外界是想像力的產物，規律性是悟性的產物，是封閉在「自我」自意識的主體的界限內。

費希特的「自我」便是「一念無明」之化身，經驗和主體客體皆是一念無明的活動。

但「自我」本身就是活動，就是作用，離開了活動，沒有「自我」（一念無明停止了，就沒有我相）。或者反過來說，一切都不過是「自我」的活動，這活動並不預先以任何客觀爲前提，它創造一切的客體存在一切的形態，不過是它的創造活動過程中的改造契機而已（是一念無明的最好說明）。這樣，在費希特的學說裡，對象不是發展著、行動著的東西，是由「純粹的」主觀的——理念的活動對象化，而創造出存在。在他看來，不單是思惟對於存在的關係是第一次的，活動對於存在的關係，也是這樣，這樣就建立了觀念論辯證的基礎。費希特哲學之基石的「自我」——自意識——是過程、是活動、是運動，他的辯證法是極度的觀念論；他的創造，是精神的自己創造，是從「無」而有的創造，發展是自意識的自己實現。一切歷史過程，都是「自由」的自己實現的過程。

把自由當做活動，當做純粹精神的活動的解釋中，就表現著十八世紀末到十九世紀初的德國中產階級社會的特徵。

費希特的「自我」和「非我」皆是一念無明化身。它的活動和發展，就是一念無明的活動和發展。一念無明念念相續，又念念不同，變幻莫測，自相矛盾的進展著。

費希特以爲「自我」與「非我」的矛盾根源，就是意志和自由，無限的衝動和它的障礙物敵對。自由的「自我」如果不限制，就沒有發現意志的舞台，因此「自我」就要否定「非我」。沒有障礙、對象、非我，就沒有衝動，於是辯證法成了道德的實相，發展成了當爲，實踐成了倫理；一切的體系，都因「自由的道德的存在」的王國，框著「精神的王國」所得到完成。

自由和道德是相對的，意志亦是相對的，費希特在此是自相矛盾，所以他本是由無神論出發，到了晚年卻達到了神秘的有神論。

雪林（Schelling 西元一七七五～一八五四年）

雪林在觀念論辯證的主要功績，在於他把原理引入自然哲學中。在費希特「非我」只是對於「自我」的障害，只是「自我」發展的跳板，到了雪林「非我」就成了注意的中心。不只這樣，在費希特，「非我」是絕對的空虛的抽象；但在雪林，卻轉化爲神秘化的具體的自然，轉化爲多種多樣的有機界和無機界。

把自然的一切現象作爲統一的辯證法過程來看這企圖，所用的原理——「同一」，即全體性、相互關係的原理；歷史的解釋是根據對立鬥爭的法則，並通過矛盾而作爲生成、發展的存在的原理。

「自我」的客觀辯證法，所有的一切規定——自由、自律、衝動、作用、運動——作爲主體的自然，是不能不運動的，「常常在生成，不絕地在發展，成爲無限鬥爭的舞台」。

黑格爾的辯證法（Hegel 西元一七七〇～一八三一年）

是康德以來哲學運動最高的終極階段，觀念論之完成。

他把康德的觀念論從主觀觀念論提高成爲客觀的絕對的觀念論。

他的絕對觀念論，容許地球，自然，物理世界的存在，把自然看做單單是絕對理念的「他在」。一切哲學的根本問題，是思惟和存在的關係問題，他便用觀念論來解決了。

最初他把自然的、歷史的及精神的世界作爲一個過程表示出來，在不絕的運動、變化、變形及發展中來研究這世界。想發現這運動及發展的相互的內在關聯——通過一切歧路來進求這過程的順次的階段；通過一切外表的偶然性來證明它内在規律性。這成了科學思想的任務（〈反杜林論〉）。黑格爾從精神發展律則引出了自然、人類及人類的社會諸關係（伊里奇語）。

在他的體系裡，自然不外是絕對理念的「外化」——就是降低下來的理念，思維和它的產物觀念是根本的東西，而自然只是由理念的降低而存在的漸生的東西。

他所描寫的世界發展過程之擔當者——即主體，是使自己實現的理念和概念。世界的統一性，就在它的觀念性上，他認爲：「一切東西，只在它是真，是理念的時候才是現實的。」世界被理解作論理的、合理的思惟過程或是絕對思惟。黑格爾把存在還原作思惟。

他不像費希特那樣在「自我」中看見哲學的端初及基礎，而要在理念的客觀運動中看見它。依他所說：「觀念是在我們的念識之外獨立存在，並且先行於它。」

任何人都知道什麼是人類的觀念。但那沒有人類的或人類以前的觀念，抽象中的觀念，絕對的觀念，則是觀念論者黑格爾的神學式的杜撰。

他甚至把思惟當做真的本質，把現實的物質世界：自然與人類看做它的屬性和顯現。

黑格爾的哲學體系由三部份成立，作爲世界理性發展的三個階段，互相有著不可分的關係，即論理學、自然哲學、精神哲學。這體系的一般構造是這樣的：

論理學——關於運動及發展的一般法則的學問橫在一切存在的根裡的合理的原則，分爲：一、存在論。二、本質論。三、概念論。

自然哲學——涵攝物理界、化學界、有機界。

精神哲學——包括人類學、現象學、心理學、主觀精神、藝術、宗教、科學、絕對精神、客觀精神、法律、道德、國家。

絕對理念這東西，不僅僅在恆久的以前（不知道從何處起始）就存在著，它並且是存在中的一切事物的真正的生魂，這絕對理念通過了《論理學》中所詳細論到的一切預備階段，而發展它自己本身（也全部包含在絕對觀念中）。接著，絕對理念又把「自己外化」，而轉爲自然，在自然裡，絕對理念沒有意識到自己，只取自然的、必然的姿態而再發展，到了人類，絕對理念再達到了自意識，這自意識在歷史中再繼續向上，終於絕對理念在黑格爾哲學裡最後的復歸於自己本身。論理的理念是精神及自然的絕對的實體，是普偏的，滲透一切的。

黑格爾所謂的在世界存在之先，就存在著的「絕對理念」及「論理的範疇」之先在，不外是對於創造主的信仰的空想物。（恩格斯〈費爾巴哈論〉）

事與理，未有世界已先在一樣，是空想的，這是心知非有一個永久的、絕對的存在不可，然而又看不到，只好在腦筋中自己創造出來。

黑格爾對於他的觀念論和宗教見解相通的事，決不加以隱瞞，他的觀念論和宗教的差異，只不過是在宗教上究極的真理是以「表象的形態」獲得；而在哲學上，卻是以更大的妥當性，以「觀念的形態」獲得。

黑格爾整個體系彷彿是一念無明離開了老家（腦子）的論理世界，到自然物質世界、精神世界，及各個世界上去遨遊一週，最後又回到了自己的老家，依然故我。可是他卻相信他已完成任務，達到絕對了。（他聲明了認識絕對之可能，而且在他哲學體系裡已實現了。）

辯證法的否定，不單是放棄或消滅，而是把舊的東西攝取，同時又把它克服的所謂的「揚棄」。「一切事物都和它自身矛盾——這命題是把事物的真理和本質最多地表現著的。」「矛盾是一切運動和生動性的根源，某物只因爲自己本身內部有矛盾，所以才運動，才有衝動和動性。」

黑格爾以爲「絕對理念」的實現是「絕對的我」，這大我的本體只是心，只是精神。

大凡哲學家因純粹理則求出他的形而上學的道體後，總免不了把這道體具體化，以求應用於人生實際方面。

成功的哲學必須滿足兩個條件：一、它的「絕對」的說明須能呈現出那個絕對足以說明世界；現實世界裡的萬物，非從這個第一原理推演出來不可。二、這個第一原理不僅需要能夠說明這個世界，並且還須說明它的自身。

無論何種哲學，如欲以系統的方法來說明宇宙，必先確立一個關於宇宙所從發生的絕對的和究極的實在的本質之理論才行。這個絕對的實在，我們可以簡稱之爲「絕對」。釋迦理論中，這「絕對」便是由「佛性」構成的，謂絕對爲佛性、爲真如、爲實相……這都只是同一理論的幾種不同的說法。但是「絕對」便是「佛理」，便是佛的根本思想，是佛的最大發明，亦就是佛學的最究極的所在。

讓我們先問：萬物和佛性之間的關係究竟如何？釋迦說：「佛性乃本來具足圓滿，偏滿十方，圓裏三世，無欠無餘。」又說：「衆生皆有佛性。」又說：「心、佛及衆生，是三無差別。」於此可見佛性乃究極之實在，而萬物則皆爲佛性，故曰：「世間法即佛法，佛法即世間法，佛法無所不在，動靜一如。」

古德云：「佛性是石頭、是露柱，青青翠竹皆是真如，故物質即是佛性。」又云：「無明實性皆佛性，故感覺世界亦皆佛性。」既如上言，則衆生與佛究何差別乎？感覺與佛性究何差別乎？曰：「本無差別，惟衆生因無始以來感覺受無明支配，故所見皆虛妄，有生死輪轉。無明一經打破，見本來佛性，則感覺變爲真覺佛性矣。」然則無明果從何而來乎？曰：「無始存於感覺之中，遮障本性。無始未除之時，感覺世界皆屬虛妄；既除之後，則與佛性同體，無有差別矣。」

我的計畫是要偏採佛學知識的全宇，徹底審查所有已存的佛典，盡掃前人的謬說，把所剩的正確的理論加入自己的有價值的發展和建議。

我所著重的是以全力來對付那些古人的缺點，而不著重前人已經發展了的。

絕對與相對

本來無佛無衆生
世界未曾見一人
究竟瞭解是這個
自性還是自己生

絕對論

絕對論者，即「佛性」論是也。佛性徧滿十方，圓裹三世，無壞無雜、無證無取，不受薰染，本來具足，故名「絕對」。其餘宇宙萬象皆屬成、住、壞、空，虛妄靡實，故名「相對」。

經云：「惟此一事實，餘二則非真。」即指佛性絕對而言。

絕對論用哲學名辭言，應屬於本體論，闡明宇宙存在之問題，但哲學家對於本體論之概念，與佛學家對於絕對論之觀念，各異其趣，淺深懸殊。

西哲笛卡兒解釋宇宙本體曰：「我思故我在。」此乃以個人思想爲本體，除此之外則爲虛假。又有以「概念」爲體，謂概念不變，而事物常變。「我思故我在」，乃以「我相」爲本體，而概念則屬見聞知覺的腦筋作用，皆非真本體也。

唯物哲學者則認爲物質離思想而存在。物質之研究，最初起自原子，現則謂起自電子，再往上探求，已屬無質而有性，若萬彙由此起源，則同於由無生有，即老子之無極生太極，太極生陰陽，陰陽生萬物，若萬物復反於無極，乃由無生有，由有歸無。若以電子爲陰陽，則原子應爲一二三，蓋電子不可分，而原子可分也。此皆屬於腦筋思想揣測作用，皆是相對，非佛性，佛性乃「言語道斷，心行處滅」，非言辭思想之所可及，故爲絕對。

其實今所論者，皆入言詮矣，言詮亦屬相對，但爲顯佛精理，故假此文字方便以顯之，讀者毋泥紙墨，得魚忘筌可也。

道家絕聖棄智是相對，佛家凡聖不二是絕對。

儒家去人欲之私，存天理之正，是相對；煩惱菩提不二是絕對。

西洋耶教，上帝與人是相對；佛、衆生、我之平等是絕對。

西洋哲學大我、小我是相對；而佛、衆生、我不二是絕對。相對是不平等，絕對是平等。不平等故有鬥爭、有爭論；平等故無鬥爭、無爭論。

照黑格爾看來，矛盾是人生之定數、精神世界的命脈。

事是矛盾，理是統一。

事理無礙是矛盾之中有統一，統一又生矛盾。事事無礙是矛盾之中又生矛盾，以至無窮。十玄門是征服整個相對宇宙中之矛盾衝突，使歸於統一完全之法門。

自無始無明之深處已蘊藏相對之種子，由一念發作之時起，相對宇宙隨之開始。相對宇宙中充滿矛盾之現象，紛紜宏麗，主伴重重，有如因陀羅之寶網，但此綱相對者歸納之，則是體、相、用，三種皆是相對的；總、別、同、異、成、壞六相，此六相總括一切相對之現象。欲求相對之統一，於是有十玄門之設立。

一加一等於二，是相對。零加零等於零，則由相對入絕對。

法身有時間、空間，然後能知生命爲何物，其延續時間，其活動空間，若超過時間空間，則無所謂生命，然非謂無生命，因生命之本身即是絕對。人但知於時間、空間中認知其相對生命，不肯於時間、空間之外認知其絕對之生命。

於是生命乃被時間、空間所否定，若絕對之生命者，則否定時間、空間，所謂：「天地未生，此物已在；天地毀壞，此物不壞。」

康德謂空間、時間兩者，非自外來而呈現於我智慧之前；實爲我之智慧，能自發此兩種形式以被諸外物云爾。質而言之，則此兩者，皆非真有，而實由我假定者也。是故當知，前此學者以五官之力爲窮理之本原，以時間、空間兩者爲可由實驗以知其情狀無大誤也，以吾人性中具此定理故，始得從事於諸種實驗，而謂此物自可實驗，無有是處。

上下四方曰宇，往來古今曰宙。宇是空間，宙是時間。有空間、有時間，便是相對的世界。

超時間，故無始無終；始終者，乃時間過程之形容詞也。超空間，故無大小方圓重量；大小方圓重量者，乃所佔空間之形容詞。故徹底地說，實無詞可以形容之，一切名詞皆由時間、空間關係然後成立。時空爲相對，附麗於時空者亦屬相對，佛性絕對，不能容納相對也。

陸象山曰：「宇宙即吾心，吾心即宇宙。」他一直在這個圈子裡討生活。

古今一切哲人，欲求物有之根源而假定有，一體生萬有者之本體，萬有皆由此而出，此乃最笨者。所謂「生」者，乃人類感覺而假定之名詞，硬欲以此名詞加諸本體，而不知有生則有滅。有生滅，則有變異，即爲相對，絕對之本體，安有此相對之名與事乎？

於是有謂本體應爲不動者、不變者；又有謂爲一者、爲多者、爲不異者、……欲以此種名詞，加於絕對本體之上以累我本體，然終與本體無干，徒自將其腦筋弄糊塗而已！或尊之爲上帝、爲神，本體不喜也；或名之爲不可知、爲虛無，本體不怒也，有如羣鳥集於佛頭而著糞，佛不喜不怒。

邏輯者，思想之所有事，相對者也。佛性乃超越、非思想所及，故超越於邏輯之域。故凡經中解釋佛性絕對之文字，皆不能以邏輯繩之，因佛性本不能解釋，佛爲利益衆生故，用盡方法以求能達到解釋之萬一，故此等文字語句乃經過極困難之境，然後構成者。驟讀之若不合邏輯，實則已超越邏輯之域而入於義句絕對之境。達乎此，則無往而非邏輯也，其所用之邏輯，乃絕對之邏輯也。

邏輯同一律曰：「甲者甲也，甲不能同時又爲非甲。」而《金剛經》云：「佛說衆生，即非衆生，是名衆生。」照字面解釋，既是衆生，同時又非衆生，豈非與同一律相違乎？其實佛之本意，謂現所說之衆生，皆有佛性；就佛性本體而言，則非衆生，而僅假名衆生而已。悟此之語而能貫通，可知佛之苦心焉。

有人認爲「越是理智的人，越是離開事實」、「越是邏輯，越違反自然」，這觀察合乎相對的原則，於是便有人主張用直覺，以爲那樣便可接近真實。其實直覺和理智，同在一念無明的範圍內，直覺雖然比較近於原始一點的一念無明，仍然不能進入絕對。直覺和絕對的中間，還有一片遼闊的沙漠阻隔著，直覺是無法通過的。

柏格森便是主張用直覺以達到真實的人，他企圖在東方玄學方法中找一條出路，但他沒有真正瞭解佛證入絕對的方法，也許是誤解了婆羅門的禪法而有這樣的主張，他無疑的是失敗了！

尼采的學說思想是由於一念無明的放縱而產生出來的，是相對界的火花。他總覺得人類太「人類」了，所以想出了他的「超人」來。他嗅著時代衰敗腐化的氣味，於是想把他的世界變爲年輕而有力。他看見人生太悲哀，所以主張快樂的智識。因爲人們太約束欲望，所以主張把欲望推上於極峯，皆是極端的相對的發展。

尼采斥基督教以奴隸道德爲訓。

佛則是以主人道德爲訓。

當四乘用功時，還沒有離開思想感覺，所以是相對的。

釋迦引導衆生，只是引導至絕對的門口爲止，進得去進不去那是被引導者自己的事情。

他給你一把鑰匙，讓你自己去打開屬於你自己的未開過的箱子，打得開或打不開，那是你自己的事情。如果一下子打開的話，你便是絕對的富翁，真正的無限的主人。

在相對界中實無所謂經驗，他的經驗，就是相對的本身，變幻莫測不可捉摸的怪物。

邏輯是一條沈重的鎖鏈，人們在相對宇宙之中，創造了這一條東西，想把相對的事物綑住，使得到安定，可是有什麼結果呢？他所能綑住的便是他自己啊！一個人憑著邏輯來生活，就等於帶著沈重的鎖鏈而活著，有什麼用處呢？而人們甘心情願的去研究它、完成它，等於在替自己的鎖鏈加了重量和長度。

當人類以目、以耳、以一切的官能去認識自然時，自然已經即刻改容了。

當人類說出「自然」兩字時，一切已經「不自然」了。一個自然主義者憑他的靈感直覺去追求自然時，他所捕捉到的不過是直接感覺的本身的一霎，與自然本體絲毫無關，一切理想主義者用他的理智去衡量自然時，那是去自然更遙遠，簡直是想「謀殺」自然。

當一位詩人以其過人的敏銳的聽覺諦聽樹上黃鶯的歌聲，而神遊仙境時，也許那隻黃鶯正爲失戀而悲鳴呢！當一個漁翁在寒江雪裡垂釣，而被畫家收入畫面以供欣賞時，也許那漁翁正爲無所獲而心焦呢！

人們把他以外的東西認爲是自然，其實所謂自然者，乃是人自己的自然罷了。

自然是什麼？恐怕只有佛陀才真正曉得。

只有佛才明白自然本來的樣子，它隱藏於相對宇宙的背後，人們感覺思想所能達到的範圍之後，就是絕對的本身。

釋迦名此本體爲「佛性」、爲「真如」、爲「如來」。真如者，就是真確如其本體；如來者，就是本來如此的意思。

當一切事物自人的感覺中解放出來之後，一切便回返本來面目，那才是真正的「自然」。人們如欲看見此真正的「自然」，只有打破相對的根源，進入絕對的國土。

十二因緣相對界之規律

相對界之產生與建立，乃由無始無明、第一原因，又名「發業無明」，乃先天的。當其穩定未發時，無迹象可尋，僅有微細種子存伏，乃受現行刺激遂爾發作，一念興起，謂之「一念無明」。一念無明是後天的，亦謂之「一念妄動性」，又名「潤生無明」，爲十二因緣之開始，十二支循環不息，而相對界整個宇宙乃建立。

凡所謂法，無非相對界中事，絕對界無法，故佛說：「法尚應捨。」

西洋唯心論者，視宇宙萬物咸具有精神的屬性，或心之表象，或爲本體之發現，或爲神之活動之表現，固各有其主張，但所謂心者如何？精神作用者又如何？或重視意識作用，或重視理性作用，或重視意志作用，根本概念尚未確定。根本概念既未能確定，又何以爲推論之據乎？佛家則不然，心即佛性，佛性具有本智妙用，無論其爲精神、爲物質，皆屬心之範圍，皆不離佛性妙用。

巴曼尼得斯之說本體也，謂本體乃不變者、無窮者、不動者……，其說似與佛家相近。然巴氏乃用思想推測，而非真見本體絕對者，故其說隨後即陷二元絕境，本體與現象中間之鴻溝無由打通。蘇格拉底之論理學，乃欲於相對中求得絕對者，故所有皆相對之真理也。因相對者建立於時間、空間之上，隨時空而有變易，在此一時一地爲真，在彼一時一地則非真矣。大凡倫理學、論理學皆患此病，故能變易者，非絕對真理也。

柏拉圖以觀念爲真實，乃相對中之相對。彼以萬物表象變幻不居，欲覓一不變者，隨之幻想觀念，其實觀念乃出自思想，安在其有絕對之標準耶？亞里斯多德謂其如數不清一小數目而又妄想加一倍，以易於計算。

西洋哲學家之受東方影響者，如叔本華氏。叔氏之思想乃受小乘之影響，小乘斷六根，否定一切，落於斷滅，故陷於悲觀，小乘法在佛法爲不徹底之方法，佛呵爲焦芽敗種，乃因入於斷滅不能成佛也。佛法之系統乃初期對萬物宇宙加以否定，因其皆可相對也。最後一入絕對之境，則一切皆被承認，固一切無非絕對也。當其否定時，似乎悲觀消極；一入承認，則變爲積極。叔氏只學得否定一切的小乘，而沒有學得承認一切的大乘，其陷於絕境者，宜矣！西洋名佛教爲「虛無」，即誤認相對之矛盾，可說是出於自然，故其否定之方法，亦由自然發展而產生。

柏格森氏似受印度六派哲學之影響，於西洋哲學絕境殺出一條血路，然誤解印度禪法爲直覺，欲以直覺滲入宇宙本體而獲得真理，此亦由欲以相對入絕對也。直覺者，乃八識中前五作用，未能離思想之範圍，無論直覺亦好，橫覺亦好，佛皆斥爲妄想，欲以妄想求真理，可乎？

有哲學家目佛爲本體論者，以本體論名真如絕對境界，實有未盡。本體雖是真如，而真如包括一切，非僅本體而已，舉凡本體也、認識也、人生也，……無不包括淨盡，故名「無漏」。能包涵淨盡，靡有孑遺，謂之無漏，即是絕對。因果輪迴是相對，未能包涵淨盡，尚有遺漏，則名有漏，相對是也。

哲學之所事在「知」，佛法之所事在「離知」，即離所知障。禪家所謂這張嘴只堪掛在壁上，又云：「舉念則天地懸殊，況動這兩片唇皮？」此不惟立語言文字之宗門爲然，即經教亦爾。《般若經》云：「一切法一性非二，即是無性，不可以心知，不可以一切法知。」又云：「一切相智非取相得。」此不獨破相之教爲然，即妙然法相思爾。《解深密經》云：「我説勝義是諸聖者內所證，尋思所行是諸異生輾轉所證。」又言：「勝義無相所行，尋思但行有相境界；勝義不可言説，尋思但行言説境界；勝義絕諸表示，尋思但行表示境界；勝義絕諸諍論，尋思但行諍論境界。」其性本相乖，可見佛法之所事唯在禪，唯禪為佛法，本以哲學言佛法，所言均佛法外事，不可不明此義也：

一、佛性不可以言語文字形容。

二、用抽象名詞表示佛性（教），間接表示經典中各種稱謂。

三、用動作事物表示佛性（宗），直接表示祖師，棒喝豎拂吹毛，如來拈花，維摩默然無語。

四、心的解釋：佛性與無明，真妄合一，一體三身，體用合一。

五、錯認佛性：我相、人相、衆生相、壽者相。

六、明心見性：參禪之目的及結果，見本來面目。

七、佛性與西洋哲學：將無明認為本體，所謂本體者不同。

了義者，絕對之語、決定之意、徹底之意，由自性流露者；不了義者，相對之語、不徹底之意，凡雙關兩可之語皆屬之。由腦筋發揮者，譬如無定見之人，説話模稜兩可，不著邊際，沒重心。空無邊處，識無邊處，無所有處，非想非非想處，阿鼻地獄「無間獄」苦永無間斷。

言語文字所能發表者，皆爲現象界之事；實在者，決不可得而寫象也。

凡空有、是非、中邊、真妄、善惡皆非實在之真相，皆屬於相對而非絕對，但是如果能證此入絕對，則一切皆是絕對，凡此空有等等皆變爲絕對矣。

欲强納無生滅者入此生滅之中尤不可，相對境以種種差別生滅爲尺度，而絕對界則以絕對平等爲尺度，倘欲差別「相對之差別尺度」與「絕對之差別尺度」，烏乎可？

故相對界憑其思惟感覺，執我、執法，一切遂成相對者；絕對界則自性如實自知，故無非絕對，無非真實。如《解深密經》云：「凡夫異生於麤重身，執著諸法補特伽羅（即人格）自性差別，隨眠妄見以爲緣故，計我我所，由此妄見，謂我見、我聞、我嗅、我嘗、我觸、我知、（執其思惟感覺爲實）我食、我作、我染、我淨，如是等類邪加行轉。若有如是實知如是者，便能永斷麤重之身，獲得一切煩惱不住，最極清淨，離諸戲論，無爲依止，無有加行。」

絕對因爲超時空，故歷萬古而如新。

時空者，因緣和合而成，故〈雪峯塔銘〉云：「夫從緣有，始終而成壞；非從有者，歷劫而長堅。」

達於真如絕對境界之後，一切皆被承認，法界被承認，世間被承認，人生亦被承認，故此真如之體，乃絕對之身。絕對之身，能出入三界世間、出世間，故非分爲三身，無以說明其微妙，謂之「一體三身」。三身者：一、法身。二、報身。三、化身。

没有進入絕對，你雖然想將山河大地當做自己法身，但他是他，你是你，你雖然要求，他並不答應。如果已進入絕對，則他是你法身，你亦是他法身；誰亦不要求誰，誰亦不答應誰。

如果没有進入絕對時，則佛性是佛性，萬物是萬物，無法合得攏，無法圓融；如果進入絕對，則只有一諦，無有空、假、中三諦。

相對界，有情世間，Sattva，舊譯衆生，新譯有情。

絕對界便是佛土。大乘修多羅，幾乎没有一本不提到佛土。佛土並非命終時才能到，而是證悟時得三身便到。

涅槃是相對界之終止，現象生命之終止方轉，唯識列爲不相應，心法非有形之色法，亦非無心形識，乃由色法與心法兩者之關係上而成立，離心色則不能別存。

因果律可以普通應用到相對宇宙的各部份，就是一切無數的物質世界以及各種天和各種地獄。

因緣是存在空間上時間上各對象物上。相對界不能離於因果，徧一切時（去、現、未）、徧一切空，因果相生，如環無端，非入絕對，無法終止。

佛之因緣論目的在摧毀外道所在之種種生因，如謂「自在天」、「我」、「勝性」等，因能生一切現象，造成世間，故佛說世間乃因緣所起。乃至外道之說已推翻，佛乃自認因緣亦是相對者，否定因緣及一切法，故佛十八不共法之第六法曰：「六無不知已捨。」

因緣與六因動作起來，而且彼此相互影響的結果，宇宙生出。

故佛將虛妄世界與真實世界分開，並非絕對分開，而終極還是一致，故佛爲絕對的一元論者，沒有矛盾或不能貫通之病。佛性是體，萬象是用，即體起用，即用歸體，體用一如，無不圓滿。

要從佛性說明世界，又須使佛性說明它本身。佛未絕對否定感覺世界，而是轉變感覺世界，使成爲實在的生存，即法界。

佛性通過了感覺世界及觀念世界而入於純粹的佛性世界，此世界仍有感覺及觀念，惟感覺及觀念乃淨純的感覺及觀念，與以前不同。以前之感覺及觀念乃無明中六根八識作用，而此之感覺及觀念，則屬於純粹的佛性作用，此時六根、八識中已沒有無明成分，故六根、八識成爲真正的作用。

佛性既不起念，不變易，如如不動，何以能生萬法？能轉萬物？佛性不動而世界不斷運動，運動之原理何在？

佛性是體，因何能起用？

世界是虛幻，虛幻從那裡來？假說是從無明來，無明又是從那裡來？有衆生然後有無明，故無明應同衆生的根塵識中來。

衆生非無始便有，故無明亦非無始便有，這個現實的世界，怎樣從那佛性本體發生出來？

佛性是絕對，故所起之念是絕對之念。絕對之念能轉一切相對之念，使同於絕對，故只有絕對之念，而無餘念，名無餘涅槃。

一念無明

《易・繫辭》說：「仁者見之謂仁，智者見之謂之智，百姓日用而不知。」這就是一念無明的解釋了。見仁見智，既無一定，乃是相對的，理學家把它當做理性的解釋，所以理性亦是相對的，但他們卻固執的認爲是絕對的本體，所以弄得自相矛盾，無法自圓其說。

現在我照《易》的意思另作幾句解釋，使人較易瞭解。

你要認識一念無明嗎？

當你快樂的時候，它便叫做「快樂」。

當你痛苦的時候，它便叫做「痛苦」。

當你悲哀的時候，它便叫做「悲哀」。

當你忿怒的時候，它便叫做「忿怒」。

當你愛的時候，它便叫做「愛」。

當你恨的時候，它便叫做「恨」。

當你貪的時候，它便叫做「貪」。

當你癡的時候，它便叫做「癡」。
當你瞋的時候，它便叫做「瞋」。
當你仁的時候，它便叫做「仁」。
當你智的時候，它便叫做「智」。
當你感得幸福的時候，它便叫做「幸福」。
當你感得罪過的時候，它便叫做「罪過」。
當你……

總之，皆是一念無明的化身，一念無明變幻無常、是相對的，所以那些化身亦是相對的。

人們受一念無明的支配而全不知道，一天到晚喜怒哀樂變幻莫測，所以說：「百姓日用而不知。」

聰明的孔子，欲使「一念無明」的發展勿過於極端，使自己比較好過一點，所以採取「執中」、「用中」的「中庸」的辦法。他說喜怒哀樂未發之謂「中」，發而皆中節謂之「和」。此之謂「中」，是一念無明未發展時的純一狀態，此之謂「和」，是「一念無明」發展時保持一種均勢，而不趨於極端之謂也。

一句話：一念無明是由一念起首而發展成爲複雜的相對的宇宙。包括生命、思想、感覺、欲望、意志、道德、仁義……無所不在，無所不包，一直到回返無始無明爲止。

釋迦把由於一念無明所感知之宇宙人生現象（此宇宙我名之為相對宇宙）皆名之曰「相」。「相」是相對的、變幻的、有漏的、有限的、不實的，因此使衆生迷妄，皆是否定之對象。整個相對的宇宙和人生，以及認識方法論皆是相對的，應加以否定。相反的，釋迦名最後之絕對本體爲「性」，性就是佛性，又名「自性」、「真如」，和普通理學家所謂的「天命之謂性」，及西洋哲學所講的理性、性情、性質等名詞意義不同。這本體絕對之「性」，就是最後唯一之存在和真實，是第一原因，是不變的、無漏的、無限的、真實的，本來如此，故又名「如來」，是絕對肯定，我名之「絕對宇宙」。欲達絕對宇宙，必先將相對宇宙否定；欲否定相對宇宙，必先找無始的相對種子，相對根源，將此種最後的種子否定，於是無可再否定，便進入絕對。所以在相對宇宙中，無絕對之存在，因爲絕對被一念無明完全染上了相對的顏色而當做相對的了。反之，在絕對宇宙中，無相對之存在，因爲這時相對皆變爲絕對的了。所以兩者是不能妥協的。

在印度大乘佛法發展之過程中，有一派主張由本體發揮的「性宗」；另一派主張由現象導入本體的「相宗」。其實佛法最後的歸宿，達到絕對宇宙之後，是本體現象合一，性相不二，所以這本體絕對之「性」，釋迦亦叫它做「實相」，是指進入絕對時，「相」亦變爲絕對真實的了。

但未入絕對時，「相」是相對的、不實的，是否定之對象。要進入絕對本體，必須把「相」否定，達到「空」、「無相」、「無作」，才算獲得初步的解脫。

釋迦把一切相大略分爲四類，就是「我相」、「人相」、「衆生相」、「壽者相」，總稱「四相」。「四相」在佛宣教時佔著重要的位置，它代表相對宇宙和人生的一切現象，可用來解釋人之內心和外境對宇宙萬有所生之種種錯誤，例如《圓覺經》所說的四相是專用來攻擊修行時所誤認的四種內心境界的；《金剛經》所說的四相，則同時涉及對於度衆生方面，由四相引起之錯誤；《楞伽經》之四相，則是用來擊毀外道所建立的宗計。因爲衆生的一切思想和行爲，不能越過此「四相」範圍，所以要衆生覺悟其錯誤，最好是用此四相來說明。

釋迦這樣做法，非常高明而有系統，這是因爲他自己進入絕對之後，把宇宙和人生、內心和外物通通看清楚，知道一切衆生所以起入歧途，沈淪苦海的原因，所以才定下這方法來擊破它。人類自從會用腦筋和感覺來觀察一切，是經過一個歷程的，起初是向外觀察，就是觀察自然界的變遷和人事變遷等等。其次是反過來觀察人的腦筋感覺的本身變化，就是觀察他所能用以觀察的工具本身，這工具普通叫做「心」。

未見性時腦筋是假的，外邊世界萬物亦是假——

假＋假＝假∴如果修行則假，一假還是假，故勞而無功。

已見性時腦筋是真假，外邊世界萬物皆真——

真＋真＝真∴真還是真，故不必修，所謂無修無證。

轉識成智，變相對世界為絕對世界。

西洋哲學之難關，在於欲求超乎感覺而思想，但感覺所構成之影像，決不能與純粹思想相適合。從來最偉大的西洋哲學家都無法逃過此難關，即如巴曼尼得斯或柏拉圖這樣的大思想家，均陷於徬徨之境，也就是由於達到純粹思想境界之後，又復跌回感覺的思想桎梏中。（《希臘哲學史》）

所謂感覺方法者，即人、我、衆生三相是也。所謂純粹思想者，即非感覺之思想。

希臘哲學家不能假定有一終極的實在的存在，此與假言我、人、衆生、壽者相是。

倘以「佛性」而言，希臘之哲學家始終未能至其境，僅在四相中流轉而已。最高達於壽者相境界，即所謂純粹思想境界，然未有不廢然而返者！蓋此相即空執，非一切思想所能及，入其中者，將毫無所得，所謂「無明窠臼」、「百尺竿頭」是也。

巴曼尼得斯將感覺世界與理性分開爲二元。柏拉圖欲救此病，謂萬物參與觀念，萬物是觀念的摹本，然觀念本身不能生萬物。柏拉圖智能以理性解決，故從一個烏有之鄉硬拉出來一個上帝的觀念，用作法寶。上帝的用處，就在把物質造成觀念的模樣。

佛說萬物皆是佛性，悟後感覺世界變爲佛性，變爲法界，故佛是絕對的一元論。

柏拉圖之難關，在於觀念本身不能產出萬物。而佛性則能生萬法，佛性與萬物，不別不二。

柏拉圖思想所以成爲二元論的根源，就在把感覺和理性劃出了一道絕對的區別。他把感覺和理性分開，當做純然不同的，而且加以反對，從而也就根本無法使它們彼此溝通。他的二元論便顯現於觀念和物質之對立，再現於感覺界和思想界之對立，又現於肉體和靈魂之對立。他把真理和實在放在理性方面，而不放在感覺方面，是確當的；但感覺和理性雖然分異，卻須一致，它們必須是異流而同源才行。

佛的妙理便無此缺點，他是最圓滿、最一元的。他最初否定感覺，認爲感覺是虛妄，故否定之。然此虛妄之根源，則非感覺本體之罪，而是無明所蒙蔽。無明揭開，則虛妄已滅，此時之感覺即同理性，即與佛性無異。故感覺和佛性雖然初則分異，最後乃是同源。

佛於雪山修道時，一切境界皆徧歷，入於非想非非想天（即非感覺境界），亦即無始無明境界而知其非，遂復利用六根用功，及至睹明星之頃，無始無明囫的打破，佛性和盤托出，故曰：「奇哉！一切衆生皆具如來德性。」佛乃超過此難關而證終極的實在者也。

佛於百尺竿頭更進一步，而西洋哲者不能，故其所達之境界，實不可同日而語！

佛打破無始無明見實性之後，一切山河大地、宇宙萬物皆變爲佛性，皆在佛性支配之下。此時所謂感覺、所謂非感覺皆是佛性，無二無別。所謂有體有用，一切難關，不復存在。

故佛性為絕對者，而希臘哲學為相對者。

今欲解釋「佛性」兩字，乃一至困難之事，因佛性非言語所能形容、非思想所能揣測，「唯證與證者，乃能知之」。無已，姑使文字般若之力，試為宣說，讀者得魚忘筌可也。

一、佛性是絕對，但此絕對須能說明世界。世界萬物，都要從這個第一原理推演出來。

二、這第一原理不但能說明世界，並說明自身，必得確實是究極的。換言之，我們決不可借助它以上或以外的任何東西來瞭解它。這原理不僅須是究極，而且還須完全可以理解，它決不可僅僅是一個究極的神祕。

三、萬物和佛性究竟是怎樣相關著。

我們想要得到佛學的價值之正確估計，萬不可著眼於體系枝節而須達其核心。佛的體系雖然是分門別類錯綜複雜，而全體系的中心思想便是「佛性」論（即絕對論），其餘一切都是由此推演出來的，所謂四諦、六波羅蜜、十二因緣、三界之身皆由這個中心理論出發。

佛性論並非釋迦偶然幻想出來，它的淵源實在很長久。釋迦以前爲婆羅門，婆羅門體系不能究竟、落空，故佛於雪山修行時，見明星而悟出了佛性乃究極的實在。

故佛性爲終極的實在，而感覺世界一經溝通之後，亦是究極的實在。用佛的話說就是穢土變爲淨土，感覺世界變爲法界。此種說明，決不是一個究極的神祕，乃是實實在在的，因爲釋迦自己體驗出來，後來的悟道祖師，亦皆體驗出來，有語錄可爲證據。

佛並非否定世界，而認爲世界即是法界，即是佛性；但衆生因謂未見佛性不能認識絕對法界。

希臘及西洋哲學家之難關，在於超越感覺境界，入於純粹思想境界之後，復墮於感覺境界之桎梏中。佛則超越此二境界，而西方哲人所未至之境界，即佛性境界，此境界不能以思想揣測，不能以語言文字形容，須實證然後能知之。證悟之後，一切感覺思想皆不離佛性矣，故曰：「惟證與證者，乃能知之。」

經中及祖師語錄中所表示此境界者，或語或默，已證者一目了然，未證者百思莫解，其方法如佛之拈花示衆，祖師之喝棒怒罵是也。

一切有限的存在，其本性都是自相矛盾，逃不了否定原則的支配。絕對存在於「佛性」，相對存在於「人法」。

範疇就是相對界的特徵，吾人種種的思想範疇，如有、無、動、靜、質、量、物、性、虛、實、內、外、因、果、本體等根本概念，完全是一念無明發展活動所表現出來的歷程，也可以說是思惟者的生命所表現出來的歷程。

黑格爾之「宇宙魂」就是一念無明。

修小乘者以制欲、滅業爲目標，結果變成一個無價値的終身待罪之人。

叔本華接受了小乘佛教的多苦觀，認爲欲望是世界的基礎和苦痛的根源，所以想否定欲望，使達到安靜和平，和更高尚的快樂，但他又明知欲望是無法斷滅的，所以他陷於生之悲哀的深坑裡面。

叔本華欲由悲劇和藝術來求解脫，是欲由我相入於衆生相。

麻醉主義（Narkoismus）如希臘人崇拜海神欲達到消滅個人的道路。

小乘境界就是黑格爾所謂「煩悶意識」，在無想天裡尋著一點平安和慰藉，小乘人如果能從無想天裡幡然醒悟轉來，他便變成一個再生的積極的青年，得到一種真正的生活，另開始一種奮鬥的救世生涯，這便是大乘修菩薩道的態度。他以從前的「煩悶意識」之經過爲殷鑑，主觀的、寂滅的、空洞的宗教生活非其所取，因爲在那時他已無宗教之可言，他已經超出宗教的空寂，並且不害怕實際生活。

推論——概念未確定無由推論。

經驗——經驗所分之境，如心如物，皆變幻無實，故無從得真正經驗。

認識——一切影象皆無實，而欲以妄想求真理，等於癡人說夢！

希臘哲人用推理所假設之宇宙本源種類繁複，名之爲「有」、爲「神」，爲「一」、「二」、「多」，爲「真」、「善」、「美」，爲恆久不變，爲圓滿無缺，皆是假設而已。其後經驗派興，加以否定，至謂科學爲智識，而形而上學非智識。以認識論爲根據之康德，則謂現象世界固然感覺不到，而且判斷所不能加，所謂實體連有無都不能說，遑論其他！故主張悟性勿用於此部份以免白費功夫，絕對乃無從講、無可講，人的智識是實證的，即科學的。欲以科學解決哲學問題，等於欲以相對解決絕對，嗚呼！乃五十步與百步耳。

余必先慎重聲明者，絕對之爲物，本無可講者，今人有用破相對以顯絕對之方法，即將一切皆逐一加以否定，則所餘者便是絕對，但此法易流於空洞，或引起誤解，叔本華即用此法，結果陷於悲觀。故余乃從無可講中而勉爲講說，與真實之絕對無關。經云：「凡有言說，都無實義。」佛言：「我四十九年說法，未說著一字。」余何人，而敢自謂有所說耶！學者勿泥余言，請向內自證以求親切看到。柏格森氏欲藉直覺以求真理，實非我人所敢同意。蓋直覺者，妄想也，以妄想求真理，可乎？由是觀之，西洋形而上學正在失勢覓路之中，余向西洋哲學家提出誠懇忠告，倘一本其以往之作風，惟憑藉其相對的腦筋思想或直覺之經驗，以合覓得達於絕對真理之出路，實同緣木而求魚！西洋形而上學，沒有絕對的一元論，亦沒有絕對的絕對論，上已言之，其所以陷於絕境者，乃因其建立相對的腦筋思想之上，初能獲絕對之結論也。思想是虛妄不可靠之工具，故其推演經驗出來之結果，皆不免虛妄。譬如零加零等於零，斷不能等於一也。

西洋哲學本身因爲屬於相對，而未達於絕對，故其內容常隨時而改變，致無有敢認哲學爲絕對之智識者，此必然之結果也。

該用絕對一元之大乘佛法來結束本體之諍論。

「絕對雖許存在而不可知」一語，至此應予取消。

「絕對不論存在與否，其知識終爲無用，故不一心求之」一語，亦應取消。

一切科學均取宇宙之一部份爲研究對象，而哲學則是以宇宙之全體爲對象；一切科學可以窮至其究竟，而哲學則非窮其究竟不可，但偏偏在最緊要、最究竟之部份無法解決，偏偏在最高之絕頂，没有人能爬上，因此整個哲學遂無法解決。哲學之領域是科學不能達到的，科學終止之境，正是哲學起始之處，但偏偏哲學自身不能達到終止的地方，哲學之瀕於絕者以此。今欲振哲學於危難，關鍵其在此乎！吾祈望胸懷誠懇之西洋哲學家，應一拋以往以有限摑提無限，乃白費精力者之不可知之觀念，再向此一目標前進不退，得絕對一元之大乘佛法之救援，定然可殺出重圍，向此堅固之堡壘反攻。

因果律是科學的根本律，因果律如果被否認，則科學立刻被推翻，科學家追溯到因果律便不前進。至於因果爲什麼可靠？何由而知其爲實在？科學家不管。但佛説因果是相對的，絕對中没有因果，所以一切科學皆被佛所否定。

西洋學者認爲：「哲學根本上是一個從感覺的思想，往純粹的思想上升的運動。」可見他們始終没有準備要離開思想，不純粹與純粹，其實皆是思想範圍。他們現在已達到純粹没有？我們不知道，就算是達到了，又何足奇？再進一步説，如果西洋學者已超越純粹思想境界，但那是達到無色界，即無始無明的境界，去絕對還很遠，何況純粹思想尚沒有達到呢！巴曼尼得斯、柏拉圖這些被認爲是大思想家者，其陷於徬徨之境，就是達到純粹之後，復跌回於感覺的桎梏之中，欲以影像來替代，萬萬不可。

柏拉圖對於宇宙萬物之說明，僅於此宇宙之外，又假設一個觀念的宇宙，這個效果不過是把要說明的萬物的數目加上一倍，把各樣的東西都重複起來，有什麼益處呢？正如亞里斯多德謂柏拉圖恰如一個算不清一個小數目，妄想再加一倍便易於計算一樣。

佛不是這樣，他說不能於世界外分別法界，不能於穢土外分別淨土，這個世界就是法界，這個穢土就是淨土。《華嚴經》說：「不能以世間法分別佛法，不能以佛法分別世間法。」佛法在世間，不離世間覺，世界與法界無二無別。佛性是真實，世界亦是真實，佛與衆生之別，只是悟與未悟而已。

柏拉圖的觀念，仍然是感覺，仍然不能離開感覺，因爲一樣是腦筋的產物，佛性乃將腦筋中之無始無明打破，此時觀念和感覺頓然改觀，雖然腦筋還是腦筋，但已非從前的觀念和感覺了。從前是虛妄、是錯誤，現在已是絕對的合理，無往而不自得。

柏拉圖既假定了觀念為萬物的根本質素，而又把那些根本質素放在萬物之外。一種東西的根本質素必須內在而不能外在的，但是柏拉圖卻把觀念和個別物兩下分開，將觀念遠遠地放在它們自己的一個神祕的國度裡，殊不知觀念雖然是普偏相，卻只能存在於個別體之中。佛性便沒有這種矛盾，它是萬物的本體，亦存於萬物之中，它是普偏相，可不是離諸相而獨立，乃存於一切相之中。它是個整體，亦是個個體，不能於萬物之外分別佛性，亦不能於佛性之外分別萬物。

佛性不能離開萬物，萬物亦不能離開佛性。佛性和物體合一，便是絕對的實在的存在。

佛性論應能說明萬物的生存運動。要說明這個，在佛性本身中，須有一種運動的原理才行。

佛性是終極的真實，所以如如不動。第一運動者是不動的，因為一切運動由此發生，倘佛性能變動，則須探求其動因，而不是終極的實在了。所以真實和最後的原因必須是不動的。

佛性是無限的，完全超越於有限之上，沒有言語、沒有思想可以相當佛性之無限。它是不可思議的，它的本質不是理性所能達到的。佛性不在內、不在外，而是無所不在，存於宇宙萬物之內，亦存於衆生心內。人人明心見性，不是依由思想，而是靠一種內在的超乎思想感覺的頓悟。

西洋人認爲絕對乃指本體論，相對乃指現象論。此說不圓滿，因爲絕對之中亦有現象，但其現象乃絕對者耳。相對之中若有本體，但其本體乃相對者耳。

佛家之有宇宙論，乃爲欲先說明而後加以否定，亦可說是在覓否定之理由。相對界，小乘所研；本體論、絕對界，大乘所研。由相對而生矛盾，由矛盾而生否定。由否定進於肯定而達絕對，絕對無矛盾，故不再被否定，不會再變爲相對，永遠是絕對者，永不退轉，這樣宇宙才有著落，人生才有歸宿。

記住這一條原則，凡存於時間、空間者，便等於存於思惟感覺之中；凡存於思惟感覺之中，此皆虛妄無實，皆是相對。換言之，即是有思惟感覺，然後才有時間、空間；有時間、空間，一切現象（相名）才有地方來活動建立，但皆受時間、空間所限制，隨著時間、空間而變遷。無有標準，無有歸宿，故名相對。

思惟感覺的本體是無始無明，無始無明自無始以來便是昏暗冥漠，無思惟感覺，但卻隱伏著思惟感覺的種子，能受刺激，受刺激後，便生出一念來，這一念之發動（名一念妄動性）便是思惟感覺的開始，繼續發展，完成整個相對的宇宙。

相對的宇宙，既是無始無明和一念無明所完成，但最後的本體，仍是以絕對爲本體，並無二個，如果只有這一個相對宇宙，那便變成唯心論，心外之物就被取消了。大乘佛法不是這樣相對的心外之物，乃絕對者，乃真實之存在，完全因爲它是絕對的，不是相對的心所思惟感覺而知的，所以可以取消唯心論。大乘佛法亦不是唯物論，絕對界中心和物是一樣的絕對，整個宇宙皆是絕對。

相對宇宙被否定，絕對宇宙開始了。但絕對宇宙本來便有，所以只可說是揭開假面具，還其本來面目而已。

當你置身於絕對之極峯時，一切景物皆奔赴你的腳下，自有人類以來的思想過程，皆不能逃避你的眼瞼。

那一片青翠欲滴的小草原，就是孔子和他的徒衆安居樂望之所。

那一個掩蔽著烟霞的古洞，就是老子和莊子的優游自得之處。那一帶雲烟縹緲別有天地的岡巒，便是柏拉圖的理想國。那相對聳峙的兩個峯頭，便是巴曼尼得斯唯心唯物二元論的結果。那連接著的奇峯，便是亞里斯多德徘徊之處。那些幽谷裡捱繫多姿的鳥蘿，便是叔本華的詩句了。

那些奇怪的古松，自絕崖谷壑中聳身而出，好像欲與天地爭雄，便是尼采所謂的超人。那些堅韌的巖層上，刻著人類歷史的詩句，便是黑格爾迷戀著的地方。

哥德說：「人生不會幸福的，除非他的無限的努力，尋得了一種自定的限制。」

又說：「藝術到了對象無足輕重而達入純粹絕對的境界時，那才是最高的。」歐洲啓蒙時期中的一切，都是律則化的，理性的律則，尤高於一切；可是那時的人，同時以自由爲理想。表面看來好像矛盾，其實不然，他們認爲只有服從理性，才有自由可言；又要尊理性，又要重自由，這樣的理想，就是自己管自己，在政治上表現出來，就是民主。

和這相反的潮流是狂飆運動，它是盧騷主義對於理性桎梏的反抗，它是有生命的人對於理智主義的反抗。在這裡，產生了哥德時代的精神，產生了德國唯心派的新生命。

啓蒙時期與狂飆運動就是人類思想相對之證明。

「那種內部充滿無限的神性和有限的世界矛盾，就是浮士德的矛盾。在浮士德式的人物看，這世界對於他自己的神性是一個永遠的幻滅的對象，他浮動於高度的神性和深度的爲神所棄的感覺之間，時而是天堂，時而是地獄，時而是賜福，又時而是世界的幻滅，於是構成了一種世界的哀愁。」
這段可以證明浮士德是表現世界人生之相對和矛盾。
「永恆之努力是人生問題的根源，也是解脫之方，就從人生之謎的解答。」
「假若你想步入無盡，卻只有先打破有盡的根源。」
又要記住一條原則，就是相對界中一切皆是相對；絕對界中，一切皆是絕對。
相對界沒有完全結束時，絕對界無法開始。
孔子之道，不出一念無明範圍，故曰：「吾道一以貫之。」
老子之道，由一念無明生而復歸於無始無明，故曰：「道生一，一生二，二生三，三生萬物。」又曰：「復歸於無極。」禪宗祖師教人參：「萬法歸一，一歸何處？」倘以爲一歸於無，則同老子；倘以爲一無所歸，則同孔子，都無是處。除開這兩處，請再參看，究竟一歸何處？
有無始無明然後有一念無明，所以無始無明與一念無明是相對的，有第一念則有第二念、第三念，以至無窮無盡的念，由相對生出無數的相對。所以相對是不可窮、不可究，沒有止境，如環無端，故名輪迴。人如果依著一念無明發展，往前去追求他的欲望，是無有止境的！譬如牛拉著磨跑，始終沒有超出那圈子，非至筋疲力盡不已。

一便是相對的基礎，因爲有一，然後有二也。徑山云：「要識一貫，兩個五百。」便是這個道理。所以孔子「吾道一言以貫之」是屬於相對的；老子「一生二」亦是屬於相對的，「復歸於無極」亦是相對的，因爲無極會生一，一會生二也。釋氏則曰：「本來不生故不滅。」

我執

據紐約電話公司統計，在五百次電話當中，人們把「我」字用了三千九百九十次，因此他們就作了一個結論說：「人們無論在什麼時候，什麼地方，最關心和最感興趣的都是自己。」

黑格爾在〈自我意識〉一章裡認爲，雖然唯心論只是少數哲學家的思想，但是實際上或者就廣義而言，每個人內心裡都可說是唯心論者，因爲凡有理性之動物，莫不認其自身爲宇宙之中心，莫不根據其自己之所有，或本自己之利益以解釋一切所見聞。

黑格爾說思想之演進分爲四期：

一、意識期：因內心之明而可以知外界之事事物物，並加以考察而定其真僞。

二、自我意識期：大體上升入唯心論之門閾，覺吾人思想之對象，或所思，實爲自我之表現。

三、理性期：思想對象已爲客觀觀念的結晶，或範疇世界，一面有客觀的真實，非一己所臆造；一面在原則上仍屬自我，爲自我之中所能瞭解、所能征服。

四、精神期：心或精神得完全具體明白的表現，精神世界不僅有我個人所有之精理，而且包括當時我所隸屬之全社會人類所共認之真理，故可算是普遍永久的真理堂奧了。精神世界之頂點，即精神之絕對表現。這種最高層的思想是超社會的，到達宗教的境界了。到達此種最後境界，思想便得著歸宿安頓，由明而至誠，由知而至行了。但到了此境，又將行起新的哲學思想了。

以上第一、二期是「我相」，第三期是「人相」，第四期是「衆生相」。

自我是一個桎梏，人只有在忘卻自我的時候才得到快樂。要忘卻自我，只有借助於「法我」。「法我」就是我之外的萬事萬物的我，譬如音樂、藝術、運動等皆是「法我」，我們聽音樂或欣賞藝術品時，會忘卻「自我」，這時當然比較自由快樂。但「自我」雖忘，卻落於「法我」範圍之中，「法我」仍有時間、空間的限制，譬如聽音樂只能在一個短時間之內，如果時間過去，依然跌回自我的桎梏中感受痛苦，於是我們想找大的快樂，只好拋棄「法我」入於「空我」。「空我」是更快樂了，那園地只是空寂冥漠，一切外物不能侵入，就是小乘禪的滅盡定境界，心身輕安，恬然自得，乃是一種相對的「涅槃」境界。但是「空我」仍然是受時間的限制，當你跨出空境時，你又跌回自我的桎梏之中。所以你如想得到最徹底和究極的快樂，只有拋棄「空我」，證入真如佛性境界，這時不受時間、空間限制，超出三界之外，才是絕對的自在，絕對的快樂。

人一生下來就是相對的，好像是命運注定了。人類的祖先不是一個而是一對，男的和女的；不是一樣的皮膚，而是白的和黑的；不是一樣的腦袋，而是有美有醜、有聰明有笨拙、有善有惡；不是一樣的家當，而是有貧有富；不是一樣的個子，而是有高有矮、有強有弱。一切都是相對的、矛盾的，人類真是一種相對的動物。

無始無明、無聲無嗅、無形狀知覺，故好像是絕對；但能受刺激，是被動，則是相對的。

無始無明受刺激而一念發作，是爲一念無明，便是相對的正式開始，亦即是

「我」之開始。無始無明是「無我」，一念發作生起便是「我」。一念無明是「末那識」，「末那識」即執我之意，念念執「我」以「我」爲主，所以一念無明便是「我」，是識之開始，相對宇宙之開始是盤古，他開天闢地。

叔本華欲以音樂、藝術來求解脫，冀求消滅個人的「我」。個人的「我」雖暫時停止，而音樂、藝術之「我」仍存，即是我執、法執，破我執又落於法執，破我相落於法相，一樣是相對的，非徹底解脫，實與麻醉主義無異！以音樂、藝術來麻醉人生與以醇酒、婦人來麻醉人生，或禪寂來麻醉人生，其實是一樣的。

印度教欲破小我，使入於「梵天」，與宇宙爲一體，其實即是由一念無明歸復於無始無明。

向外照好像經過很遠的路程，其實是由末那識到阿賴耶識而已。

相對界應該用相對來解釋，絕對界應該用絕對來表示。但相對界根本是相對的、假立的，解釋了等於沒有解釋。而絕對界本來不可用言語來表示，表示了等於沒有表示。

一念無明是相對宇宙之開始，亦是生命之開始。一念無明之擴張，即是生命之擴張，擴張越厲害，兩端的距離越遠，矛盾更甚。

音樂、藝術欲使矛盾復歸於統一，欲使整個相對宇宙復歸於一念無明。

呼吸是一念無明之足聲，同時亦是音樂之起源，音樂使相對宇宙入於一呼吸之中，使生命返本歸源，使現量暫時脫離於比量而獨立，使耳識暫時脫離末那識而得到相對的涅槃。音樂存於時間中，線條存於空間中。

線條是一念無明之足迹，是美術之始源，是生命之脈搏。美術家使相對宇宙入於線條之中，使生命返本歸源，使現量暫時脫離於比量，使眼識暫時離末那識，而得到相對的涅槃。

一念無明好像是一股泉水，自無始的深山中出來，向著低處奔流，有的流入江河，有的流入深谷，有的流入糞坑，有的流入大海。它能解人渴，亦能溺人命；能使人喜，亦能使人愁；能使天地爲之低昂，風雲爲之變色，宇宙爲之震怒。

不但光線和色彩皆是線條，且都是在一念無明之境界。

音樂不但使耳根暫時歸原，其餘各根亦暫時歸原，故孔子聞韶三月不知肉味，就是舌根歸原的證明，《華嚴經》云：「一根得還原，六根盡解脫。」

尼采的超人不是別個，就是自己的欲望，他是一念無明的代身，他自己抬著自己，越抬越高，最後他把上帝從寶座上拖下來，讓欲望坐上去。欲望的提高就是

「我執」的發展，越提越高，好像氫汽球一樣，只管上升，一直到沒有空氣的地方，就自己爆炸。當還沒有爆炸的時候，它是不顧一切的，唯一所知的，就是往上升，結果就是爆炸。它不怕爆炸，因爲爆炸是它最完美的歸宿，是新的欲望開始。

叔本華要否定人生，但結果是給人生所否定；尼采要肯定人生，結果亦是給人生否定，不過是在他們的墓誌銘上，各別刻上了悲觀者和樂觀者的頭銜而已；蘇格拉底要追求人生，認識人生，結果亦是給人生所否定，所以他臨死的時候說：「人生是疾病。」

人是相對的，相對的東西，永遠得不到自由，要被統治。人一生下來便被自然所統治、被國家民族所統治、被他自己的欲望所統治，甚至被人所統治、被兒女所統治，但人還不自足，還要要求一個更高的統治者，於是自己創造出「上帝」，創造出「神明」，創造出「領袖」，作爲絕對的統治者，所以人是最忠實的相對者。

人一天到晚嚷著要自由，但這相對的宇宙中只有相對的自由，於是人只有服從自由。自由是一個圈子，一間小監房，人只有在這裏才得到他的自由，因此有些人便自足快樂，有些人卻憤激發狂，有些人便頹廢自殺。他想肯定自由，但自由卻無情的把他否定。

如果人想得到更大的自由，想打破那監房的鐵柵——相對的界限，必須要有極大的犧牲精神，他最先碰到的便是自己被否定。

我在全世界的思想家、科學家、藝術家的著作中，看到每一個時代相對的人類的面孔，或憂愁、或欣喜、或伶俐、或笨拙、或兇猛、或溫柔、或樸實、或奸狡，他們是相對的人類代表者。但無論是怎樣的相反，但結果通通被否定，被相對所否定，没一個永遠存在。一切天才者，有如天邊的閃電，他的美麗不過瞬刻，他的壽命不過俄頃，他被時間空間所吞噬、淹没，因爲他不過是一個相對的動物。

羅素欲以精密的數理，結成巨網，來撈捕那條絕對的巨魚，但他所撈到的卻是一條相對的小魚，因爲他的網還不夠大，没有超過相對的海。

一些莫名其妙的相對的人們，他們是相對中之最相對者。他們不作越獄的夢想，他們喜愛他們的監獄，他們自願居於渺小，他們知道總有一天被否定，他們不去想它，不去管它，甚至用「快樂」和「偉大」這些名詞來做興奮劑、安眠藥。他們說黑暗是仁慈的，牢獄是溫暖的，他們的知覺根本就没有標準。

有這一個極端便有那一個極端，它是一個東西的兩頭，因爲它是一個東西，所以有兩頭。宇宙亦是一個東西，所以它亦有兩頭——地獄和天堂。如果只有地獄，地獄便是天堂了；如果只有天堂，天堂便是地獄了。如果沒有天堂，則同時沒有地獄；如果沒有地獄，同時亦沒有天堂。

戰爭雖然那麼殘酷，但大家卻死心塌地的服從它，甚至歌頌它，說人類這樣才有進步，它不是在破壞文明，而是在創造文明。

在同一化學實驗室中有人在研究救人的藥物，有人卻在研究殺人的毒氣。研究藥物的人，一心一意要發明驅除世界上最害人的疾病的特效藥，越靈驗越好，救的人越多越好，如果有可能的話，他們也許想發明一種長生不老的特效藥，使人類完全免去老死的威脅。研究毒氣的人，卻一心要發明一種能殺人的毒氣，越厲害越好，如果有可能的話，他們亦想發明一種一下子便可將全人類完全消滅的毒氣，去消滅他的敵人。這兩種研究者，同抱著一個信念——我是在做著一種救人類的神聖工作。

在上帝的轄境內，人們實在沒有自由的命運，一切只有聽上帝來決定。於是有人就不免要驚疑問道：「上帝究竟有沒有情感呢？祂老人家的脾氣究竟什麼樣？」如果上帝的脾氣好、度量大，經過這麼長的時間，你我怕都早已生在天堂上了。因爲祂的兒子耶穌曾說過：「信我者得永生。」因爲上帝的權力很大，祂要誰上天堂或入地獄，完全由祂來決定。如果上帝有時亦會發點兒脾氣，那麼不幸碰到祂老人家不高興的時候，我們只有入地獄一條路了。

從前滿清末葉有一位大官到某地辦清鄉，這位老先生脾氣很怪，凡是送來的匪犯，一概不問，只說一聲：「處斬！」便押出去殺掉。有一次，一位鄉紳帶了八名匪犯來見他，他照例喝聲：「通通押去處斬！」等到斬完報上來的卻是九名，才知道連那送匪有功的鄉紳都殺掉了。上帝無論如何不會糊塗至此，但靠別人的脾氣（我們承認祂有脾氣好的時候）來決定命運終是有點不妥，上天堂或入地獄，還是要靠自己來決定。

婆羅門教又是另一種說法——人們本來生在梵天，因爲有了欲念和罪惡，所以墮落到這個世界，如果能革面洗心，修練梵行，把罪惡洗滌乾淨，便再生到梵天上了。於是有人就不免發生疑問道：「如果罪惡本來没有，何以又會生出來呢？」如果後來才生，則我們修行生梵天之後亦難保四季平安，倘有一日心裡又闖出了罪惡的念頭，又墮下世間來，又要再修行，再上梵天。這樣走上走下，經過那麼多萬劫，我們的腳就是不跑斷亦會生雞眼呢！

未入絕對而承認，則其所承認者皆假，假加假等於假，猶一加一等於二，由是再加則無窮數皆假也。

一減一等於零無可再減，就是否定的終止，否定終止即承認了開始。老子「爲道日損」，用否定方式減至零時乃至於「無」。否定雖終止，而承認則沒有開始，故未圓滿究竟。

爲學之道可以二方式概之——一加、一減。加者承認，減者否定。加者譬如一加一等於二；減者譬如零減零等於零。

羅素妄想藉其以數理構成之天羅地網，捕捉此超越迹象之巨魚——絕對，結果不但一無所獲，反將自身纏縛於羅網之中而無由解脫。中國不識字之柴夫，聞一語而證悟絕對，又有看桃花而證絕對者，聞擊竹之聲而悟絕對者（皆出《傳燈錄》），不知何年西洋人才能懂得也！

羅素以數理來擬構宇宙大概是什麼，比獨斷論者並不高明多少。柏格森說康德想創造一數學大綱把宇宙籠罩下來。

生存在相對界中的的西洋哲學家，他們受相對界自然矛盾的啓發，利用屬於相對中的絕對的數學和物理學來否定周圍相對的東西，這是以相對否定相對的方法。可是他們還沒有完全清楚，數學、物理學的本身就是相對的，如果離開了相對的時空，數學和物理學，甚至一切科學便無所施其技了。最後，當數學和物理學等超越相對時空，進入絕對的時空時，數學和物理學環顧周圍，一切皆是絕對者，雖欲加以否定，而無法下手。此時數學、物理學本身即是絕對者，完全脫離了人們愚蠢的腦筋，而自己存在於絕對的宇宙之中，它們於是得到「永生」。

佛法發展情形

佛法之發展擬分爲四個階段以說明之：

相對界
- 我執——我有法有
- 法執——我無法有
- 空執——我無法無

——否定

絕對界——中道（得第一義空即佛性）　我有、法有——肯定

小乘	我執階段	主觀唯物論	相對範圍：四諦	一念無明	聲聞：斷六根
中乘	法執階段	主觀唯心論	相對範圍：十二因緣	一念無明	緣覺：斷一念無明
大乘	空執階段	心物合一	相對範圍：六波羅蜜	無始無明	菩薩：破無始無明
最上乘	實相階段	非心非物	絕對範圍	真如佛性	佛：萬德圓滿無修無證

西洋哲學僅有我執、法執二階段在一念無明範圍之內，所謂思惟、理念等等皆一念無明之化身，即腦神經之作用也。

西洋哲學目的在窮理致知，故不肯離開一念無明，良以一入無始無明範圍，則空洞冥頑，無理可窮，無知可致，與其目的相違，故西洋哲學家始終沒有進入無始無明境界。不進無始無明境界，則無法打破空執，亦就是無法進入絕對了。

西洋哲學家目的在窮理致知，而佛法之修持者目的在了生脫死；西洋哲學重理論，而佛法則重實踐。向一念無明範圍發展，各種哲學科學之學說層出無窮，紛紜雜沓，外表似較佛法豐富，然皆屬相對之真理，無一能達絕對者，因爲一念無明本身便是相對故也。

佛法因爲看出一念無明之虛幻不實，故不在此範圍中發展，超越一念無明入於無始無明階段，再否定無始無明階段而達絕對本體，所以佛家最重要是「方法」。

「我執階段」是小乘的階段，小乘人認爲「我」與世界萬物皆爲實有，是主觀的唯物論者，是向外觀察的。一切皆以外界爲觀察的對象，所以他的方法亦是以物爲對象的。他看見世界萬物是在不斷的成、住、壞、空過程中；而人生則在生、住、異、滅的過程中。在這裡，他發現了相對的根源，就是一切皆在生成和壞滅，這是自然的矛盾，是無常。一切的矛盾和無常，產生了苦惱和不安，他想超出這圈子，所以要求「常」，要求不生不滅，對人生則要求了生脫死，他認爲要解脫生死之矛盾及苦惱，惟有否定「自我」。要否定「自我」惟有斷滅六根，因爲一切苦惱，皆是六根招集進來的。

所以由認定無常、苦、空、無我的過程，而定下苦、集、滅、道的四諦方法。就是說，世界人生皆是相對的、矛盾的、無常的，所以使人「苦惱」不安。這些「苦」又是六根招「集」進來的，所以要斷「滅」六根，然後能獲得清淨快樂的涅槃之「道」。

因爲小乘人是向外觀察者，所以他的對象是物，他的用功修行方法，亦是以物爲對象。就是斷滅六根感覺，免除肉體的痛苦。

斯賓諾莎說：「要研究當做一定思惟形態看的人間精神，首先必須研究肉體的活動。」這和小乘人把苦惱歸到六根上，有相近似之處。

在這階段成立的認識過程是色、受、想、行、識，叫做「五蘊」，亦是以物爲對象。「色」就是外界自然現象，「受」是六根把自然現象攝受進來，「想」受影響而發生了思想，「行」由思想而行動，「識」由行動經驗而得到認識。

斷六根的方法，就是將思想感覺之門關閉，使心裡清清淨淨，不受外界的影響。外界的現象是矛盾的、衝突的，既然進不來，就是沒有「受」，同時將意根凝住不動，便沒有「想」。這時，心裡只有清淨之一念仍存，這一念就是一念無明，它雖暫時凝住，仍脫不了肉體的作用，要受時間的限制。所以小乘入定，經過若干時間後，便無法再支持，又須出定，況且在關閉六根之門時，仍須清清淨淨一念去支持它，亦是相當吃力。一出定又墮到「自我」的思想感覺的桎梏中，所以小乘人雖然想否定「我執」，結果卻沒有超出「我執」的範圍。

柏拉圖把兩種現實分開，一種是相對的感覺世界；另一種是絕對的觀念世界（其實觀念世界還是相對的，沒有超過一念無明範圍）。他企圖超越感覺世界，而進入觀念世界，但他無法永久生存於他的觀念世界中，結果還是墮回感覺世界的桎梏中。他超越感覺的企圖，和小乘人一樣，小乘人把思想感覺之門完全關閉，而他則是在思想中另闢世界，以爲藏身之所，但是嚴格的說，他的世界還是在一念無明的範圍之內，好像是由這一頭（感覺）走到那一頭（觀念）去，究竟沒有超出那圈牢。

叔本華接受了小乘的多苦觀，卻沒有接受他斷六根的方法，而企圖在悲劇和音樂中得到「涅槃」。這就如同不肯將感覺之門關閉，而想在感覺世界之內的另一角落找到安身立命的地方。悲劇和音樂，當然同樣受時間所限制，當演奏完畢時，你便會跌回「自我」的桎梏中。

所以否定「我執」的方法，小乘人是失敗了。要到中乘人手裡，才完成否定「我執」的方法。

「法執階段」，中乘人認為向外觀察是不對的，斷六根的結果，不能超越一念無明的範圍，因此便回轉頭來向心裡面去觀察，看見一切相對皆由一念無明而起，各種對立中間，有一種因緣的連鎖作用，離合無常，合時便生，離時便滅。譬如此身乃四大與五蘊合成，四大五蘊離散，此身便消滅，此身既滅，則「我」便不能存在了。所以一切萬物皆是「起惟法起，滅惟法滅」，除開因緣離合之外，一切皆不能存在。用十二因緣來解釋人生過程，就是：「無明（是一念無明不是無始無明）緣行，行緣識，識緣名色，名色緣六入，六入緣觸，觸緣受，受緣愛，愛緣取，取緣有，有緣生，生緣老死。」這十二支包括過去、現在、未來三世的循環過程。

「無明」就是一念無明，亦名一念妄動性，因不覺起了念頭，還有各種活動，故繼之以「行」，此兩支是前世所作的因。「識」是因行動而造成的業識，譬如中陰身被業牽動而來投胎。「名色」是在胎中時，色身尚未成就，受、想、行、識四陰只有名目，未有色質。「六入」是在腦開張了六塵所入的地方，六根已完成。「觸」是出胎之後，六根觸了六塵。「受」是領受一切環境，這五支是今世所受的果。「愛」是對塵境的愛好。「取」是由愛而想佔有。「有」是「業」的意思，今生造業，來生必受報，這三支是今世所作之因。「生」是隨所播種子再來受生。「老死」是既有生，必然就有老死，此二支是來世應受的果。這是十二因緣的舊說。

這樣看來，人生是由一念無明開始的，思想感覺的世界，亦是由一念無明造成的，那末，要超出生死輪迴苦海，要否定這思想感覺的世界，非把一念無明斷滅不可。若一念無明滅，則十二支無由緣起，一切皆空，豈非很徹底，但法執雖破，而落於空執，翻不過身子來尤其不妥。此之謂「空」乃表面上之「空」，其實仍有極微細之無始無明種子潛伏於識心深處，而未發覺，故仍未脫離生死。以上方法，乃由欲界諸天上至於色界無色界諸天，但未能越過三界二十八天範圍，仍在相對界之內。大乘則達此「空」之境界後，復將之打破，於是豁然貫通，入於絕對實有之境，出入三界而無障礙，然後能普度衆生，故大乘所修者爲六波羅蜜。大乘和小、中二乘之主要分別，就是在能否越過相對界這一點上。越過便達絕對，便是「成佛」，没有越過便是「衆生」。

法義解析

本來無佛無衆生
世界未曾見一人
究竟瞭解是這個
自性還是自己生

一切皆空

《般若經》之「一切皆空」，第一步是指相對宇宙之一切皆假，皆須否定。但當相對宇宙被否定淨盡時，入於絕對真實之域，則一切不是空，此時之「一切皆空」，便是指一切皆是真如佛性。世界萬物無非真如佛性，真如佛性不能用語言表示，不能用思惟測度，只能用智慧覺悟證明。一般哲學家見龍樹在《中論》中說空「非有非無」，遂認「空」乃非有非無的範疇，或無差別的範疇（向林永《中國哲學史》），此乃大錯！因爲佛性是絕對的，有和無是相對的，所以說「非有非無」。又謂非有非無的範疇，即不是任何的一極端，所以龍樹主張「中道」，把「中道」解釋成中庸之道，更爲錯誤！《涅槃經》說：「不得第一義空，不行中道。中道者，名爲佛性。」佛性乃絕對者，而中庸之道乃是無過不及的做人道理，豈可相比耶？又謂空的本質就是「無差別」，就是主觀與客觀、個別與實體之間的對立。但區別的滅卻，就是特殊範疇的酩酊，就是科學思想之完全抹殺。在這裡，爲要否定對象的世界之實在性，遂也否定了實在性一般。於是一切的範疇——宇宙，便終於埋沒到所謂「在那裡一切牝牛都在黑夜」的全體者——「空」——的昏闇之中。這是把第一義空看做無始無明境界的空了，是誤解「空」之最盡者，乃是受天台宗不正確道理所誤。

三界唯心

「三界」是欲界、色界、無色界，包括整個相對宇宙。「假」心是指見聞覺知之心，就是相對的心。「假」由相對的心造成相對宇宙，所以說：「三界唯心。」此之謂心，非絕對真心也。絕對真心即真如佛性，乃越出三界者，不應含糊，然後可談佛法絕對之理。

單只「真如緣起」四個字，便可判定《起信論》是僞造者，何也？凡有緣起者，皆生滅法也。真如不生不滅，故無所緣起；真如不變不動，故無所緣起。若有緣起，則有生滅、有變易，有生滅變易，則同輪轉矣。故《華嚴經》云：「譬如真如，無有變易；譬如真如，恆守本性；譬如真如，不受薰染。」

佛性無緣起論

緣起者，有始有終之謂也。佛性乃無始無終，故無所謂緣起。緣起者，乃現象界之事耳。若依緣起而推究其根源，必將墮於因果輪迴之中，乃不可避免者，而佛性則超越因果輪迴者也。

天台宗乃否定未盡而欲跨入絕對者，實不可能。空、假、中三觀，天台宗以「中」爲佛性而觀之，其實相對之人尚未進入絕對，則無論如何觀法，所得者皆相對耳。

《圓覺經》云：「念念相續，循環往復，種種取捨，皆是輪迴。未出輪迴而辯圓覺，彼圓覺性即同流轉。」安在有「中」之可觀乎？相對界中所可觀者，皆相對而已耳。

小乘之建立，有二原因：一、因爲衆生根基尚薄，未能領會絕對之理。二、因爲那時外道建立種種理論以說明本體，故只能用否定來結束外道的紛爭；待到衆生智慧已有進步，外道紛爭已結束，於是才講絕對之理，一切均被承認。學佛至難事，亦至易事。言其難，則迷即累劫是也；言其易，則悟即須臾是也。言其難，則三藏數千卷經籍，真是從何說起；言其易，則如鳥窠和尚拈起布毛說：「我這裡亦有少許！」吾則曰：「學佛不難不易，只須覓得路子，把住鑰匙照路子走去，便可達到寶藏之門，舉出鑰匙把門打開，一切都歸你所有。」吾學佛多年，本佛宗旨指示路子，給與鑰匙。故佛雖言唯心，但言畢隨即加以否定，故佛非唯心論者。

唯心、唯物皆佛所否定，但入於絕對境界之後，佛又加以承認。因為一入絕對，唯心、唯物皆是絕對，故佛概與承認。故唯心、唯物之諍，非佛無能結束者。

惟釋迦名之為「佛性」，隨即曰：「佛性也無。」

當衆生認物我為實時，佛告之曰：「非也，皆色心諸法和合而成。」衆生認諸法為實時，佛又告之曰：「非也，諸法空無性。」當衆生認一切皆空時，佛又告之曰：「此乃無始無明，生死種子，不破則仍不脫生死，打破則成佛。」

絕對界只有絕對完全。

小乘的理論因為根本就是相對的，所以教義內容隨著時代而有改變和發展。

小乘相信我們身外的世界與組成之者，中乘完全否認世界和諸法實有。

瑜伽宗信世界雖為心的產物，卻是相對實有，而且諸法實在是心開展的各階段。

唯識乃將整個相對歸納於八識中而否定之，唯識之最緊要關頭，在轉識成智，破我執、法執，而破法執須連識本身亦破之，故論云：「若執識為有，亦是法執。」故先否定我、否定物，最後則否定識心，然後能入絕對。要明白在「識」字上做工夫，便是要把它弄清楚後即否定它，利用識來否定其餘一切，一切已否定，則識亦要否定。梁漱溟說要在三量中把現量抽出來，始可認識絕對，此乃欲以相對之現量表現絕對，乃不可能。否定未盡，無法入絕對，就是抽出來亦仍是相對之現量，一入絕對之後，則非量皆同現量矣。

梁氏之法，與柏格森欲以直覺認識無異。無論直覺、橫覺皆是妄心、皆是相對，何能認識絕對?識心即妄心，即相對界識心之三量，皆相對者，故是相對之三量。待到相對三量皆被否定淨盡，入於絕對後則是真心，此時皆量非量，皆變爲絕對。關於現量，乃絕對之思現量，不可不別。

漸教如樓梯，拾級而上，可造絕頂。頓教如電梯，妙機一動，即達頂巔，故曰：「超越階級。」龍樹以破邪顯正，宏揚大乘。破邪者，否定也；顯正者，承認也。不否定，則無由承認矣。

真如之體不可說，故否定非真如者。否定已畢，則真如體顯；真如體顯，則一切無非真如，故一切皆應承認皆是絕對。

真心非緣形色而生，而是形色當體即是真心。不住色生心，應無所住而生其心。所以真心不在外不在中間，而是無所不在。

六祖「非旛動、風動，仁者心動」。蓋旛也、風也、動也，皆人憑其思惟感覺所立之相之名，與絕對本體無干。離開相名，則只有感覺，離開感覺，則無有旛動、風動，只有本體也。故曰：「仁者心動。」故所謂動靜者無由成立，以此類推，以至生滅一切名相皆然。

解悟與證悟

馮友蘭《新原人》第一章云：「一名言底知識，在經驗中得了印證，因此而確見此名言所代表的概念，及此概念所代表的理，因此，經驗與概念配合而有了意義，此名言與經驗聯合而不是空的，得此種印證的人，對於此經驗及名言即有一種豁然貫通的瞭解。此名言之對於此人，本是空的，但現在是有經驗的內容了；此經驗對於此人，本是渾沌的，但現在知其怎麼一回事了。例如一學幾何的人，不瞭解其中的某定理，乃於紙上圖畫以爲例證，圖既畫成，忽見定理乃是如此。又如一廣東人，雖常見書中說風花雪月，而實未嘗見雪，及到北平見雪，忽解何以雪可與花月並列。此種忽然豁然貫通的瞭解，即是所謂悟。此種瞭解是最親切的瞭解，亦可以說是真瞭解，瞭解用道學家的話說此即是『體念有得』。陸桴亭說：『凡體驗有得處皆是悟，只是古人不喚作悟，喚作物格知至。』（《思辨錄》）伊川說：『某年廿時，解釋經義與今無別，然思今日覺得意味與少時自別。』（《遺書》卷十八）何以能有別？正因他體驗有得之故。」

用腦筋感覺去思索、去經驗、去覺解，所得的「豁然貫通」沒有一件能超出腦筋感覺的範圍，仍是相對的。凡相對的悟，佛家皆名之爲「解悟」；惟有絕對的悟，才叫做「證悟」。「證悟」就是明心見性成佛，成佛只有一次，所以「證悟」亦只有一次，因爲這是絕對的悟，所以一悟永悟，不會今天是「證悟」，明天又要再「證悟」，如果這樣則那一天能算成佛呢？解悟是相對的，所以可以有多次，「物格知至」的悟是相對的，天下的物無窮，所以格一物，致一知，慢慢的格，這工作是沒有完畢之一日，只好格到老、格到死，呼吸已經停止，而物還沒有格完，所以此等功夫實在是永不能達到「究竟」的。就是更進一步不格物而來格心罷，也一樣格不完，以孔子那樣的聖人尚說：「加我數年，五十以學易，可以無過矣！」故莊子說：「吾生也有涯，而知也無涯，以有涯隨無涯，殆矣！」這話是針對格物致知而發的，所以道家主張「絕聖棄智」，是看清相對的東西沒有止境的。如伊川說：「年廿時，解釋經義與今無別，然思今日覺得意味，與少時自別。」（《遺書》卷十八）可見伊川的體驗是相對的，所以經過若干時候之後，便覺意味有別，倘是絕對的「證悟」，則不但少時與老年的意味無別，就是幾千年前佛所「證悟」的，與現在人所「證悟」的亦是絲毫無別的。所以儒家之解悟，與佛家之證悟是不可同日而語的。馮氏在《新原人》中所說的覺解，便是相對的覺解，非究竟法。不但馮氏一人，以前的理學家，亦把「解悟」當做「證悟」看待。

馮氏又說：「若借用佛家的名詞，我們可以說，覺解是明，不覺解是無明……覺解是無明的破除。」後來又說：「但若只有覺解，而無較高一層的覺解，則其明仍是在無明中。」這亦誤解「無明」的意思。覺解是相對的，乃存於腦筋感覺之中，不論高一層亦好，低一層亦好，皆屬一念無明範圍。不覺解雖然是無明，覺解亦未離於無明，不能將無明破除。倘能證悟真如，則「明與無明，其性不二，不二之性，名爲實性」。此種覺解的本身，就是一念無明，所以古人說：「一念迷是衆生，一念悟是佛。」亦是大大的錯誤。

論四相

四相者，我、人、衆生、壽者是也。普通一般解釋，皆爲以不執著我、你，不執著大家，不求長命，便是無四相，實未明佛之精義。蓋四相者，乃用功時最易誤認爲自性之四種境界也。四相乃相對者，佛性又名實相，乃絕對者，故佛時時提出以警大衆。

昔有一法師講《金剛經》至：「無我相，爲不執著我；無人相，爲不執著汝。」時座上有一龐居士問：「無我相是誰講經？無人相是誰聽經？」法師不能答。故知此種見解，實膚淺錯誤，不可不加以糾正，使佛理晦而復彰於世，用功者不墮邪見。

照普通解釋，不執著汝、我、衆生，即俗語「大家都是自己人，何必計較彼此」之意也。不求長命，即陶淵明所謂「樂乎天命復奚疑」，莊子之彭殤齊觀、劉伶之「死便埋」，前者普通見識，後者達觀。我佛慈悲，豈教人學普通見識而已耶？我人學佛，豈欲學此普通見識而已耶？故知四相者，乃一至關重要之問題，非一般膚淺之解釋所能明也。玆依次明之：

《圓覺經》云：「善男子！云何我相？謂諸衆生心所證者。善男子！譬如有人，百骸調適，忽忘我身，四肢絃緩，攝養乖方，微加鍼艾，即知有我，是故證取方現我體。善男子！其心乃至證於如來，畢竟了知清淨涅槃，皆是我相。」

《禮記．樂記》云：「人生而靜，天之性也；感於物而動，性之欲也。」是無始無明受刺激而生一念無明也。

孟子曰：「萬物皆備於我。」是我相。

程明道曰：「仁者以天地萬物爲一體，莫非己也。」「天地之用，皆我之用。」是我相。

張橫渠曰：「是天下無一物非我。」是我相。莊子曰：「天地與我並生，而萬物與我爲一。」是我相。

「善男子！云何人相？謂諸衆生心悟證者。善男子！悟有我者，不復認我，所悟非我，悟亦如是，悟已超過一切證者，悉爲人相。善男子！其心乃至圓悟涅槃俱是我者，心存少悟，備殫證理，皆名人相。」

基督教的利他主義，就是釋迦所提出的四相之一的「人相」。

經云：「善男子！云何衆生相？謂諸衆生心自證悟所不及者。善男子！譬如有人作如是言：『我是衆生。』則知彼人說衆生者，非我非彼。云何非我？我是衆生，則非是我。云何非彼？我是衆生，非彼我故。善男子！但諸衆生了證了悟，皆爲我人，而我人相所不及者，存有所了，名衆生相。」

又云：「善男子！云何壽命相？謂諸衆生心照清淨覺所了者，一切業智所不自見，猶如命根。善男子！若心照見一切覺者，皆爲塵垢，覺所覺者，不離塵故，如湯消冰，無別有冰，知冰消者，存我覺我，亦復如是。善男子！末世衆生，不了四相，雖經多劫，勤苦修道，終不能成一切聖果，是故名爲正法末世。何以故？認一切我爲涅槃故，有證有悟名成就故。譬如有人認賊爲子，其家財寶，終不成就。」

車行公路之上，每至急彎或上坡、下坡之處，皆豎一牌，大書「危險」或「注意」等字，蓋爲旅客之安全而警惕司機，免於傾覆。我佛慈悲，將四相以示大衆，亦此意也。末世衆生，誦經至此，不知感激悲泣，頃刻毋忘，僅以不執你、我了之。所謂辜負深恩者，非此輩而誰耶！故欲達佛性絕對本體，不重理論而重實行。

實行者，修習是也。有三法：曰「奢摩他」、曰「三摩鉢提」、曰「禪那」。或曰：「佛性既非言語思想所及，然則何以知有佛性乎？」曰：「佛知之。歷代明心見性人皆知之，有經典可考，有語錄可據，所謂惟證與證者，乃能知之。」

阿賴耶種子論

唯識家謂阿賴耶包藏一切種子，種子爲精神及肉體活動之結果，同時亦指將來當復起彼等活動之潛勢。種子雖有種種差別，試先大別之爲「本有」與「新薰」兩類。「本有」者，自無始以來，先天具備於第八識中之種子之義。「新薰」種子者，依於現世之業力新生出之種子之義。此「本有」種子與「新薰」種子，又各分爲「有漏」（即帶有煩惱妄執之物）與「無漏」（即全無煩惱妄執之物）兩類，試以圖表示之如左：

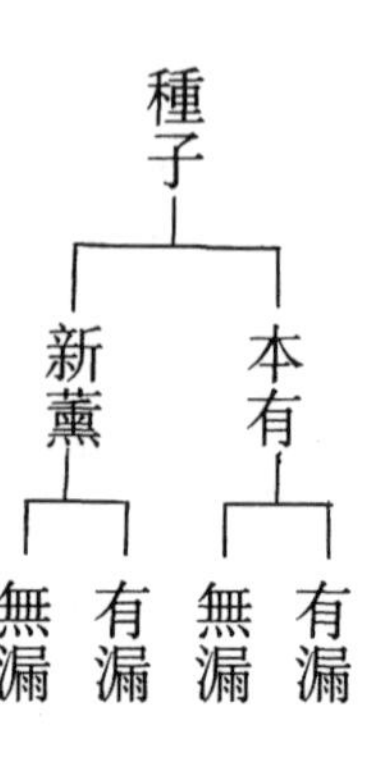

凡夫精神、肉體方面，由無明妄想發現之惡業薰習，結合於第八阿賴耶識之惡種子，乘轉永續，是物即爲業壽種子（按即無始無明或壽者相），爲凡夫迷人之生命本質。根本撲滅此業壽種子（按即破無始無明），除去凡夫迷人本質生命，而獲得新生命，是爲密教修行之主目。

真言密教不以三大無數劫爲時間意義，而視爲妄執，稱三大無數劫爲麤妄執（即我執），人執品之惑；細妄執（即法執），法執品之惑；微細妄執（即空執），無明品之惑，此爲三妄執。

按微細妄執（原有無明）即無始無明，斷盡此微細妄執，淨菩提心圓明之體，始克顯現法性爲法性之相，又同時斷盡微細妄執，則此位當於真言密教之所謂「顯得成佛」。

本有有漏種子，依於迷妄業力，不斷薰染之時，阿賴耶識永遠存續。反之，本有無漏種子，依於淨妙之力，不斷重發之時，本有無漏種子，愈益增大；本有有漏種子，因無迷妄之業力薰染又益萎靡不振。識是有漏種子，遂至完全萎縮消滅，似此無漏種子彌益增大，第八識得以完全改造，早已不稱爲阿賴耶識，即稱爲無垢識。惟此無垢識，因殘餘習氣尚存在，密教謂之微細妄執（即無始無明），一乘家則稱爲根本無明。除去此微細妄執時，天真無垢之清淨心，始得顯現，此即自心實相之淨菩提心也。（《密宗要旨》）

此無漏種子，並非佛性，乃相對之無漏，非絕對之無漏也。無垢識，亦名「第九識」，或曰「淨識」，即無始無明，非佛性也。若以阿賴耶中無漏種子爲佛性，則佛性能受薰染有變易，受刺激重發而轉移，是被動的，則不是最後之絕對本體也。

或有以淨識爲佛性者，亦是錯誤。密宗指爲微細妄執，極當！蓋即空執是也。破此空執，然後能見本來佛性也。

《大日經疏．第一》云：「今修平等三業清淨慧門，一切蘊阿賴耶識業壽種子（即無始無明）皆悉焚滅（打破），得至虛空無垢大菩提心。」

於此可見真言行者，所修方法之要點，仍不出打破無始無明看佛性一點。蘊阿賴耶之業壽種子者，指凡夫迷人之人格本質而言。虛空無垢之菩提心者，誕生於佛家新生人格之本質性命（即佛性），入於佛家之新生涯，往來於十方無量世界，努力完成十大願、或百萬億大願，乃真言行菩薩之不斷活動，即菩薩於初地位，發得菩提心，觀見二地以上，地地淨菩提心之增明，同時成就大慈大悲之化他萬行，期即真言行菩薩生命之所存也。

轉識成智，密宗謂：「轉九識得五智。」明心見性後，轉九識爲五智，名爲成佛。普通以爲成佛乃與人類殊異變相，殆屬迷信，雖密教之三密妙行，亦不謂獲得超人類的不思議力。

《無量義經》云：「是則諸佛不可思議甚深境界，非二乘所知，亦非十住菩薩所及，唯佛與佛乃能究了。」

密宗

此宗分為「大日經」與「金剛頂經」兩派，惠果阿闍黎（密宗傳法師之稱，乃梵語的音譯，義為執範）又合而為一，其傳承關係略如左表：

大日經派：善無畏——一行

金剛頂經派：金剛智——不空——惠果

中國人著作以一行的《大日經疏》二十卷為代表。

金剛頂經派在於闡明金剛界曼荼羅（即主觀範疇中之輪圓具足），大日經派則在於闡明胎藏界曼荼羅（即客觀範疇中理的輪圓具足）。質言之，所謂智即與道合一的自我的本質；所謂理即與我一體的宇宙的本體。金剛頂經派從主觀方面出發，先以自我精神作用為中心，漸次擴大，把宇宙看成主觀內的範疇。大日經派則從客觀方面出發，先以宇宙全體為中心，漸次縮小，把精神或心看成宇宙的一部份。但是惠果等則依其「釋大一致」說，認主觀與客觀、心與物，是互為表裡合成一體的，決不是根本上完全異體的存在。這種一致性，在密宗的惠果看來，不論物質現象或精神現象，宇宙間的一切，都是佛陀的化身，如菩薩、神、天等也都是佛陀的化身，這樣便完成了一種宗教的絕對唯心論的標準體系。一般的大乘佛教，均認爲衆生本具佛性，而密宗則更進一步主張我們的肉體手足，也就是佛陀的肉體手足，這就是作爲密宗根本原理的「即事而真」的命題。彌勒唯識學的基礎，就是自性清淨心。據《莊嚴經論》卷十三、十八至十九偈所規定清淨的心就是真如，又名「阿摩羅識」，即所謂「無漏法界」。其特質有五：一、非有非無。二、非同非異。三、不生不滅。四、不減不增。五、非淨非不淨。（與三論般若之空同理）

絕對，即是諸佛種子，故密宗重視「聲」、「字」以代表絕對之本體。

三密者，口真言、身印契、心觀念。身、口、意一致，三密相應，則整個相對宇宙歸納於其中矣。

大日如來以自在神力使衆生見身密、密色，聞意密、密聲，悟意密、密法。以大日如來爲中心之曼荼羅畢竟不出我一心，依三密相應之行，得見我心內之佛。

欲將一切法、一切義歸納於圖畫符號之中，聲音密語之中，故曼荼羅是道場，亦是真言，包括體、相、用。《祕藏記鈔》曰：「曼荼羅謂之義。」又曰：「以曼荼羅爲體。」三密圓滿具足四曼荼羅：一、大曼荼羅。總集諸尊之壇場，及諸尊之形體，並以圖畫表現之。總攝十法界中一切有情，六大所顯總體故曰：「大。」（體）二、三昧耶曼荼羅。畫諸尊手所持器杖及印契，三昧耶爲本誓之義，以此表諸尊之本誓，諸尊自身亦不能違越誓約之標幟也。三昧耶乃平等之意，示有情及非情者，其實皆平等（相）。三、法相曼荼羅。畫諸尊之種子真言及一切經之文字義理，攝音聲言語，即風浪之聲，色塵之文字，六塵上所表詮之一切法者，所以保體使生知覺也。四、羯磨曼荼羅。羯磨，作業之義，鑄造之形象是也。此乃諸尊身上一切之威儀事業，及鑄像泥塑等之作業，攝以上三曼，所有之一切動作（用）。此四曼中，前一爲總體，後三爲別德。大曼荼羅是諸尊之人體，此諸尊之所說之法門是法曼，此諸尊所持之器杖是三昧耶曼，此諸尊之所作是羯磨曼。（見《祕藏記鈔》）

欲從整個相對宇宙納於文字形身之中，復由形身入於聲音之中，聲音依因緣而生，一時觸耳，再聞不得，於此則諸法亦空不可得。字本不生亦不滅，音本不生亦不滅，整個相對宇宙本不生亦不滅，由相對入於絕對，入於絕對之後則文字也、聲音也，當體即是。密教分別萬有常用六大、四曼、三密，依此深祕之釋而論，四曼即一切現象之分類，由大曼荼總攝。

大小乘區別

一、出發點不同——小乘，由多苦的人生觀、業感緣起出發，厭煩惱，而求清淨；大乘，由慈悲的人生觀、真如流露出發，以化他自在為職志。

二、行為不同——小乘，自利自度，只得消極的解脫，即以斷滅靜為涅槃，為終局之目的；大乘，自度度他，以積極的活動，得大自在為終局思想。

三、境界不同——小乘，止於現象界；大乘，入於實在界。

四、方法不同——小乘斷六根，斷一念無明，入斷滅，是禁欲主義；大乘破無始無明見佛性，是自在主義、實現主義，色心與法體俱恆有。

五、理論不同——小乘考察止於現象，且認有主、客兩實在，是二元論，並以感覺主義，否定感覺以外之實在；大乘超越認識之範圍，認為終極之實在與現象界之實在一致，主客一如，真妄合一，是一元論、形而上的實在論。

宗教之別

由理論入實踐，由緣起到實在。

教是用文字的間接方法，《圓覺經》所謂：「如標指月，若復見月，了知所標，畢竟非月。」是由因到果。

宗是直接表示方法，如佛陀拈花、祖師棒喝。是由果到因。用直接方法者是實，用間接者是權，由實相到緣起。

宗是實在一致之境界，絕對的解脫。

慈悲心

《觀無量壽經》：「諸佛心者，大慈悲是。」

對於諸佛菩薩，吾人所以感覺尊崇者，雖具有涉及內證與外用之種種，但就中大慈悲心，亦確屬其一。夫人類亦有所謂慈悲愛尊之精神活動，如母性之愛即是。此母性愛更淨化而擴大之，即為所謂具有諸佛菩薩之精神之大慈悲心。人類之慈愛，任視如何淨化，若深入其真髓考之，當有淨化至於若何程度之問題。故自任何方面觀之，無垢真純，廣大甚深之愛，即慈悲心，為佛菩薩萬行之根幹與支柱，須依六度訓練，始得養出為佛陀精神之慈悲心。踐修此等德目之際，菩薩之身心，彌益淨化，煩惱障與所知障等之殘餘習氣，悉行除去，如是大慈悲心愈益完全修養，

遂成爲無垢清淨無礙之大人格者，成就爲人天大導師之大覺者。（《密宗要旨》）

母愛雖出自天性，仍屬相對之愛，不離於七情。佛之慈悲心，乃絕對之愛，超越於七情之上，乃「無所住而生其心」之愛，絕對平等之愛。耶穌博愛、儒家大同，限於人類而已。佛之大慈大悲，乃舉一切有情、非情而包括之，蓋佛性絕對者，其愛亦絕對也。故真正能發大慈心者，必先明心見性，其未明心見性者，雖言大悲，實在無法領會佛之大慈大悲之真正境界也。未明心見性之人，其大悲心仍屬於七情範圍，有所限制矣。

諸佛菩薩之大慈悲，吾儕凡夫之心，雖欲起而決不起，蓋入於菩薩之境界，方克顯現者也。吾儕凡夫之慈愛心，在於極有限之範圍，且決非純潔，故吾人人類之慈愛心，瞬時變遷，起於第六意識之上，不過爲一時間感激之物。

世諦——相對觀點

世諦——相對真理；真諦——絕對真理。

瑜伽宗六種無爲：一、虛空。二、擇滅。三、非擇滅。四、不動。五、想受滅。六、真如。

「不動」者是超出苦樂之上之意，是色界第三、四禪天，及無色界前三天中天、人的精神狀態。

「想受滅」是滅盡定，是無色界第四天上的精神狀態。

三十三天的說法是《吠陀》神學的殘餘。大梵天諸天代表更晚的《梵書》和《奧義書》中的思想，爲得到比《吠陀》更高的理想的努力。

四無色界則佛家所立，以示當代人認爲最高的樂境，只能算是四層最高的天，若與佛家的涅槃相比，還是不究竟。

六無爲是佛家哲學大革命，尤其是革上座部和說一切有部的本體論的命。因爲上座部和說一切有部歷來把諸法當作彼此永遠分立的，自從瑜伽宗立了真如法之後，其餘一切法都成了這一個基礎的「真心」所有的諸種相。

瑜伽宗因爲抱了這個觀念，故隨著就說前五無爲法之立，是屬於世諦（相對真理）的，這是因爲實在說起來只有一個無爲法（即第六項無為法真如），其餘的都不過是從不同的幾方面構想這唯一真如的法子。

要指點絕對（真如）是常有、不障的實體，則稱之爲「虛空」；要指點絕對是離現象界一切限度（然又為現象背後的實體），尤其指那由自覺的努力證得的絕對，即稱之爲「擇滅」；要顯示遮覆「絕對」的種種因緣不起則絕對顯現，而且即使能引出現象生存的因緣不起之時，真如並不隨滅，於是名之曰：「非擇滅。」

此外「不動」與「想受滅」兩種，不過是向本體存在的路上的驛站。

相對界——有爲法——現象世界——世間的——是屬時空的，是有因有緣的，爲言語所能說明的，是有漏的，苦集的。這些法既然是現象生存的原極部份，而現象生存中實有物和心，以及心的各方面，故這些法被歸入「色」、「心」、「心所」幾類，又有「心不相應」類。

如來法身

真法師問荷澤曰：「方何是常義？」

答：「因有無常，而始說常，若其無常無，常亦無常義，以是義故，得稱爲常。何以故？譬如長因短生，短因長立，若其無長，短亦不立。事相因故，義亦何殊。又，『法性體不可得』，是常義，虛空亦常義。」

問：「何故虛空是常義？」

答：「虛空無大小、無中邊，是故稱常義。謂法體不可得，是不有；能見不可得體，湛然常寂，是不無。是以稱常義。唯有無有論有，不有無而不無。若約法體中於無亦不無，於有亦不有，恆河功德本具足，此是常義。又不大不小是常義，謂虛空無大，不可言其大；虛空無小，不可言其小。今言大者，乃是小家之大；今言小者，乃是大家之小。此于未了人以常無常而論。若約法性理，無常無無常，故得稱為常。」

「法身無染，究竟清淨。」（出《華嚴經》第四十六卷）

「於一切衆生身，示現法身，於法身示現一切衆生身無礙用。在法界境界而不捨衆生境界無礙用；在佛境界而不捨魔境界無礙用；在涅槃境界，而不捨生死境界無礙用；入一切智境界，而不斷菩薩種境界無礙用；住寂靜界，而不捨散亂境界無礙用；住無去、無來、無識論、無相狀、無體性、無言說、如虛空境界，而不捨一切衆生識論境界無礙用；住諸力解脫境界，而不捨一切諸方所境界無礙用；入無衆生際境界，而不捨教化一切衆生無礙用；住禪定解脫神通明智寂靜境界，而於一切世界示現受生無礙用；住如來一切行莊嚴成正覺境界，而現一切聲聞辟支佛寂靜威儀無礙用。」（《華嚴經》五十六卷）

老莊絕聖棄智是小乘，而六祖則曰：「不又沈空守寂，即須廣學多聞，識自本心，達諸佛理，和光接物，無我無人，直至菩提，真性不易。」

「如來長壽於諸壽中最上最勝，所得常法於諸常中最爲第一。」

「八大河及諸小河悉入大海。迦葉！如是一切人中天上地及虛空壽命大河，悉入如來壽命海中，是故如來壽命無量。」

「當知如來是常住法，不變易法，如來此身是變化身非雜食身，爲度衆生，示同毒樹，是故現捨，入於涅槃。」

「如來身者，是常住身、不可壞身、金剛之身，非雜食身，即是法身。」

《涅槃經》：「凡夫之人雖滅煩惱，滅已復生，故名無常。如來不可，滅已不生，是故名常。」

魚朝恩問南陽曰：「何謂無明？從何而起？」師曰：「貍相現前，奴也來問佛法！」朝恩復問南陽：「何謂無明？從何而起？」師曰：「貍相現前，奴來問佛法！」朝恩大怒，師曰：「此是無明，無明從此起。」

《中庸》：「喜怒哀樂未發之謂『中』，發而皆中節之謂『和』。」「中」就是無始無明，「和」就是一念無明。無始無明是「未發」，一念無明便是「已發」。「人心惟危」是一念無明，是「已發」；「道心惟微」是無始無明，是「未發」。李延年教朱子「觀喜怒哀樂未發氣象」，認爲那就是太極之體，那裡曉得他們這個太極之體，就是生死的根柢呀！

《楞伽經》：「無間相續性，妄想之所薰，無明爲其因，心則從彼心。」

人問國清靜：「弟子每當夜坐心念紛飛，如何攝伏？」靜曰：「如或夜閑安坐，心念紛飛，卻將紛飛之心，以究紛飛之處，究之無處，則紛飛之念何存？及究之心，則能究之心安在？又能照之智本空，所緣之境亦寂寂，而非寂者，無能寂之人也。照而非照者，無所照之境也。境智俱寂，心慮安然，外不尋枝，內不住定，二途俱泯，一性怡然，此還源之要道也。」

無始無明就是茫昧的下意識的深處，非通常的範疇智識之所能洞悉，「煩悶意識」就是一念無明。

朱熹〈別張敬夫詩〉：「昔我抱冰炭，從君識乾坤，始知太極蘊，要眇難名論。謂有寧有迹，謂無復何存，惟應酬酢處，特達見本根。萬化自此流，千聖同茲源，曠達遠莫禦，惕若初不煩。云何學力微，未勝物欲昏，涓涓始欲達，已欲黃流吞。豈知一寸膠，救此千丈渾，勉哉共無斁，此語期相敦。」朱子此詩乃形容其所謂「太極」者也，細察之，則是無始無明與一念無明之情形。可見朱子之「太極」，便是無始無明，以太極爲體，便是以無始無明爲體。「始知太極蘊，要眇難名論，謂有寧有迹，謂無復何存。」這明明是無始無明境界，與老子「恍兮惚兮，窈兮冥兮」等形容差不多。「萬化自此流，千聖同茲源，曠然遠莫禦，惕若初不煩。」這明明是一念無明發作的情形，及其末流，則「涓涓始欲達，已欲黃流吞」矣。無始無明是相對宇宙之本體，所謂「未發」者也；一念無明是相對宇宙之開始，所謂「已發」者也。

禪宗

明心見性成佛，爲人類自然之要求，而禪乃明心見性之唯一方法。

禪乃人類思想之自然趨向。

凡一切證入本體之方法，皆名爲禪，不過有深淺之別、直接與間接之分。如儒之《易》，可謂是儒家之禪；道家之太極、無極、陰陽可謂爲道家之禪；耶教之上帝，亦謂爲耶教之禪；希臘哲學純粹思想境界，可謂希臘哲學家之禪。

「無爲禪」，爲明心見性的唯一方法，而禪宗乃以明心見性爲唯一目的，故以「禪」名爲宗。

禪宗的特色有八：

一、自性本體圓滿具足（其空為體實相無相）。

二、體用合一，定慧相等，一切不二，衆生、佛平等（般若三昧、妙有為用、涅槃妙心）。

三、無爲無作（根據圓滿現成而來，無作為本即無為）。

四、佛性絕對（據真實為體而來）。

五、頓悟（根據眾生佛平等、絕對不二而來）。

六、全仗自力不仗他力（頓悟）。

七、全靠實行不立文字。

八、注重傳授（教外別傳）。

六祖惟重己佛，不重他佛。後來百丈創禪門規式，不立佛殿，唯樹法堂表佛祖親囑。

六祖開示《般若經》中，「一相三昧」、「一行三昧」。一相三昧是體，故曰：「若悟一切處不住相，於彼相中不生憎愛取捨，不念利益成壞等事，安閑恬靜虛融淡泊，名一相三昧。」一行三昧是用，故曰：「若一切時行住坐臥，純一直心，不動道場，真成淨土，名一行三昧。」

惠能至黃梅，禮拜五祖。祖問曰：「汝何方人？欲求何物？」惠能對曰：「弟子是嶺南新州百姓，遠來禮師。惟求作佛，不求餘物。」祖言：「汝是嶺南人，又是獦獠，若爲堪作佛！」惠能曰：「人雖有南北，佛性本無南北，獦獠身與和尚不同，佛性有何差別？」

五祖曰：「世人生死事大，汝等終日只求福田，不求出離生死苦海，自性若迷，福何可求？」……「思量即不中用，見性之人，言下須見。若如此者，輪刀上陣，亦得見之。」

五祖謂神秀之偈：「無上菩提，須得言下識自本心，見自本性，不生不滅。於一切時中，念念自見，萬法無滯，一真一切真，萬境自如如，如如之念，即是真實。若如是見，即是無上菩提之自性也。」

惠能向張別駕言：「欲學無上菩提，不可輕於初學，下下人有上上智，上上人有沒意智。」

惠能啓祖言：「何期自性，本自清淨！何期自性，本不生滅！何期自性，本自具足！何期自性，本無動搖！何期自性，能生萬法！」

惠能曰：「不思善，不思惡，正與麼時，那個是明上座本來面目？」惠明言下大悟。復問曰：「上來密語密意外，還更有密意否？」惠能云：「與汝説者，即非密也；汝若返照，密在汝邊。」（以上諸語見《壇經．行由品》）

「蘊之與界，凡夫見二，智者了達其性無二；無二之性，即是佛性。善知識！世人終日口念般若，不識自性般若，猶如説食不飽，口但説空，萬劫不得見性，終無有益。」

志誠禪師問六祖曰：「未審和尚以何法誨人？」祖曰：「吾若言有法與人，即為誑汝！但且隨方解縛，假名三昧。……聽吾偈曰：『心地無非自性戒，心地無癡自性慧，心地無亂自性定，不增不減自金剛，身去身來本三昧。』」誠聞偈依歸。（見《壇經．頓漸品》）

六祖曰：「諸三乘人不能測佛智者，患在度量也，饒伊盡思量共推，轉加懸遠。」

法達禪師初誦《法華經》三千部而不悟牛車之旨，智通禪師看《楞伽經》約千餘遍而不會三身四智之義，經六祖指點，當下知歸。

志徹禪師，姓張名行昌，少任俠。未出家時，受北宗門人之囑，懷刃入六祖室，將欲加害。祖舒頸而就，行昌揮刃者三，都無所損，祖曰：「正劍不邪，邪劍不正，只負汝金，不負汝命。」後出家從師得道。

祖師法語

司空山本淨禪師有偈曰：「見聞覺知無障礙，聲香味觸常三昧。如鳥空中只麼飛，無取無捨無憎愛。若會應處本無心，始得名爲觀自在。」

又曰：「佛是虛名，道亦妄立，二俱不實，總是假名。」

慧忠禪師上堂曰：「禪宗學者應尊佛語一乘了義，契自心源，不了義者，互不相許，如獅子身中蟲。」

又僧問：「坐禪看靜，此復若爲？」師曰：「不垢不淨，寧用起心，而看靜相？」

又問：「如何是解脫？」師曰：「諸法不相到，當處解脫。」

寶誌禪師曰：「有見見是凡夫見，無見見是聲聞見，不有不無見是外道見。」

又曰：「大道只在目前，要且目前難睹；欲識大道真體，不離聲色言語。」
又曰：「京都鄴都浩浩，還是菩提大道。」

善慧大士，梁武帝請講《金剛經》，士纔陞座，以尺一揮，按一下，便下座。帝愕然，聖師曰：「陛下還會麼？」帝曰：「不會。」聖師曰：「大士講經竟。」

百丈懷海禪師曰：「告讀看教語言，皆須宛轉歸就自己。」
又曰：「變海水爲酥酪，破須彌爲微塵，攝四大海水入一毛孔，於一義作無量義，於無量義作一義。」

陸大夫辭南泉歸宣城治所，泉問：「大夫去彼，將何治民？」曰：「以智慧治民。」師曰：「恁麼則彼處生靈，盡遭塗炭去也。」

五洩參石頭，一言相契，拗折拄杖而棲止。

麻谷同南泉三人謁徑山，至一婆店，婆煎茶一瓶，攜盞三只，至謂：「和尚有神通者，即喫茶。」三人相顧，婆曰：「看老於自逞神通去也。」於是拈盞傾茶便行。

寶積禪師曰：「覿面相呈，更無餘事。」

正源律師問大珠慧海禪師：「和尚修道還用功否？」師曰：「用功。」曰：「如何用功？」師曰：「餓來吃飯，睏來即眠。」曰：「一切人總如是同師用功？」師曰：「不同。」曰：「何故不同？」師曰：「他喫飯時不肯喫飯，百種須索；睡時不肯睡，千般較量，所以不同。」律師杜口。

慧海禪師又曰：「解道者，行住坐臥，無非是道；悟法者，縱橫自在，無非是法。」

趙州從諗禪師曰：「菩提涅槃，真如佛性，盡是貼體衣服。」

又曰：「一似獵狗，專欲得物吃。佛法在什麼處？千人萬人盡是覓佛漢子，於中覓一個道人也無？」

又曰：「未有世界，早有此性；世界壞時，此性不壞。」又僧問：「承師有言：世界壞時，此性不壞。如何是此性？」師曰：「四大五陰。」曰：「此猶是壞底，如何是此性？」師曰：「四大五陰。」又問僧：「一日看多少經？」曰：「或七、八，或十卷。」師曰：「闍黎不會看經。」曰：「和尚一日看多少？」師曰：「老僧一日只看一字。」

湖南長沙景岑招賢禪師，頌曰：「盡十方世界是沙門眼，盡十方世界是沙門全身，盡十方世界是自己光明，盡十方世界在自己光明裡。」

師遣僧向同參會和尚曰：「和尚見南泉後如何？」會默然。僧曰：「和尚未見南泉以前，作麼生？」會曰：「不可更別有也。」僧回告師，師示偈曰：「百尺竿頭不動人，雖然得入未爲真；百尺竿頭更進步，十方世界現全身。」會和尚得體未得用。

又偈曰：「學道之人不識真，只爲從來認識神；無始劫來生死本，癡人喚作本來身。」

新羅大茅和尚上堂：「欲識諸佛，向無明心內識取；欲識常住，向萬物遷變處識取。」又曰：「正人說邪法，邪法悉正；邪人說正法，正法悉邪。諸方難見易識，我這裡易見難識。」

僧問石頭：「如何是禪？」師曰：「碌磚。」問：「如何是道？」師曰：「木頭。」

衡嶽南台守安禪師頌曰：「南台靜坐一鑪香，終日凝然萬慮亡；不是息心除妄想，都緣無事可商量。」

崔趙公問徑山道欽禪師曰：「弟子之欲出家，得否？」曰：「出家乃大丈夫事，非將相當之所能。」公於是有省。

雲居智禪師曰：「清淨之性，本來湛然，無有動搖，不屬有無、淨穢、長短、取捨，體自修然。如是明見，乃名見性。性即佛，佛即性，故名見性成佛。」又曰：「隨見生解，便墮生死。明見之人即不然，終日見未嘗見，求名處體相不可得，能、所俱絕，名爲見性。」

又曰：「見有淨穢、凡聖是大病；作無凡聖解，又屬撥無因果。」

鳥窠道林禪師，歸孤山永福寺，時有法會，師振錫而入，有清師問曰：「此之法會，何以作聲？」師曰：「無聲誰知是會？」

又元和中白居易侍郎出守杭州，因入山謁師，問曰：「禪師住處甚險！」師曰：「太守危險尤甚！」問曰：「弟子住鎮江山，何險之有？」師曰：「薪火相交，識性不停，得非險乎？」

相國杜鴻漸問無住禪師曰：「弟子性識微淺，昔因公暇撰得《起信論章疏》兩卷，可得稱佛法否？」師曰：「夫造章疏皆用識心思量分別，有爲有作，起心動念，然可造成據論。」又云：「當知一切法從本以來，離言說相，離名字相，離心緣相，畢竟平等，無有變異，唯有一心，故名真如。今相公著言說相，著名字相，著心緣相，著種種相，云何是佛法？」公起作禮曰：「弟子亦曾問諸供奉大德，皆讚弟子不可思議，當知彼等，但徇人情。師今從理解說，合心地法，實是真理，不可思議。」

佛性要義

《楞嚴經》：「佛告阿難，一切衆生，從無始來，種種顛倒，業種自然，如惡叉聚。諸修行人，不能得成無上菩提，乃至別成聲聞緣覺，及成外道、諸天魔王及魔眷屬。皆由不知二種根本，錯亂修習，猶如煮沙欲成嘉饌，縱經塵劫，終不能得。云何二種？阿難！一者，無始生死根本，則汝今者與諸衆生，用攀緣心爲自性。二者，無始菩提涅槃，本元清淨體，則汝今者識精元明，能生諸緣，緣所遺者。由諸衆生，遺此本明，雖終日行，而不自覺，枉入諸趣。」

「衆生迷悶，背覺合塵，故發塵勞有一世間相我以妙明不滅不生合如來藏，而如來藏唯妙覺明圓照法界，是故於中，一爲無量，無量爲一，小中現大，大中現小，不動道場，徧十方界，身含十方無盡虛空，於一毛端現寶王刹，坐微塵裡轉大法輪，背塵合覺，故發真如妙覺明性。」

「爾時，世尊告阿難言：『汝先厭離聲聞緣覺諸小乘法，發心勤求無上菩提，故我今時汝開示第一義諦，如何復將世間戲論妄因緣而自纏繞？汝雖多聞，如說藥人，真藥現前，不能分別，如來說爲真可憐愍。汝今諦聽，吾當爲汝分別開示，亦令當來修大乘者，通達實相。』」

「汝暫舉心，塵勞先起，由不勤求無上覺道，愛念小乘，得小爲足。」

《涅槃經》：「十住菩薩聞見佛性故不了了。」即《圓覺經》中未入地菩薩。

《涅槃經》：「佛性者即第一義空，第一義空，名爲中道；中道者，即名爲佛，佛者名爲涅槃。」

《涅槃經》：「我者，即是佛義；常者，是法身義；樂者，是涅槃義；淨者，是法義。」

《涅槃經》：「文殊白佛言：『第一義中有世諦否？世諦中有第一義否？如其有者，即是一諦，如其無者，將非如來虛妄說邪？』佛答曰：『世諦者，即第一義諦，有善方便故，隨順衆生，說有二諦。』」

《唯識論》曰：「真謂真實，顯非虛妄，如謂如常，表無變易，謂比真實於一切法，常如其性，故曰『真如』。」

「凡夫亦爾，爲解脫故，說我衆生壽命，士夫、梵天、自在天微塵世性，戒定慧及與解脫，非想非非想天，即是涅槃，實亦不得解脫涅槃。」

《維摩詰經》釋要

《維摩詰經》：「唯！舍利弗！夫求法者，不著佛求，不著法求，不著衆求。夫求法者，無見苦求，無斷集求，無造盡證修道之求。所以者何？法無戲論。若言我當見苦、斷集、證滅、修道，是則戲論，非求法也。唯！舍利弗！法名寂滅，若行生滅，是求生滅，非求法也；法名無染，若染於法，乃至涅槃，是則染著，非求法也；法無行處，若行於法，是則行處，非求法也；法無取捨，若取捨法，是則取捨，非求法也；法無處所，若著處所，是則著處，非求法也；法名無相，若隨相識，是則求相，非求法也；法不可住，若住於法，是則住法，非求法也；法不可見聞覺知，若行見聞覺知，是則見聞覺知，非求法也；法名無爲，若行有爲，是求有爲，非求法也。是故，舍利弗！若求法者，於一切法，應無所求。」「若自有縛，能解彼縛，無有是處。」

「有疾菩薩應作是念：『今我此病，皆從前世妄想顛倒諸煩惱生，無有實法，誰受病者？所以者何？四大合故，假名爲身；四大無主，身亦無我。又此病起，皆由著我，是故於我，不應生著。既知病本，即除我想，及衆生想，當起法想。』應作是念，但以衆法合成此身，起唯法起，滅唯法滅。又此法者，各不相知，起時不言我起，滅時不言我滅。彼有疾菩薩爲滅法想，當作是念：『此法想者，亦是顛倒，顛倒者即是大患，我應離之。云何爲離？離我我所。云何離我我所？謂離二法。云何離二法？謂不念內外諸法，行於平等。云何平等？謂我等涅槃等。所以者何？我及涅槃，此二皆空。以何爲空？但以名字故空。如此二法，無決定性，得是平等，無有餘病，唯有空病，空病亦病。』是有疾菩薩，以無所受而受諸受，未具佛法，亦不滅受而取證也。」

我執即感覺之障礙，法執即理智之障礙，空執即無所有之障礙。

「無」就是無所有，大乘佛法認爲是一最大障礙。

小乘滅盡定就是空障。

「舍利弗問天：『汝久如當得阿耨多羅三藐三菩提。』天曰：『如舍利弗還爲凡夫，我乃當得阿耨多羅三藐三菩提。』舍利弗言：『我作凡夫，無有是處。』天曰：『我得阿耨多羅三藐三菩提，亦無是處，所以者何？菩提無住處，是故無有得者。』舍利弗言：『今諸佛得阿耨多羅三藐三菩提，已得當得如恆河沙，皆謂何乎？』天曰：『皆以世俗文字數，故說有三世，非謂菩提有去來今。』」

「不斷煩惱而入涅槃，即不斷六根而見性成佛，不捨八邪，入八解脫。」

「維摩詰問文殊師利：『何等爲如來種？』文殊師利言：『有身爲種，無明有愛爲種，貪恚癡爲種，四顚倒爲種，五蓋爲種，六入爲種，七識處爲種，八邪法爲種，九惱處爲種，十不善道爲種。以要言之，六十二見及一切煩惱皆爲佛種。』曰：『何謂也？』答曰：『若見無爲入正位者，不復能發阿耨多羅三藐三菩提心。譬如高原陸地，不生蓮華；卑濕淤泥，乃生此花。如是見無爲法入正位者，終不復能生於佛法，煩惱泥中乃有衆生起佛法耳。又如植種於空，終不得生；糞壤之地，乃能滋茂。如是入無爲正位者，不生佛法。起於我見如須彌山，猶能發於阿耨多羅三藐三菩提心，生佛法矣。是故當知：一切煩惱爲如來種。譬如不下巨海，不能得無價寶珠，如是不入煩惱大海，則不能得一切智寶。』」

根據此段道理，知我執、法執不可破，已破我執、法執者，反無從發無上道心。凡夫能發無上道心，而聲聞二乘反不能，故知修道非由小，及中及大，須直修大乘。所以者何？凡夫修大乘易，小、中乘人修大乘難；凡夫於法有反覆，而聲聞則無也。

〈入不二法門品〉是表絕對、相對之淺深境界。不二是絕對，二是相對，諸菩薩明二與不二之別，而未明二即不二。凡用文字語言解說絕對者，皆落於相對矣。文殊知不可說而說；淨名則默然無言，完全入於絕對境界矣。

天眼　維摩詰言：「有佛世尊，得真天眼，常在三昧，悉見諸佛國，不以二相。」

出家　「『唯！羅睺羅！不應說出家之利，所以者何？無利無功德，是爲出家。有爲法者，可說有利有功德。夫出家者，爲無爲法，無爲法中，無利無功德。羅睺羅！出家者，無彼無此，亦無中間，離六十二見，處於涅槃。……若能於是，是真出家。』於是維摩詰語長者子：『汝等於正法中，宜共出家，所以者何？佛世難值！』諸長者子言：『居士！我聞佛言，父母不聽，不得出家。』維摩詰言：『然。汝等便發阿耨多羅三藐三菩提心，是即出家，是即具足。』」

法身　「佛身即法身。從無量功德智慧生，從戒定慧解脫解脫知見生。……從如是無量清淨法生如來身。」

菩提　「菩提者，不可以身得，不可以心得。……微妙是菩提，諸法難知故。」

道場　「直心是道場，無虛假故。……一念知一切法是道場，成就一切智故。」

無盡燈　「有法門名無盡燈，汝等當學。無盡燈者，譬如一燈，燃百千燈，冥者皆明，明終不盡。」

慈悲　「譬如長者，唯有一子，其子得病，父母亦病；若子病癒，父母亦癒。菩薩如是，於諸衆生，愛之若子，衆生病則菩薩病；衆生病癒，菩薩亦癒。」

大悲　「於諸衆生，若起愛見大悲，即應捨離。所以者何？菩薩斷除客塵煩惱，而起大悲。愛見悲者，則於生死有疲厭心。若能離此，無有疲厭，在在所生，不爲愛見之所覆也。」

四諦　「夫求法者，無見苦求、無斷集求、無造盡證修道之求，所以者何？法無戲論。若言我當見苦斷、集證、滅修道，是則戲論，非求法也。」

無為　「法名無爲，若行有爲，是求有爲，非求法也。是故舍利弗，若求法者，於一切法，應無所求。」

不可思議解脫法門　「若菩薩住是解脫者，以須彌之高廣內芥子中，無所增減，須彌山王本相如故。而四天王、忉利諸天，不覺不知己之所入；唯應度者，乃見須彌入芥子中，是名不可思議解脫法門。」

住不可思議解脫菩薩　「斷取三千大千世界，如陶家輪。著右掌中，擲過恆沙世界之外，其中衆生，不覺不知己之所往；又復還置本處，都不使人有往來想，而此世界，本相如故。」

如　「夫如者，不二不異。」

法施　「等於大悲不求果報，是則名爲具足法施。」

慈悲喜捨　「『云何行慈？』曰：『爲衆生說無爲法。』『何謂爲悲？』曰：『菩薩所作功德，皆與一切衆生共之。』『何謂爲喜？』曰：『有所饒益，歡喜無悔。』『何謂爲捨？』曰：『所作福祐，無所希望。』」

言說文字　「天女答舍利弗曰：『言說文字，皆解脫相。所以者何？解脫者，不內不外，不在兩間；文字亦不內不外，不在兩間。是故，舍利弗！無離文字說解脫也。所以者何？一切諸法是解脫相。』」

三乘　「舍利弗問天女：『汝於三乘，爲何志求？』天女曰：『以聲聞化衆生故，我爲聲聞；以因緣法化衆生故，我爲辟支佛；以大悲法化衆生故，我爲大乘。』」

絕對　「舍利弗！如人入薝蔔林，唯嗅薝蔔，不嗅餘香。如是若入此室，但聞佛功德之香，不樂聞聲聞、辟支佛功德香也。」

甘露飯　「時維摩詰語舍利弗等諸大聲聞：『仁者可食，如來甘露味飯，大悲所熏。無以限意食之，使不消也。』有異聲聞念是飯少，而此大衆人人當食。化菩薩曰：『勿以聲聞小德小智，稱量如來無量福慧！四海有竭，此飯無盡。』」

不盡有為不住無為　「佛告諸菩薩：『有盡無盡解脫法門，汝等當學。何謂有盡？謂有爲法。何謂無盡？謂無爲法。如菩薩者，不盡有爲，不住無爲。何謂不盡有爲？謂不離大慈，不捨大悲。……是名菩薩不盡有爲。何謂菩薩不住無爲？謂修學空，不以空爲證；修學無相無作，不以無相無作爲證。……是名菩薩不住無爲。』」

「依於義，不依語；依於智，不依識；依了義經，不依不了義經；依於法，不依人。」

讀者諸君！請集中注意力於此篇。此篇所欲闡明者，乃一至爲重要之問題，即「佛性」是也。釋迦六年雪山修行，其所得之結果，即見此「佛性」；畢生奔走宣說者，其目的亦即欲人共見此「佛性」也。此乃佛之一大發明，亦人類史上一絕大發明，照耀於千古，故亦即學佛及研究佛學者之先決問題。倘對「佛性」無明晰之瞭解，則必陷於二乘謬誤之途，所謂：「失之毫厘，差之千里也。」自佛滅度以來，若干祖師大德因對此問題未能深切認識，以致造成錯誤之理論者，不可勝數！甚至對佛經之註疏，亦多誤解，使佛之本意陷於歪曲。故余先提出此一大問題，作扼要之闡明，並首於大乘各重要經典中，舉出若干顯明之解釋以證明之；次則於各宗重要祖師之言論著述中，舉出若干正當或錯誤之解釋，反覆闡明之，使讀者於此得一明晰之概念。此「佛性」問題如能解決，則其他問題可以迎刃而解矣。

正誤感言

佛法傳至今日，其紛紜駁雜已極，昔之所謂「藏通別圓」、「事理無礙」者，今則荊棘叢生，謬誤百出。學者入乎其中，徬徨失措，莫知適從，良可歎也！嘗將當今禪林流弊及修行歧途分別錄出，俾學者知所借鑑。筆拙語直，未能含蓄，或有過於激昂尖利之處，每欲刪棄之；繼思治危疾者，須用重劑，倘諱疾忌醫，疾將不起，寧蹈刻薄之嫌，不欲坐視疾者之不起也。言不深、語不危，則安能使讀者惕然而驚、憬然而悟乎！願三世諸佛，人天眼目，鑑而諒之，是為感。

《大乘絕對論》，你們現已看完，都能瞭解絕對的佛性，至於怎樣用功才能見絕對佛性？請再看衲著的《參禪修法》，依著去修，決對能見絕對的佛性。自釋迦牟尼佛起，至我國清朝明心見性的祖師，能弘揚佛法者，計兩百餘師，特蒐集其道影，並將其事蹟一一述及，俾學者得以借鏡，藉資參考。蓋佛法重事實，不重空談，此為學者所當知注意焉！

月溪法師高臥處碑文

師諱心圓，號月溪，俗姓吳。其先浙江錢塘人，業滇遂家昆明，三傳至師。父子莊公，母陸聖德，生子五人，師最幼。師弱而好書，珪璋秀發，習儒業於汪維寅。先生年十二，讀〈蘭亭集序〉至「死生亦大矣，豈不痛哉」句，慨然有解悟，問先生如何方能不死不生？汪告曰：「儒言：『未知生，焉知死？』此言要問佛學家。」旋問佛學家，告曰：「肉體有生有死，見聞覺知靈性輪轉，佛性如如不動，不死不生。假如未見佛性，佛性隨見聞覺知靈性輪轉。如見佛性徧滿虛空，見聞覺知靈性變爲佛性。」問如何方法能見佛性？佛學家不能答。授以《四十二章經》、《金剛經》，自是兼攻佛學。隨肄學業於滬，尤專心老、莊，濂、洛、關、閩書，博綜六經，徧參江浙名山梵剎，叩問諸大德。將佛學家告如何方法能明心見佛性？凡所答案皆未圓滿。時妙智尊宿教看「念佛是誰」話題。年十九，決志出家，闡揚大法。父母幼爲訂婚，堅不娶，即於是歲，禮本境靜安和尚剃染受具。甫出家精進勇猛，於佛前燃左無名、小二指；並剪胸肉掌大，炷四十八燈供佛。發三大願：一、不貪美衣食，樂修苦行，永無退悔。二、偏究閱三藏一切經典，苦心參禪。三、以所得悉講演示導，廣利衆生。師每日除看經外，誦佛號五千聲，輪誦《華嚴》、《涅槃》、《楞嚴》，有閑時拜《圓覺經》爲課。師公靜公和尚告曰：「如爾所修，在家亦可，何必出家？即非僧相，要修向上一著法門，纔是出家本分大事。」教看「萬法歸一，一歸何處」話頭。隨授《傳燈錄》、《五燈會元》、《指月錄》。師看過有些知，有些不知。師最喜臨濟語，如何用功還是渺茫。師後隨悟參法師學天台、賢首、慈恩諸宗教義。年二十二，遂偏蒞衆會說法宣講，聽者如市。應金陵之請，講楞伽法會。師示衆曰：「衆生本來是佛，祇因無明妄念，生死不能了脫；若能破一分無明妄念，即能證一分法身。無明妄念破盡，法身顯露。」時法會中有開明尊宿，問曰：「如無明妄念從外面來，與你不相干，又何必去斷？如妄念從裏邊生出來的，譬喻龍潭出水的水源，時時有水生出來的，斷了又生，生了又斷，無有了期。修行斷妄念，這個道理實在不通！古人云：『王法不外乎人情。』佛法亦不外乎人情，妄念斷是佛性，妄念起是衆生，豈不是成佛亦有輪迴？」師不能答。再問曰：「法師未曾明心見性，經中無此語，此語是註解中得來。見性的人註解經典，路途便不錯。不見性人註解經典，說南朝北，拉東補西，顛倒是非。是否？」師答曰：「是不錯。」師頂禮尊宿，並舉將佛學家告如何方法方能明心見性。尊宿告曰：「此語法師可去問牛首山獻花巖鐵巖宗匠，他是悟後的人。」師星夜往參，問巖曰：「老和尚在此作甚麼？」巖告曰：「穿衣、喫飯、打眠、遊山玩水。」師對曰：「可惜你空過了。」巖告曰：「我可空過，你不可以學我空過，你若到那一片田地，亦可以學我空過。」師問曰：「如何是那一片田地？」巖豎一指。師對曰：「我不知道。」師問曰：「我今將妄念斷盡，不住有無，是那一片田地否？」巖告曰：「否！是無始無明境界。」師問曰：「臨濟祖師說是無明湛湛，黑闇深坑，實可怖畏。是否？」巖告曰：「是。」師將佛學家告如何方法用功，方能明心見性。巖告曰：「汝不可斷妄念，用眼根向不住有無黑闇深坑那裏返看，行、住、坐、臥不要間斷，因緣時至，無明湛湛，黑闇深坑，囫的一破，就可以明心見性。」師聽此言，如飲甘露。由此用功，日夜苦參，形容憔悴，瘦骨如柴。至某中夜，聞窗外風吹梧桐葉聲，豁然證悟。時通身大汗，曰：「哦！原來原來，不青不白，亦不參禪，亦不念佛，亦無死生事大，亦無無常迅速。」信口說偈曰：「本來無佛無衆生，世界未曾見一人；究竟瞭解是這箇，自性還是自己生。」向窗外望，正是萬里晴無雲，四更月在天。師數日後，再去問巖曰：「不求用功法門。只求老和尚印證。」巖舉枴杖作打勢，問師曰：「曹溪未見黃梅意旨如何？」師答曰：「老和尚要打人。」巖再問曰：「見後意旨如何？」師再答曰：「老和尚要打人。」巖點頭。師將所悟稟呈，巖告曰：「子證悟也，今代汝印證，汝可再將《傳燈錄》印證。汝大事畢矣，有緣講經說法度生，無緣可隨緣度日。」師將《傳燈錄》、《指月錄》、《五燈會元》、《華嚴經》印證，一概瞭解，如家裏人說家裏話。師從今後講經依照《華嚴經》：佛性恆守本性，無有改變，始終不改；佛性無染無亂，無礙無厭，不受薰染；佛性不起妄念，妄念從見聞覺知靈性生起；除卻止、作、任、滅四病，不斷妄念，用一念破無始無明，見佛性為主要。師講經說法皆從自性中發露出來，不看他人註解。師後膺川、湘、鄂、贛、皖、閩、粵、陝、甘、京、滬、平、津、魯、晉、豫、熱、浙、杭、青、香、澳諸講筵，數十年無虛日，講經二百五十餘會，講經一種為一會。師性超然喜遊，如遊終南、太白、香山、華山、峨嵋、九華、普陀、五台、泰山、嵩山、黃山、武當、匡廬、茅山、莫干、嶼山、恆山、羅浮山等。凡遊雲霞深處，數月忘歸。所到名山，必有詩對。師善彈七弦琴，遊山必攜琴隨身。師節操高邈，度量出羣，不應酬世法，性度弘偉，風鑑朗拔，雖宿儒英達莫不服其深致。師之詩文有雲霞色，無煙火氣。師年老，豎一指為眾弟子說法曰：

「來從偏滿虛空來，迦葉佛釋迦佛；去從偏滿虛空去，觀世音彌陀佛。古今諸佛，在老僧指頭上，不去不來；老僧亦在指頭上，不去不來。汝等若能識取，便是汝等安身立命處。」説偈曰：「講經説法數十年，度生無生萬萬千；等待他日世緣盡，偏滿虛空大自在。」師囑弟子曰：「夫四大從因緣生者，有生必有滅；自性本來無生，無生亦無滅。」有生必滅者，預有歸所，歸所高臥處，擇昆明南門外，杜家營村後，跑馬山之陽，望昆明湖。師生平未度剃染徒（編按：另據法師胞任稱，師有「剃染徒二」），皈依弟子十六萬餘衆。師教弟子修念佛法門。師座下悟道弟子八人：五台寂真、明淨尊宿、北平李廣權居士、上海周運法居士。餘四人已先棄世。師著有《維摩經講錄》、《楞伽經講錄》、《圓覺經講錄》、《金剛經講錄》、《心經講錄》流傳北方。《佛教人生觀》（即《佛教的人生觀》）、《佛法問答錄》，流傳南方。及《大乘八宗修法》、《大乘絕對論》、《月溪語錄》、《參禪修法》、《念佛修法》、《詠風堂琴課》。

弟子智圓敬撰並書

智圓　智融　智惟　智悅　智如　智尊　智用

智參　智滿　智溪　智生　智諦　智通　智覺

智心　智真　智雲　智蓮　智海　智量　智哲

皈依弟子　敬立

智遂 智信 智性 智明 智鏡 智定

中華民國第一甲子己卯年仲春既望日

編後語

郭哲志

「爲天下學道者定宗旨，爲天下學道者辨是非」，這是千餘年前荷澤神會大師破北宗清淨漸修禪，立六祖惠能頓教禪時，所留下的氣勢磅礴的口號，神會定宗旨之舉，也由此爲禪宗心地法門開創出日後「一花開五葉」的契機。千餘年後的今日，佛教表面上看似生機蓬勃，但觸目所及，無一不是流於中、小二乘的末代禪法，宗門尚且如此，更遑論教門及其他附佛外道，佛陀的正法眼藏真的是沒落了！

神會的時代，明心見性的祖師各化一方，尚且有魔强法弱之慨，今日的環境要想重振宗風，困難更是數倍於當時，我們選擇了整理弘揚月溪法師的思想做爲一箇起步。月溪法師是箇明心見性的過來人，本身又精通中西各家學說及佛教各派典籍，除了以現代人更能分別明白的「絕對論」重新闡釋「佛性」和「外道法」的差別外，其著作努力的方向在於揀擇佛法中種種似是而非，千百年來卻未爲人察知的謬誤。這番「定宗旨，辨是非」的苦心，雖未於法師生前有立竿見影之效，然而今日或許能有一大因緣再現於世也未可知。

在臺灣，由於某些緣故，月溪法師之名及其著作並未廣爲人知，坊間雖有印經會以印善書的方式流通，流通的層面亦屬有限。在某次因緣巧合下，我們和圓明出版社討論了出版月溪法師文集的可行性，而開始了這番合作的計畫。月溪法師的著作據稱有九十八種，惟大部份於戰火中佚失，我們所蒐集到的亦僅二十餘種。所以關於內容的來源，我們希望以拋磚引玉的方式來獲得讀者的迴響，倘若讀者手邊收藏有月溪法師的著作，盼能提供我們參考，以促其流通並增加整套文集的完整性。

月溪法師的每本著作雖都各自完整可讀，但合併爲文集卻有頗多重複贅累之處，一番去蕪存菁的整理工作是必要的。有的著作因其內容於他處重複或可被合併，不再單行出現，如《用周易老莊解釋佛法的錯誤》、《月溪法師問答錄》、《四乘法門》、《大乘佛法用功論》、《大乘佛法簡易解》、《由真起妄返妄歸真之考證》。至於法師其他的著作，大約以下列的順序來出版：《大乘絕對論》、《月溪法師開示錄》、《佛教的人生觀》（含《無始無明》、《大乘八宗修法》）、《參禪與念佛修法》、《荷澤證道歌顯宗記溯源》，《圓覺經》、《金剛經》、《心經》、《維摩詰經》、《楞伽經》等經典的講註及《月溪法師詩詞書琴合集》（含《華山待月室記》、《咏風堂琴課》）。

月溪法師在著作中，因其本著護持正法、明確而不妥協的態度，於批判似是而非的教法時顯得相當直接且毫無保留，對許多讀者而言，尤其若有涉及對自己過去既有觀念的否定時，可能會有難以接受甚或排斥的心態出現。這其實也是一般病患對喫藥，尤其是苦口良藥所會有的反應，然而病要醫好還是得克服這層障礙纔行。相信衹要能讀通月溪法師的著作，起碼具備了分辨他人說法是非對錯的能力，做箇達摩祖師東來所要找的「不被人惑」的人了！

大乘絕對論第一版第二刷按語

吳明興

自民國八十二年十月開始有計畫的編校月溪法師的著作，迄今已將居三年，三年來我們無時無不以將法師的著作完整的呈獻給學人爲念。唯法師著作極多，且已見單行本僅及原著的十分之二，因此，一時間猶難窺法師悟後風光之全貌；加諸原刊文獻甚爲凌亂，有錯簡、脫爛者，有標點不一、分段不確者，至於用字形誤、形異、引文不確知者，更是比比皆是。凡此，我們都竭力予以確認，然爲免因妄自編派之失，以致貽誤學人，是以對文理、法義的識取，都盡我們之所能的查索相關載籍，並與法師的著作相互印證，期望能爲法師的著作，整理出一系列可以傳諸久遠的善本來。

本書作爲法師系列著作的第一册，自民國八十四年三月問世伊始，即獲得教界、學界的高度關注，亦且頻頻探問往後的工作進度。然而，誠如前言所及，還有許多困難有待克服，但這往往非少數勞人所能在短時間內成辦的；因此，我們懇切的希望，希望明眼善知識們，能適時指謬，俾便再刷時知所以措手足。如今，本書第一版第一刷，已流通罄盡，我們一本初衷，將已知的錯誤，全部做了修訂。如第四十四頁引《華嚴經．十迴向品》的標點方式；至於經文，則以楊州宛虹橋衆香庵法雨經房板爲正依。

值此第一版第二刷梓行在即，特贅數語，用茲感謝不吝指瑕之善知識們，並刻時磨礪我們弘揚大法的本懷，是爲按語。時民國八十五年六月五日，在芳川松之居。

國家圖書館出版品預行編目資料

大乘絕對論 / 月溪法師著. -- 1 版. -- 新北市：華夏出版有限公司, 2022.10 面； 公分. --（Sunny 文庫：251） ISBN 978-626-7134-34-4（平裝） 1.CST：佛教教理 220.1 111010158

Sunny 文庫 251
大乘絕對論

著　　作　月溪法師
總 校 訂　法禪法師
印　　刷　百通科技股份有限公司
電話：02-86926066 傳真：02-86926016
出　　版　華夏出版有限公司
220 新北市板橋區縣民大道 3 段 93 巷 30 弄 25 號 1 樓
電話：02-32343788 傳真：02-22234544
E-mail：pftwsdom@ms7.hinet.net
總 經 銷　貿騰發賣股份有限公司
新北市 235 中和區立德街 136 號 6 樓
電話：02-82275988 傳真：02-82275989
網址：www.namode.com
版　　次　2022 年 10 月 1 版
特　　價　新台幣 560 元 (缺頁或破損的書，請寄回更換)

ISBN：978-626-7134-34-4